新时代大学生文化自信培育研究

付　斌　魏海安　田　青　王智超
杨立富　魏满堂　杜小巍　　著

中国原子能出版社

图书在版编目（CIP）数据

新时代大学生文化自信培育研究 / 付斌等著. --北京：中国原子能出版社，2023.9

ISBN 978-7-5221-3002-6

Ⅰ. ①新… Ⅱ. ①付… Ⅲ. ①大学生–文化素质教育–研究–中国 Ⅳ. ①G645.5

中国国家版本馆 CIP 数据核字（2023）第 182180 号

新时代大学生文化自信培育研究

出版发行	中国原子能出版社（北京市海淀区阜成路 43 号　100048）
责任编辑	张　磊
责任印制	赵　明
印　　刷	北京九州迅驰传媒文化有限公司
经　　销	全国新华书店
开　　本	787 mm×1092 mm　1/16
印　　张	17
字　　数	260 千字
版　　次	2024 年 5 月第 1 版　2024 年 5 月第 1 次印刷
书　　号	ISBN 978-7-5221-3002-6　　　定　价　88.00 元

网址：http://www.aep.com.cn　　　　**E-mail：atomep123@126.com**
发行电话：010-68452845

前　言

　　在新时代背景下，大学生文化自信的培育研究具有重要的意义。随着社会的快速发展和全球化的进程，大学生面临着日益多元化的文化冲击和挑战。因此，培养大学生对自身文化的认同和自信心，对于他们的成长和发展至关重要。

　　大学生文化自信的培育需要加强传统文化教育。传统文化是一个国家和民族的瑰宝，它承载着丰富的历史、价值观和智慧。通过传统文化教育，可以让大学生了解自己的文化根源，增强对传统文化的自豪感和认同感。

　　加强文化交流与合作也是培养大学生文化自信的重要途径。在全球化的今天，文化交流与合作成为了大学生与不同文化背景的人接触和了解的重要方式。通过参与国际交流项目、学习外国语言、了解其他国家的文化，可以拓宽大学生的视野，增强他们对多元文化的认知和尊重。

　　加强文化自信教育也是培育大学生文化自信的重要手段。通过开展各种形式的文化自信教育活动，如文化讲座、文化体验、文化创作等，可以激发大学生的自信心和创造力。同时，还可以培养他们对自身文化的自信态度和自主选择能力。

　　大学生文化自信的培育需要全社会的关注和支持。学校、家庭、社会等各方面都应该共同努力，为大学生提供良好的培养环境和机会。学校可以加强相关课程的设置和教学，家庭可以积极引导和鼓励大学生参与文化活动，社会可以提供更多的文化资源和平台。

新时代大学生文化自信的培育研究是一个重要课题。通过加强传统文化教育、文化交流与合作以及文化自信教育等方面的努力，可以有效地培养大学生的文化自信，提升他们的综合素质和竞争力。这不仅对大学生个人的成长和发展有益，也对社会的文化繁荣和进步起到积极的推动作用。

著　者

2023 年 9 月

目　录

第一章　绪论 ……………………………………………………………… 1

一、文化自信是实现中华民族伟大复兴中国梦的重要因素 ………… 3

二、大学生是坚定文化自信的关键力量 ……………………………… 4

三、文化自信培育是大学生意识形态教育的精神动力和价值

　　指向 ………………………………………………………………… 5

第二章　大学生文化自信培育基本理论述 ……………………………… 7

一、文化自信解读 ……………………………………………………… 9

二、大学生文化自信培育及其理论阐释 …………………………… 31

第三章　大学生文化自信培育的理论基础 …………………………… 43

一、马克思主义经典作家文化思想 ………………………………… 45

二、中国化马克思主义文化思想 …………………………………… 53

三、西方文化理论借鉴 ……………………………………………… 71

第四章　新时代文化自信的历史使命 ………………………………… 77

一、新时代文化自信的动力性使命：为实现"四个伟大"提供

　　强大精神动力 …………………………………………………… 80

二、新时代文化自信的目的性使命：实现中华民族伟大复兴 …… 87

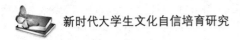

三、新时代文化自信的主体性使命：满足人们对美好生活的
需要 ……………………………………………………………… 91

四、新时代文化自信的功能性使命：为道路自信、理论自信、制度
自信提供文化支撑 ……………………………………………… 95

五、新时代文化自信的国际性使命：拓展现代化路径、积极参与
全球治理以及引领和平发展道路 …………………………… 99

第五章　大学生中国特色社会主义文化自信培育的影响因素、存在问题
及其原因 ……………………………………………………… 105

一、大学生中国特色社会主义文化自信培育的影响因素 ………… 107

二、大学在文化自信培育方面存在的问题 ……………………… 112

三、大学在文化自信培育方面存在问题的成因分析 …………… 132

第六章　大学生中国特色社会主义文化自信培育的主要目标、内容及
视角 ………………………………………………………… 153

一、大学生中国特色社会主义文化自信培育的主要目标 ………… 155

二、大学生中国特色社会主义文化自信培育的主要内容及视角 … 159

第七章　新时代大学文化自信培育改进的有效策略 ……………… 173

一、以全面发展理念为引领，实施新时代大学文化自信培育 …… 175

二、以文化自觉培育为根本，推动新时代大学文化自信培育 …… 180

三、以思想政治教育为抓手，深化新时代大学文化自信培育 …… 187

四、以细化大学教学为手段，加强新时代大学文化自信培育 …… 193

五、以文化自信培育工程建设为突破，促进新时代大学文化自信
培育 ………………………………………………………… 198

六、以机制和氛围建设为保障，巩固新时代大学文化自信

培育 ……………………………………………………………… 209

第八章　构建"一优三全"大学生文化自信培育体系 …………… 221

一、聚焦整体格局，优化文化自信培育育人环境 ………… 223

二、聚焦关键人员，实施全员参与的文化自信培育 ……… 231

三、聚焦关键环节，实施全程的文化自信培育 …………… 240

四、聚焦关键领域，实施全方位的文化自信培育 ………… 244

结束语 ……………………………………………………………… 255

参考文献 …………………………………………………………… 259

第一章

绪　论

文化是一个国家、一个民族的灵魂，文化兴则国运兴，文化强则民族强。党的十八大以来，以习近平同志为核心的党中央高度对构建文化自信给予了高度关注，强调文化自信"事关国运兴衰、事关文化安全、事关民族精神独立"。党的十九大报告指出，"没有高度的文化自信，没有文化的繁荣兴盛，就没有中华民族伟大复兴。要坚持中国特色社会主义文化发展道路，激发全民族文化创新创造活力，建设社会主义文化强国。"大学生是肩负着国家复兴重任的新一代，更应在思想和行动上坚定文化自信，使文化自信成为一种自觉行为。

一、文化自信是实现中华民族伟大复兴中国梦的重要因素

文化是一个国家生生不息的血液和灵魂，是每一个国家和民族共同的精神家园。文化在当今世界的综合国力竞赛中所扮演的角色越来越重要。在这样一个思潮交融，文化交融碰撞，经济科技飞速发展的时代，文化的"软力量"，将会让一个人在世界范围内，拥有更多的话语权和主动权。习近平总书记在庆祝中国共产党成立九十五周年大会上的讲话中指出："当今世界，要说哪个政党、哪个国家、哪个民族能够自信的话，那中国共产党、中华人民共和国、中华民族是最有理由自信的。"自信来源于中华民族五千多年的文明历史，现代人民一百八十多年的奋斗历史，中国共产党百年的奋斗历史，中华人民共和国七十多年的发展历史；40余年的改革开放探索，这是中国人文化的主体。习近平同志在道路自信、理论自信、制度自信后，又进一步提出了文化自信，并指出文化自信是"更基础、更广泛、更深厚的自信。在5 000多年文明发展中孕育的中华优秀传统文化，在党和人民伟大斗争中孕育的革命文化和社会主义先进文化，积淀了中华民族最深层的精神追求，代表着中华民族独特的精神标识"。

文化自信源于中华优秀传统文化所蕴含的强大文化基因。我们要记住自己的本源，才能赢得未来。中华民族拥有着悠久的文化历史，中华优秀传统文化一直延续并贯穿着我们国家和民族的精神血脉，支撑着中华民族

不断发展和传承。经历了考验和苦难的洗礼，这一文化血脉成为我们建设社会主义文化强国最为重要的文化基因。

文化自信也源于党和人民伟大斗争中孕育的革命文化所迸发的持续文化动力。我们要不忘初心，才能继续前进。实现中华民族的伟大复兴正是我们的初心。

中国共产党成立95年来，在马克思主义的指导下，顺应历史潮流，勇担历史重任，敢于做出巨大的牺牲，从新民主主义革命到社会主义革命和建设，领导中国人民战胜了各种反动势力，使中华民族从被压迫和奴役中解放出来，实现了国家的统一、繁荣和强大。

二、大学生是坚定文化自信的关键力量

青年人是国家的未来，国家的希望，大学生是青年人的中流砥柱，是文化强国的重要组成部分，是实现中国梦中华民族伟大复兴的重要支撑。在全球经济一体化进程不断深化和现代媒体普遍应用的背景下，西方各国抓住大学生思想活跃，乐于接受新鲜事物，而其价值观念还不够成熟，容易受到煽动的"良好时机"，利用影视作品，娱乐节目，网络媒体，对其进行宣传；通过"文化交流"等手段，将"普遍价值观"强行注入大学生，将文化"泛娱乐"化，企图对大学生进行思想"殖民"，占领大学生的意识形态高地，消解大学生的"文化国家共同体"意识，妨碍文化自信意识的培育与构建。

就我国国情而言，主要表现在：一是传统的文化面临着现代性的危机；二是某些大学生在"历史的虚无主义"和"文化的虚无主义"的影响下，使文化在中国特色的社会主义建设中的先进性、时代性和民族性等方面；对"人民性""开放性"和"包容性"的认识还不够清晰，对中华优秀文化的创造性和发展性认识不够充分，对文化的继承性不强，"佛系"思潮占主导地位。新时代大学生在文化的侵蚀下，面对传统与非传统意识形态的侵蚀，面对中国与世界的侵蚀，需要学习用马克思主义的立场与方法来观察

与分析世界，理解世界的发展趋势，理解世界的发展趋势，理解世界的发展趋势。我们要从中华优秀的文化、革命的文化以及社会主义先进的文化这三个方面，充分认识其深刻的意蕴和强大的精神力量，更要从道路自信，理论自信，制度自信，文化自信这三个方面，切实担负起大学生所肩负的文化的历史责任

三、文化自信培育是大学生意识形态教育的精神动力和价值指向

国势之强由于人，人材之成出于学。文化自信的培育，关系到大学生的世界观、人生观和价值观的形成，关系到大学生的"德智体美劳"的全面发展，关系到中国梦的实现。文化自信的培育，是大学生坚定文化自信的基本途径，是学校完成"铸魂育人"任务的重要一环，是学校思想政治工作的主要组成部分，也是学校意识形态工作的核心，更是学校思想教育的核心，是学校德育工作的核心。文化自信的培育与思想政治教育一样，都是思想政治教育，其目的是一致的，其内容是互动的。教育目的的相似性体现在：文化自信的培育与思想政治教育都是"以人为本""以文化为本"的价值观念的自然形成，都在努力解决"培育什么人、如何培育人、为谁培育人"的基本问题是。教育内容的互动表现为：以培育文化自信为首要目标，以培育文化自信为重点，以培育学生的思想政治教育为手段，以提高学生的综合素质为主要途径。在大学生的日常生活中，国家、社会、学校、家庭是最重要的生活场所，应立足于家庭，把国民教育、社会教育作为学校教育、家庭教育的延伸，充分发挥国家、社会、学校三个方面的作用；加强家庭间的互补，形成教育的合力；并在此基础上，进一步净化网络空间，创新开发网络资源育人效用，从多个方面推动大学生对文化自信的认识。

第二章

大学生文化自信培育
基本理论述

对概念的理解是学习的基础。本章首先从文化和文化自信两个概念的基本含义入手,逐渐深入探讨,最后以大学生和文化自信两大核心议题为切入点,说明了这两个概念的重要性和必要性,为本书的研究开启了一个理论研究的新视角。

一、文化自信解读

（一）文化的内涵、特征及功能

文化是社会科学领域中一直以来备受关注的永恒主题,被众多专家和学者广泛研究和重视。在对文化的认知和理解上,人们持有各种不同的观点。早在 1952 年,美国文化人类学者 A·L·克罗伯和 K·科拉克洪在《文化:对一个概念的评价》一书中,对 160 多种文化定义进行了深入分析和研究。随着经济的发展和社会的进步,关于文化的讨论已经超过了 300 种。著名人类学哲学家蓝德曼指出:"文化的创造、广度和深度远超出我们以往的认知。在人类生活中,很少有事物建立在自然之上,而更多是基于文化所形成的形态和习惯。就像我们从历史中所了解的,人类并不是存在于自然界中的,甚至最早的人类也是以一种文化方式居住在这个世界上。"这表明文化具有深刻的内涵和广泛的影响力,激发了许多学者对其进行不懈地探索和研究,并且对此感到乐在其中。

1. 文化的内涵

到了 15 世纪,文化一词逐渐扩展了其含义,除了指农业和种植,还用于描述陶冶情操、充实思想、涵盖文学和科学等领域。特别是到了 19 世纪,文化在某种程度上已经与"文明"相对应,并具有了"现代"的含义,泛指人的全面发展、人的全面进步、人的精神面貌、人的品格、人的品德、人的品行、人的修养等。"文化"一词在中国语言体系中由来已久,其中"文"多为"纹理"之意,"化"为造化之意,中国为造化之意。对于文化的由来,许多学者认为可以从春秋末期的《易·贲卦·象传》中找到:"刚柔相济,天文学也。这就是人类的文明。它是用来观察星象的，是用来观察世界的，是用来观察世界的。"这句话里的"天文"，"人文"仍然有"纹理"的意思，但是也有"人成文化"的深层隐喻意义。"文"可以是文字，文章，也可以是对礼乐制度，法律条文等各种现象和形象的记录，评论，表述等。"化"指"教化""教行""塑造"，因此，站在中国古代的社会管理的立场上，"文化"指的是通过历史凝聚而成的"礼""乐"来教化民众，使之成为一种具有历史意义的、公认的、普遍性的意识形态；人们的行为方式，当地的风俗习惯等。

在现代，文化的含义已经不仅限于特指"文化人"，而更多地涵盖了一种生活方式、一种传承的精神以及民族的集体意识。文化也可以根据其广度和深度进行分类，常常被划分为"宽文化"和"窄文化"。

宽文化指的是一个国家或地区广泛的文化范畴，包括语言、宗教、价值观、传统习俗、艺术、文学、音乐、舞蹈、建筑、服饰等多个领域的内容。它反映了一个社会或民族的整体特征和共同的认同。

窄文化则指特定领域或特定群体的文化，如艺术家圈子内的艺术文化、学术界的学术文化等。窄文化更具有专业性和特定性，相对于宽文化而言，覆盖的范围相对较狭窄。

因此，现代文化包含了更多的维度和意义，既涉及每个人的生活方式，也涉及民族的传承和集体意识。

从广义上看，文化一词是由历史凝聚而成的，它是一种"人"的活动与产品，是一种在一定历史时期、一定地区、一定民族中占有优势的一种存在形式，它既是一种物质的财富，也是一种精神的财富。也就是说，人在改造自然、改造社会过程中的所有行动，都是以文化为客体的活动为基础的，人在其中所创造的所有存在，都是文化的范围。梁漱溟曾说："文化，所载之国民之生活，其所载者，无非三种：① 属灵之生活，如宗教，哲学，科学，艺术等等。② 在社会生活层面上，我们对身边的人，如家人，朋友，社会；国家，世界，生活方式，都是社会生活的一部分，如社会组织，道德习俗，政治制度，经济关系。在物质生活上，比如食物，比如起居，比如享受，比如人类为了在大自然中生存而做出的种种努力。"英国著名文化学者爱德华·泰勒于 1871 年发表《原始文化》，提出了广义文化这一最早的古典理论，并指出文化涵盖了知识、信念和艺术；德，法，俗，是人的才能与习惯的结合。

从这一点来看，狭义的文化特指的是与政治、经济并列的人的精神活动与生产的总称，即人在其精神活动中所遵从的价值观念、行为准则与理想追求，也可以指人的文化的内部修养的外部体现。就文化的具体研究范式而言，文化人类学、社会学、历史学等方面是中西学术的主流；从哲学等多个学科的角度对文化进行了界定。许多学者试图从文化人类学角度来考察文化的现象，其中，美国人类学创始人弗兰兹·博厄斯（FranzBauses）对文化的演化理论进行了质疑，指出文化的自身是塑造其物质与精神世界的一股强大的动力，每一份文化都有着其独特的发展历程。社会学家对文化进行了广泛的研究，认为文化就是一个完整的社会生活模式。马林诺夫斯基作为文化学派的创立者和社会学家，从"功能"和"需要"两个维度对文化进行了实证分析，提出了"文化是由工具与消费品、各社会团体的制度与宪政、人民的思想与技术、宗教与风俗等构成的有机整体"的观点。鲁思·本尼迪克特提出了一种"文化样貌说"，他指出，文化和人一样，都有各自的样貌特点，文化的样貌特点决定了文化的样貌特点，而对文化样貌产生影响的，是它所蕴含的民族精神。然而，在德国学者斯宾格勒和英国学者汤恩比的研究中，他们都站在了人类历史这一宏观的角度上，对文化中所存在的这一现象作了历史性的思考。斯宾格勒认为，文化在其诞生之地萌发之时，就会有一个从萌芽到成熟再到凋零的不可逆转的不可挽回的过程。20 世纪六七十年代，苏联学者在马克思历史唯物主义的基础上，把哲学和文化学相结合，强调了对文化的整体价值的把握，并在此基础上提出了自己的看法。1984 年第十七次哲学界会议以"文化论"为主题，使文化论成为哲学界的主流，对文化论的研究也有了一定的发展。中国近代哲学家和哲学史家张岱年在文化的研究中，始终坚持用历史唯物主义的观点，从哲学的角度对文化进行解读，并提出了"整合性创新"的观点，提倡对传统的文化和对西方的文化要有正确的理解，并在继承和发展中国的优良传统的基础上，充分发挥中国的创新精神，为建设社会主义新中国的文化提供了新的思路。

2. 文化的特征

文化是人类生存的象征。它是人类创造的客观存在，经历岁月洗礼和沉淀，成为精神的结晶，是一个具有生命的有机体。卡西尔代表了新康德学派，他认为人最显著的特征不是形而上学的本质也不是物质的本质，而是劳动，劳动决定并界定了人的范围。语言、神话、宗教、艺术、科学、历史都是文化的一部分。因此，一种人的哲学必须能够揭示人的各种行为的根本构造，并将其作为一个有机的整体来认识。

文化的实质是存在于人类通过符号所展示的行动能力。这使人类与动物有所区别，人类能够创造和使用符号系统，而动物则只能对信号做出响应。因此，文化的实质是符号的存在。比如北京胡同、天津麻花、东北秧歌等都是文化的象征，西方的牛排、中国的咖啡、水饺也是文化的象征。不同的文化具有不同的象征意义，它们所传递的历史和现实价值也不同。

文化是精神产品的总称。对文化的认识，我们可以从"人"的角度出发，将"人"与"文化"有机结合起来，即文化是人的创造，而人也是文化的结果。人类创造的产物可以分为物质产品和精神产品两种。物质产品是人类利用智慧和实践创造的有形物质，如建筑物、工具、机器、艺术品等。精神产品包括观念产品和制度产品，主要指文学、艺术、哲学等理念文化以及各种规章制度、法律法规等制度体系。

物质生产制约着精神生产。马克思认为，要研究精神生产和物质之间的联系，必须从特定的历史形态来考察。适合资本主义生产方式的精神生产与中世纪的精神生产是不同的。要理解两者之间的相互关系，必须了解它们具体的历史形态。因此，我们不能超越世俗的理解，需要用"文明"这个概念来思考。本书强调，对于精神产品必须从特定的社会形态来认识，任何物质性的文化脱离了精神性的文化就会失去生命力和价值，成为无用的垃圾。

因此，就其深层内涵而言，文化就是一种精神产品的总称。文化是一个人的存在之道，也是一个人的行动之道。至于文化的性质，在文化的哲学性层面上，它被定义为一种生活方式，一种生活模式，一种人的行为选择。美国文化人类学者本尼迪克特（Benedict）指出，文化的实质是一种整合，即把个人的行为统一到各种文化的共同范式中，"文化的行为也具有这种趋向。一份文化，就像一个人一样，是一个人在一定程度上，在某种程度上，是一种固定的思维与行动方式。"在这一基础上，本尼迪克特对各个国家的文化进行了分析，并提出了"日神"文化和"酒神"文化等几种类型。在中国，"中国最后的大儒生"梁漱溟与新文化运动的领军人物胡适，对于文化的基本含义，有很高的同一性，他们都把文化看作是"人的生活之道"，"人的生活之道"。文化是一种价值观，也是一种行动指南。从狭义的视角来看，文化专指人们的思想，观念，价值观念，文化是一种特殊的"文化人"；知识等精神性的存在，在表现为人的行动实践中，表现出了历史与时代的差异，这正是文化在此所要强调的价值取向。塞缪尔·亨廷顿在他看来，"文化"这个名词，在不同的研究领域，在不同的语境下，其意义是多种多样的。这个词经常被用来表示一个社会的智力，音乐，美术和文学作品，被称为社会的高文化。一些人类学家，特别是克利福德·格尔茨，认为文化的"深层含义"是指整个社会的一切，包括价值观、习俗、符号、制度和关系。但这里，我们所关注的是文化对社会发展所产生的作用。如果文化是包罗万象的话，那它就不能解释一切了。

所以，本书对文化一词的意义进行了纯粹的主观定义，即一种社会的价值观念，态度，信仰；他们的性格，他们的看法。人是一种社会存在，其思想意识、价值观念与其生存息息相关，文化日益成为一种理性的生存状态，一种价值取向与行动规范。在此，我们要强调的是，文化并不是一个独立于物质与精神之外的第三个存在，文化属于精神世界，是一种精神世界，而文化属于精神世界，它是人类行动的准则，也是人类行动的标杆。

3. 文化的功能

文化是一个由可见的物质产品和看不见的精神产品组成的综合体，它的组成元素是相互关联和相互作用的，从而形成文化的功用。在人类社会不断向前发展的过程中，文化起到了无可取代的作用，它对社会矛盾的调整和发展起到了积极的促进作用，文化的作用是促进社会进步与发展的。文化的形式有很多，如：学校的文化，家庭的文化，企业的文化，品质的文化，各种形式的文化，其功能也各不相同，但是，从总体上讲，文化具有记录、认知和传播的功能；教育功能，调节功能，聚集功能等等。文化所发挥的这些作用，对于我们认识文化、提高文化自信都有着积极的现实意义。

文化有"记录"的作用。对文化的理解，不论在广义或狭义层面上，"记录"都是文化最根本的作用。文化的记录功能，是以文字、影像、建筑等存在形态来记录某一地域的历史遗存；风俗民情与智力成果。而由于文化的记录作用，诸如书籍，建筑等，则是文化的一种表现形态。所以，文化的"记录"功能，实际上就是一个国家、一个区域、一个群体的文化的"记录"与"保存"。文化的记录作用使文化得到了很好的保护与传承，从而为人类文明的进步与发展打下了坚实的基础，例如，世界上已有了世界上最早的一部较为完整的《汉谟拉比法典》，即巴比伦时期的《汉谟拉比法典》。中国史文化古书宝典，详细记载了中华史实与哲理的儒学思想，以《四书五经》为主要载体的儒学思想。又比如，在 2019 年国庆节前夕，中央档案馆发布了一部 12 分钟的国庆节彩图，这也为文化自信的出版增添了新的素材。文化在认知方面具有重要作用。它对个人和社会对世界的认识起着强大的影响。个体的认知活动是对各种符号系统进行接收、筛选、转化、综合、提炼和输出的过程。这些活动涉及关于事物的概念、特性和功能的思考，以及对有价值事物的处理和评判。正如列宁所言："人的知识就是人对自然的反映"。然而，这种反映并非简单、直接、完整，它是一系列抽象过程的构成，其中概念和规律（即思维、科学的"逻辑观念"）以条件限制地近似捕捉了不断运动和发展的自然界的普遍规律。文化是历史传统和现实生活共同作用而产生的，它潜在地影响着人们的思想和行为。文化本身具有自我认知、自省和自我认同的有效性。认知的产生和发展与文化中的符号化、抽象化和概括化密不可分，这也是人类认知的发展所依赖的。人类通过概念和规律来认识和把握世界，文化中的每个符号都能激发人们的创造力，使得计算机、互联网、基因工程等现代科技能够在这一系列代码中得以实现。文化既是个人对社会的认识，也是文化对个人和社会的认识所起的作用。不同地区的人在对待同一事物时，受地理位置、历史环境和基因基础的影响，可能会产生不同的看法。例如，从中西方角度看，中国文化属于封闭、半封闭的文化大陆，其对文化的理解较为内敛。而受海洋环境影响的西方人对世界的理解较为开放。中国是以农业为主导的社会，文化注重体验，提倡中庸之道，强调家庭和家族的血脉亲情，追求幸福的生活。而西方文化则属于商业和公民社会，其认识基于科技，重视事业和个人的发展，重视个体主义和人格的发展。此外，关于存在象征的"龙"，不同文化有不同的看法。有些人将其视为邪恶的生物，而在中国文化中，它被视为吉祥物，象征高贵，具有蛇身、鱼鳞、鹿角、鹰爪、虎须、狼尾等特征，被认为具有庇护一方、呼风唤雨、无所不能的能力。

文化具有传播功能。文化的交际作用指的是文化在不同地域间的相互交流以及本族文化在不同地域的传播和相互影响。人口迁移和商业活动是文化主要的传播方式。通过人口迁移和商业活动，人们将自己的知识、信息、观念和信仰传播给其他地区，在一定范围内对客体产生一定影响，这就是文化的传播作用。文化的传播既是对文化本身的传播，也是对文化自信精神的展示，是对文化的肯定和强调。拿郑和七次航海为例，无论到达哪个地方，都留下了中国文化的印记，传播了中国人民的和平胸怀和灿烂文化，影响了 30 多个国家和地区。孔子学院作为一种语言媒介，自 2004 年在韩国汉城（2005 年更名首尔）成立世界首家孔子学院起，发挥了文化的传播作用，不仅将中国文化传播出去，还促进了人类文明的相互交流与欣赏，使世界各国的文化多元化。现代媒体是文化传播的重要形式，既作为文化大众化的媒介，又是文化主要的传播方式。报纸、广播、电视、互联网以最快速度、最生动的方式发挥了文化的影响力。例如，韩流和泰国剧热潮的流行不仅给观众带来视觉冲击和精神愉悦，还无形中传递了一个国家的意识形态和价值观文化。年轻人穿着韩国服饰、享用韩国菜，被称为"欧巴"，泰国化妆成为时尚。近年来，《朗读者》《见字如面》《中国诗词大会》《舌尖上的中国》等文化类综艺节目以一种新的形式追寻经典、品味传承。电影作品《建国大业》《一九四二》《红海行动》《我和我的祖国》等广受好评，大家倡导爱国主义、集体主义和英雄主义，争相成为《焦裕禄》和《孔繁森》等。

文化具有教化功能。文化的教化作用是指通过影响、感化和教育文化受众，使其逐渐认同、接受文化中的核心价值观，并遵循文化中规定的外部道德和行为规范。人的价值观是从习俗、伦理道德和宗教信仰出发形成的。通过吸取文化等社会礼仪中的价值和意义，人们会按照"本应如此"的方式思考问题，而不是问"为什么要这样"。古老的格言、古老的家庭、古老的习俗一直以来都如此存在，无需追求和解释。同时，也需要思考这是人类对文化的一种直观、具体、直接、感性的认知。生活在文化社会中的人无时无刻不受文化的影响、激励、教育以及一种看不见的力量的左右。他们不需要去思考，也无需去质疑。这种看不见的力量决定着人们内心的价值观和外部的行为。从历史上看，文化的教化作用不仅表现在生产技术的教育上，还表现在伦理道德、礼仪和交际方面。中国文化的核心价值观被体现为"三纲五常"，规定了君臣、父子、夫妻的关系，并通过"三纲五常"规范了这些关系的道德与行为规范。在西方，以"摩西十诫"为代表，规定了道德准则。在社会文明中，这些伦理、道德和行为规范对于构建良好的社会起到了重要作用。在新时代，仁、义、礼、智、信仍然是人类为"人"的重要特征。智慧和信仰在不同历史时期仍然是重要因素，唯一需要注意的是在不同历史时期需要创造性地转变它们的内涵和外延，并坚持"古为今用"的原则。

文化具有调节功能。在人类社会的生活中，矛盾是无处不在的，无论是在人际关系中、个体与社会之间，还是在个人内部的思想和情感上都存在着矛盾。文化对于化解这些矛盾、维持社会的稳定与和谐，促进个体的良性发展具有不可替代的调节作用。文化的调节功能意味着在处理个人、集体和社会矛盾时，不仅要依靠法律体系等工具，还要利用文化的价值引导和行为准则，将法治与德治有机地结合起来，对人际关系和社会矛盾进行科学而有效地调节，实现集体的和谐发展和社会的良性进展。举例来说，学校的文化不仅起到制度规范和约束的作用，还发挥调节功能，通过调整环境、调整心理、调节人际关系来培养学生积极的心态和健康的人格，同时将文化调节的成果应用于家庭和社会矛盾的处理，推动社会的和谐发展。文化还对人的情绪调节和心理调节产生重要影响。随着市场经济的发展和改革的深化，人们追求的目标越来越高，面临的矛盾也越来越多，带来的情绪压力和心理焦虑也越来越严重。弗洛伊德作为精神分析学的奠基人和20世纪最杰出的心理学家之一，曾说过："生活对我们来说是如此困难、如此痛苦、如此失望、如此不可能。"为了应对生活的困难，我们需要一种缓冲机制，就像西奥多·方坦所说："没有陶冶和享乐，就没有拯救。"满足现状可以缓解我们的痛苦。而转移、替代和陶醉的力量，正是由文化的调节作用所决定的。

文化具有聚合功能。人类社会由许多相互关联又独立存在的部分组成，在复杂多元的社会中，每个部分都有各自的作用，但有时需要将这些作用结合起来才能充分发挥自身的作用或实现最大程度的影响，因此社会的异质性越强。文化差异性越高，结构越复杂，聚合作用也就越明显。文化的聚合作用指的是文化对社会的价值和规范的作用。在文化的聚合作用中，价值观的凝聚作用是最根本的，共同的价值观能够统一人们的思想和行动。每个社会中的人天生并不具备共同的价值观，每个人都有其个别差异，只有通过接受文化的教育和社会化熏陶，他们才能在社会上表现出共同的理念。规范的整合则是在价值观一致的过程中，由于共同的价值观，人们的行为准则也趋向一致。文化的聚合作用将规范内化为个体的行为准则和价值遵循，并将整个社会整合为有效运转的体系。文化的聚合功能对于社会的稳定和国家的统一起到了积极的推动作用。缺乏文化的协调，社会将会分裂。没有文化的凝聚力，一个国家必将解体。无论社会中存在多种不同的文化，只要有共同的文化基因，就会形成一种认同感，并在心理和行为上形成一致性。一个族群，无论其成员是否长期共同居住，只要具有相同的文化血统，就会形成一种共同归属感和一致的行为价值观。中国拥有数十亿人口，虽然他们生活在不同的社会制度和文化环境中，但一直以来彼此互帮互助、彼此关心，这是中国文化凝聚力的体现，将世界各地的华人紧密联系在一起。

（二）文化自信释义

英国知名史家阿诺德·汤因比，在他与日本激进分子池田所写的《展望二十一世纪》中，曾说，二十一世纪将是文化的时代，东亚历史将是文化的一条主线，也是世界文化的一条线，由中国文化一统全球。这是怎么回事？其基础是中国文化的优良基因，历史传统悠久，文化的积淀深厚，文化的爱好和平，文化的胸襟包容，文化的朝气与时代同步，归根结底，还是文化自信的高度。

1. 文化自信的基本内涵

在培育文化自信的过程中，首先要明确文化自信的基本内涵。大部分学者将文化自信解读为对自身文化价值和活力的信念。他们试图从主客体关系、价值观念以及中国梦等多个方面来论述文化自信的内涵，强调文化在交流、碰撞、合作和竞争中所形成的强烈而稳固的自我效能意识。

陈先达认为，文化自信不仅是对文化的自豪和自信，同时也是对中国文化在追求伟大复兴道路上的历史性展现。它是一种对自己国家文化的热爱和对世界的宽容，对文化的进取和对未来的期许。国务院法制办在《文化自信——习近平提出的时代课题》中指出，文化自信是一个民族、一个国家和一个政党对自己文化价值的充分肯定和积极实践，对文化的生命力抱有坚定的信念。文化自信并非自然、静止和孤立的产物，而是将传统和现代有机地融合在一起的产物。它是对文化自身的历史、现状和未来的正确认识和科学实践。

文化自信以民族、国家、政党和党员为主体。它指的是对自己文化存在形式和理念追求的高度认可，对文化的价值功能和生命力的坚信，以及对文化创造性转化和创新性发展的积极实践。

在培育文化自信的过程中，有几个关键方面需要重视。首先是不忘本来，要深刻回应"文化自信从哪来"的问题。中华优秀传统文化和革命文化是文化自信的根基。我们要对中国文化的悠久历史和卓越贡献进行高度认可，这是对中国文化自信的坚实基础。第二是吸收外来，特别是马克思主义对中国文化的影响。马克思主义与中国实际有机结合，在实践中形成了符合中国特色的马克思主义中国化理论。中国革命和建设的成功也离不开马克思主义的指导和革命文化的发展。我们要在吸收外来文化的基础上实现文化的创造性转化和创新性发展。第三是面向未来，不断推动文化发展与改革。展望未来，我们要清醒认识世界、国情和党情，进行文化创新发展，弘扬革命文化和社会主义先进文化，加强文化的相互学习和交流。我们要以创新引领为动力，贯彻中国特色文化，培育通俗化、民族化和现代化的文化，推动中国文化的国际化水平。总的来说，培育文化自信需要明确其基本内涵，不忘本来、吸收外来、面向未来。

文化自信的培育对于国家和社会的发展至关重要，它能够推动文化传承和发展，促进民族精神振兴，增强国家软实力，应对全球化时代的挑战和机遇。

　　2. 文化自信的独特气质

　　领导人对文化自信给予高度重视的原因有几个方面。首先，文化自信是国家发展和国家安全的重要基础。文化作为一个国家的软实力，不仅能够塑造国家形象和国际认知，还能够增强国家的凝聚力和社会稳定性。领导人认识到，只有在自己文化的基础上产生自信，才能在国际竞争中立于不败之地。第二，文化自信是国家发展和民族振兴的重要支撑。中国具有五千年的文化历史，中华文明孕育出了丰富多样的文化资源和价值观念。领导人认识到，只有在自己文化的引领下，才能够实现中华民族伟大复兴的目标，唤起人民的民族自豪感和使命感。第三，文化自信是对全球化冲击的有力回应。全球化带来了各种文化的碰撞和交流，同时也带来了文化自卑和价值观的混乱。面对全球化的挑战，领导人认识到保持文化自信对于国家文化的传承和繁荣至关重要，能够在文化冲突中保持自身价值的稳固。最后，文化自信对于国家的长治久安和社会稳定也起到重要作用。在多元文化的社会中，培育文化自信能够加强公民的认同感和凝聚力，提高社会主义核心价值观的传播和影响力，维护社会的和谐稳定。综上所述，领导人对文化自信的重视是基于国家发展、民族振兴、全球化冲击和社会稳定等方面的考虑。文化自信是塑造国家形象、推动发展和维护稳定的重要力量，它能够提升一个国家的自信心和凝聚力，让国家在世界舞台上更加自信地展现自我。

　　历史与现实告诉我们，如果一个国家背弃或背弃了它的文化，那么这个国家不但不会繁荣，反而会成为一种悲剧。文化自信是一个国家、一个民族和一个政党坚定地承认并积极实践自己文化的根本力量。它是国家独立和国家发展的基石，承载着深厚的生命力和传承性。中华五千年文化的辉煌在历史的洪流中始终保持着其主体地位，从未丧失过根本力量。文化自信具有民族性和渗透性，无处不在，渗透万物，潜移默化地影响着我们。中国近现代的民族独立、思想解放和人民富裕是中华文化的影响和凝聚力的结果。中华文化拥有广泛的影响力和凝聚力，使中华人民在接受西方资本主义文化的影响和"普世价值"的浸染中保持了坚实的文化根基。这使得中华人民始终保持着信念、找到了方向和追求光明的希望。文化自信具有经久不衰的生命力和传承性。中华文化作为中华民族丰富的精神财富和价值观念的底蕴，为中华民族代代传承提供了坚实的基础。中华文化的自信不仅是新民主主义革命、民族独立和人民解放的基本精神动力，也是社会主义革命、现代化建设初期取得巨大成就的重要支持，更是改革开放40多年来实现可喜成就的基石信念。综上所述，文化自信是国家、民族和政党始终坚持、实践自身文化的基本力量。它具有深厚的生命力和传承性，是国家独立、发展和社会稳定的重要支撑。对文化自信的重视是从其重要性、作用和历史传承的角度而来，以此鼓励人们坚守本土文化基础，自豪自信地传承发展中华文化。这将有助于弘扬中华民族的精神风貌和正能量，巩固国家文化的自主权，增强国家的凝聚力和社会的稳定。

（三）文化自信的历史嬗变

"历史"是"根源"，而文化是"灵魂"，文化与"历史"是密不可分的关系。历史是一面明镜，要把握文化自信，就必须把它放在中国的历史发展过程中，把握文化自信的演变过程，从整体上把握文化自信的演变规律，从整体上把握并应用这一角度来把握这一规律。陈先达曾说："只有了解了中国历史，特别是了解了中国最近一百多年来的奋斗史、中国共产党的革命史、建设史，才能了解文化自信中所蕴含的深厚的历史意蕴。从古代的璀璨星辰，到现代的危机四伏，再到现代的富庶，中国的文化，从辉煌，到跌宕起伏，再到螺旋上升，文化自信就是在这个过程中诞生的。"

1. 古代中国：文化辉煌灿烂

中国作为一个拥有悠久文化历史的国家，在人类文明史上有着重要的地位。中国文化以其独特性和丰富性，展现出令人肃然起敬的生命力和创造力。中国人民在漫长的历史进程中形成了众多的哲学思想流派和学派，如儒家、佛教、道家、墨家等，这些流派和学派都为中国文化注入了丰富的智慧和影响力。同时，中国古代还涌现了一大批思想家、学者和作家，如孔子、老子、庄子、鲁迅等，他们的著作和思想成为中华文化的重要组成部分，为中国文化留下了巨大的财富。中国古代的著作中蕴含着丰富的哲学和社会科学内容，以及治理国家的智慧。中国在许多领域取得了世界领先地位，例如天文历法、礼乐制度、农田水利等，展示了中国独特的文化自信。古代中国还有许多重要的发明和创造，如丝绸、星象表、黄帝内经、兰亭序、造纸术、印刷术以及四大发明（火药、指南针、造纸术、印刷术）等。这些成就为中华文明带来了巨大的荣耀和影响力。中国的文化自信不仅源于自身的优秀传统文化和历史成就，还体现在其对世界文明做出的巨大贡献上。中国文化的自信始终贯穿于历史长河中，在各个时期都发挥着极其重要的作用。中国文化自信不仅是中华民族的精神支柱，也是推动中国人民实现自身价值和国家发展的重要力量。总之，中国作为一个拥有悠久文化历史的国家，以其独特的文化自信展现出生命力、创造力和影响力。中国的文化自信源于自身优秀的传统文化和历史成就，也得益于其对世界文明的重要贡献。这种文化自信为中华民族的繁荣和发展提供了重要的思想支撑和精神动力。

中华文化以其丰硕的成就和积极的交流精神，展现出强大的文化自信。早在先秦时期，中华文化就开始对外传播和交流，如仰韶文化和龙山文化在跨越大陆和海洋方面展现了其包容性和影响力。张骞的西域使节活动开通了"海陆"两条丝绸之路，促进了商贸联系和文化传播。中华文化在与其他国家的交往中展现出团结和吸引力，如大唐长安接待各国使节、繁荣的商业街区吸引外国商人、国子监接纳各国学生、寺庙吸引异域和尚及异域王侯向大唐进贡等。明朝郑和的七次航海也对中国经济发展和文化传播有着重要推动作用。然而，随着现代西方国家进入资本主义社会的"蒸汽机"时代，中国却陷入"手推磨"的历史阶段，在生产力和社会结构方面落后于世界发展潮流。这使得中国逐渐成为半殖民地和半封建社会，对文化发展和继承造成严重损害。尽管存在一段与外部世界接触不畅的时期，但中国文化的辉煌和自信凝聚力仍然体现在与中外文化的频繁交流和良性互动中。海外华侨在南洋地区传播中华文化，为中华文化的传播做出了巨大贡献。这样的交流和互动表明中国文化仍然具有强大的吸引力和影响力。在现代化进程中，中国逐渐认识到自身的历史落后，并致力于提升国力和文化自信。通过不断推进改革开放和现代化建设，中国取得了显著的发展成就，同时也为文化的发展与传承提供了坚实基础。总的来说，中华文化以其丰富成就和积极交流精神充满自信。尽管历史上经历了一段时期的困境，但中国文化的辉煌和自信凝聚力仍然体现在其与中外文化的交流中。通过坚定自信的信念，中国正在迈向实现文化的全面复兴，并积极参与全球文化交流与合作。

2. 近代中国：文化跌宕起伏

在清朝还主张"天朝上国"的观念时，已经表现出衰败的迹象。例如，"文狱"局面的产生，八股制度的盛行，以及追求"升官发财"而非真正的学问。与此同时，西方国家已步入工业化和殖民化的进程，将强力对准中国这个相对落后的国家。这导致了中国文化的短暂自卑感和文化自信的低落感。

鸦片战争后，在列强的侵略下，我们的国家逐渐沦为半殖民地半封建社会，西方的观念、文化、科学等也随之而来。中国经历了鸦片战争、中日甲午战争、割地赔款等一系列不平等的条约，中国人民几乎到了灭亡的边缘。自卑感在中国人心中泛滥，技术、体制、文化等因素都削弱了中国人对国粹的自信，中国文明也被贴上了"蒙昧"的标签，被视为"无知"和"落后"的代名词。文化自信的落幕恰好与国家命运的衰败密切相关，这既是对中国封建时代的致命警钟，也是对中国人民的痛苦觉醒。

从"师夷长技以制夷"到洋务运动再到戊戌维新的君主立宪，中国出现了一系列探索救国之路的努力，其中包括了为龚自珍、林则徐、康有为等人的努力所影响。一大群富有家国情怀、勇于改革的人开始追寻通向救国之路，然而他们在面对困境时却遭遇到道路的阻塞。当时学界对于未来的道路有了一些想法，包括西化、完全吸收外来文化，回归中国传统文化并保持封建制度，以及折中改造。然而，在辛亥革命中，中国推翻了统治了 2 000 多年的封建主义，奠定了民主共和国的基础，树立了平等、自由的思想，为中国人重新找回文化自信注入了新的活力。然而，这一时期的文化民主化在袁世凯等人"尊孔复古"倒退潮中面临了危机。

在这一现实的激励下，陈独秀、胡适、李大钊和其他知识分子纷纷举起"民主"和"科学"的旗帜，其中陈独秀发起了"最终的意识"的文化新运动，标志着中国文化自信的一个重要转折点。然而，在当时的思想和文化学界，对于东方和西方文化的优劣，以及人类文明未来发展方向的问题引发了长期辩论。直到 1917 年俄国十月革命把马克思主义带入中国，这些辩论才有了一些结果。一战对资本主义世界造成了重大冲击，而十月革命取得了巨大成功，中国知识分子开始讨论中国的前途。这一时期广泛关注封建主义文化、资本主义文化和社会主义文化之间的关系。在这个过程中，中国文化摆脱了短暂的自卑状态，在马克思主义的指导下，开始了科学的社会主义文化的螺旋式向上发展。

3. 中国共产党成立：文化螺旋上升

中国共产党自 1921 年创立以来，始终以文化为己任，以创建新中国为己任，以发展新文化为己任。中国共产党人坚持信仰，不畏牺牲，不畏艰险，以"红船精神""井冈山精神""西柏坡精神"等为代表，创造出了"红船精神"；以长征精神，延安精神，抗战精神等为代表的革命性文化，正是在这种精神的引导下，革命才获得了最后的成功。1949年，新中国建立时，虽然一贫如洗，但是，人们对建设自己的家乡的热情却是异常高涨，这就是"大庆精神"，它以艰苦奋斗，迎难而上，无私奉献为核心；"铁人""雷锋""焦裕禄"精神；"两弹一星"的伟大成就，使中国真正建立起了社会主义制度。在此期间，文化对社会主义意识形态的建设得到了很大的发展，并逐渐确定了马克思主义意识形态的指导作用。在此基础上，提出了"百花齐放，百家争鸣"，"古为今用，洋为中用"的原则，来构建文化。对教育体制进行了探讨，使其走向平民化和大众化，并在此基础上初步建立起了较为完备的教育体制。科技工作有了新的突破，文艺创作和体育事业也有了新的进展，这使广大群众对文化的认识有了很大的提高，对文化自信的认识也有了很大的提高。1978年"十一届三中全会"以后，在"文革"期间，"文革"文化中出现的文学"政治化"现象得到了彻底的纠正，并提出了"为人民、为社会主义""二为"的文化发展方针，使文化获得了一个发展的重大机遇。高等教育、九年义务教育、中等职业技术教育等各种类型的教育；成人教育和其他方面的建设也在如火如荼地进行着。在科技发展和制度改革上取得了很大的成就，它提出了"科技是第一生产力"的方针，并积极地构建了新的制度，以促进经济发展和科技进步。在基础和前沿技术方面，有了长足的进步，很多科研成果都达到了世界先进水平。"尤其是邓小平在1992年的南方谈话，以及在"十四大"中提出的"建设有中国特色的社会主义，必须把两个文明建设得很好"，这对文化的发展起到了很大的推动作用，也为文化自信的发展增添了更多的信心。20世纪80年代后期和90年代初期，国际形势动荡，我国的社会主义事业发展遇到了前所未有的困难和压力，同时也面临着新的挑战。江泽民同志带领的新一代党中央，对当前的形势进行了科学的分析，对全局进行了全面的把握，对中国特色的社会主义事业进行了艰苦的探索，开辟出一条崭新的道路。文化的威力，就在于这个国家的活力，这个国家的创造力，这个国家的凝聚力。先进的文化，既是一个国家实力的一个重要指标，也是一个国家、一个民族自立的基础,它对团结、鼓舞、振兴中国起到了强大的作用。在 2002—2012 年的 10 年里,中国文化的建设经历了一系列具有深远意义的变化,使中国特色社会主义文化的影响、传播能力得到了很大提高,同时也使中国民众对文化自信的认识得到了很大提高。

党的十八大以后,中国经济社会发展进入了快速、超车道,党和国家的各项事业实现了历史性变革,进入了一个新的发展起点;中国特色社会主义已经走进新时代,新时代既是一个高质量的经济、科技和社会,也是一个高质量的文化出版的重要时期。习近平在三个自信的基础上,在提出了道路自信、理论自信、制度自信的基础上创新地提出了第四个自信——文化自信,并着重指出,坚定道路自信、理论自信、制度自信归根结底就是要坚定文化自信,这就是中国特色社会主义。文化自信是一种更加基础,更加深刻,也更加经久不衰的动力。如果不是文化自信的高度自觉,如果不是文化的兴旺发达,就不会有中华民族的伟大复兴。使我党对中国特色社会主义的认识,对文化的地位、作用及发展规律的认识,提高到了新的水平,从了新的战略高度,提高了新的认识。在坚定文化自信、建设文化强国的战略目标指导下,中国的文化建设取得了长足进步,提出了一系列新理念、新思路、新战略,大量传播"中国声音""诠释中国特色""传递中国力量"的文学和文学作品得到广泛流传,使中国文化的影响和吸引力得到了显著提升。加强中华优秀文化、革命型文化、社会主义先进型文化的宣传与推广,推动中国文化自信建设。同时,广大民众对文化的自觉和对文化自信的认识也达到了前所未有的高度,这为我们进一步坚定文化自信和普及文化自信打下了坚实的基础。

(四)文化自信维度关系辨析

1. 文化自觉、文化自信、文化自强

自律、自信和自强是人类思维逐步发展的过程。从文化的自觉到文化自信再到文化的自我完善,这是人们在认识文化过程中逐渐形成的规律。

文化的自觉性是起点，文化自信是核心，文化的自我完善是目标，这三个方面相互关联、相互促进，形成了中国特色社会主义建设中的有机整体。费孝通首先提出了文化的自觉，即生活在某种文化中的人对自己的文化有一种了解，了解自己的历史、形成过程、特点和发展趋势，不表示文化返祖、也不提倡完全西化或完全西方化。文化自觉的本质是回应和认识文化的存在形式、认同文化的价值、遵循文化的发展规律、承担文化的历史责任。文化的自觉性不仅关乎文化本身的生存状态，也关乎一个民族和国家的未来与命运。对中华民族的发展而言，文化的觉悟就是整个国家的觉悟，就是要走在时代的前列，以客观眼光看待国家的文化，遵循国家的发展规律，承担文化使命，开拓文化道路。中国共产党一百多年来的奋斗历程，既体现了文化的高度觉悟，也体现了对文化的整体认识和规律性遵从，更体现了对文化的开放、包容和实践。文化自信以文化的自觉为出发点，以文化的自觉为前提，以文化的自觉为基础，以文化自信的自觉为支撑，以文化的自觉为推进。只有在文化上有了较高的自觉性，才能增强文化自信，使文化自身强大起来。在多元共存、差异化发展的进程中，我们要以较强的文化意识，用理性和辩证的思维来理解文化，推动文化发展，以开放和包容的态度推动文化创新和交流。文化自信是对自己文化价值的充分肯定、对自己文化生命力的坚定信仰，对自己文化的开放和继承、革新和超越的自信。文化自信是对中华优良传统文化、革命文化和先进社会主义文化的自豪，对中华文化旺盛生命力的坚定信念，对外来文化的宽容吸收，对传统文化基础上的创新发展和转换，对"不忘本、吸纳外来、面向未来"的统一理论和实践逻辑。这源于中华民族在文化上有着 5 000 多年辉煌历史的深厚根基，马克思主义的科学理论，中国特色社会主义的伟大实践，以及近年来中国政治、经济、文化、社会、生态等方面的蓬勃发展，更源于中国人民的巨大创新能力和开放胸怀。因此，我们才能有这样的判断。要增强文化自信，不仅要提防过分崇拜所谓的"都不如我"，还要防止文化的盲目自大和对他者文化的轻视，要坚守文化的底线，并以开放的心态和包容的态度推动文化的创新发展和交流。文化自信是文化的较高层次自我意识，是一种成熟心态。它是提高文化自觉、实现文化自觉的重要环节，也是建立在文化自觉基础上并给予持续力量的因素。文化的自我完善既是自觉的体现，也是文化自信的内在要求和终极目标。文化自强的关键在于自力更生、正确认识自己、依靠自己、发挥自己的优势，走出具有民族特色、科学特色、人民特色、先进的社会主义文化自我完善之路。要使文化自我完善，首先必须坚持以人为本的方向，保持中国特色社会主义文化发展的正确导向。失去中国特色社会主义这个方向，文化的自我完善也将失去意义。没有民众的参与，文化的自我完善也将变得无根基之水。要实现文化自强不息，就必须坚持马克思主义的立场和观点，走科学发展之路，对国内外、传统与现代文化做出正确判断，警惕文化虚无主义、复古主义和帝国主义，应对文化危机并推动文化的稳步发展。此外，要加强文化与世界的交流，增强社会主义文化的号召力、影响力和竞争力，在相互学习和借鉴中推进文化的创新和发展，不断激发文化的内在力量，利用改革创新和科技进步使文化展翅高飞。在文化自信的基础上，积极培育和践行社会主义核心价值观，使其深入人心并与思想行动相一致。总之，文化自信的实现需要我们全面提升文化意识，保持坚定的文化自觉，推动文化自我完善，不断加强文化自强。

2. 道路自信、理论自信、制度自信、文化自信

自信是一种从心底里对自己的肯定和信任，是一种积极，向上，阳光，积极的觉悟和行动。习近平同志于 2016 年 7 月 1 日在中国共产党建党 95 周年大会上发表的讲话中第一次把四个自信放在一起，加上文化自信，使自信在内容上更加充实，在逻辑上更加严密。自信是中华民族五千年悠久的文明史，是近现代一百七十年来的艰苦奋斗，是中华人民共和国七十年来不断摸索，是改革开放四十年来的伟大实践的结晶。

"四个自信"在中国特色社会主义领域内形成了一个有机的整体。它包括：对中国特色社会主义道路的自信、对中国特色社会主义理论的自信、对中国特色社会主义制度的自信以及对中国特色社会主义文化的自信。这四个自信相互依存、相互转化。在中国特色社会主义文化中，这四个自信与"三个自信心"密切相关。其中，道路自信是"四个自信"的基础，理论自信和制度自信是其支撑，而文化自信则是其落脚点。这条道路关系到一个旗帜，关系到我们自身的命运。

　　道路自信是构建中国特色社会主义的基础。这条道路是一代代爱国青年通过从中国的实际情况出发不断探索得出的正确路径。它将马克思主义基本原理与中国实际情况相结合，是一条科学的道路，也是实现社会主义现代化、满足人民美好生活需求的道路。通过坚定对道路的自信，我们能够奠定坚实的理论基础，并增强自信心。

　　中国特色社会主义道路是指中国共产党有力的领导，按照"五位一体"总体布局在社会主义初级阶段坚持发展的道路。它是朝着建设富强民主文明和谐美丽的社会主义现代化国家的目标不断前进，实现中华民族伟大复兴的道路。实践证明，中国特色社会主义是一条新的、正确的、富强的、人民幸福的、民族振兴的道路。理论指导行动，因此我们要坚定理论自信，即要确立中国特色社会主义理论的指导地位。

　　中国特色社会主义理论是一种丰富内涵和系统完整的科学理论。它既是先进的，又符合时代发展的要求。这一理论经过历史和实践的多次检验，被证明是先进的，能够适应时代发展需求。中国特色社会主义理论是对马克思主义和毛泽东思想的继承和发展，主要包括邓小平理论、"三个代表"重要思想、科学发展观以及习近平新时代中国特色社会主义思想。习近平新时代中国特色社会主义思想是该理论的最新成果，提出了许多原创性的新思想、新见解和新主张，取得了重大突破和发展，展现了最现实、最生动的马克思主义特点。坚定理论自信，就是要运用中国特色社会主义理论武装全党和人民群众，激发思考。通过理论的学习和思考，我们能更好地认识和应对时代的发展变化，为实现社会主义现代化作出更大贡献。

制度自信为贯彻落实理论自信提供了基本保证。在理论自信的基础上，我们要以中国特色社会主义制度为核心，坚定不移地推进制度建设和改革。只有通过坚持中国特色社会主义制度，我们才能为实现伟大复兴的目标贡献力量。中国特色社会主义制度是具有中国特色、制度优势明显、自我完善能力较强的制度，是现代中国发展和进步的最基本保证。这一制度是一代代中国人民在不断选择和探索的过程中总结出来的"中国模式"和"中国方案"。它包括人民代表大会制度、中国共产党领导下的多党合作与政治协商制度、民族区域自治制度、基层群众自治制度以及公有制经济作为主体、多种所有制经济共存与发展的基础。中国特色社会主义制度的自信是从中国特色社会主义文化自信发展而来的，它为中国特色社会主义理论体系提供了政治依据，为发展中国特色社会主义道路提供了保障。只有在中国特色社会主义制度的指导下，我们才能保持旺盛的生命力，不断迈向新的时代。文化自信是对中国特色社会主义文化的认同和积极实践。中国特色社会主义的文化源于中华优秀传统文化，源于党领导人民在革命、建设、改革中创造出的革命性文化，源于我们社会主义文化，扎根于中国特色社会主义的伟大实践。它是中华民族最深层次的精神追求，也是我们独特的精神标志。坚定的文化自信意味着在马克思主义指导下，立足于中华文化的地位，适应当前中国的实际情况，走一条面向现代化、面向世界、面向未来的民族化、科学化、大众化的社会主义文化发展道路。这条道路反映了先进生产力的发展要求和成果，源自于中国人民的伟大创造和创新。我们要坚持中国特色、中国风格、中国立场的独特文化导向。文化自信是一种更加基础、更加宽广、更加深刻的自信。它将成为道路自信、理论自信、制度自信的思想来源，为中国特色社会主义的发展指明前进方向，为中华民族的伟大复兴提供强大的精神力量和智力支撑。

二、大学生文化自信培育及其理论阐释

大学生是一种宝贵的人力资源，是一种民族和民族的希望，也是一种推动民族复兴的重要力量，具有不可替代的作用。文化自信与大学生的三观、人生观和价值观密切相关；大学生审美情趣的培育与全面发展，关系到学校教育的成败与社会的整体发展，关系到文化强国与中华民族的伟大复兴。增强大学生的文化自信活力，关键是要从文化自信的培育入手，而文化自信的培育是大学生坚定文化自信的基本途径，也是大学完成"铸魂育人"任务的关键一环，也是新时代对大学的"文化"任务和功能的要求。

（一）大学生文化自信培育及其构成要素

1. 大学生文化自信的内涵

在这个大发展、大变革、大调整的时代，不同文化间的相互冲击和融合是常态，思想上的争斗从未停止。近年来，中国在经济、科技、文化等各方面都取得了高速发展，完成了从跟跑到并跑，再到领先的华丽转身。然而，正因为"树大招风"，一些对社会主义制度抱有敌意、试图阻碍中国发展的西方国家更加肆无忌惮地乘人之危，以势压人。同时，中国的文化在互联网上的渗透不断加强，思想政治斗争异常激烈。在这样的背景下，大学生作为"拔节孕穗"的关键时刻，其思想观念、价值观念尚未成熟，容易受到西方文化、价值观念的左右。因此，对大学生来说，正确理解文化、坚定文化自信具有十分重要的意义。大学生的文化自信应该基于对中华优秀传统文化、革命文化、社会主义先进文化历史渊源和发展规律的深刻理解。他们应该深刻理解文化的"昨日""今日"和"明日"，对文化的价值和精神有高度认同，对文化的活力充满信心，推动文化的创新发展和转化。在国际间不同文化的碰撞和交流中，我们应该清醒地认识、科学地判断，学习和借鉴国外文化，从中吸取有益的东西，使中国的文化

更加兴旺。在这个过程中，大学生的文化自信具有重要意义。他们要以开放的心态，保持对中国文化的自信，在吸收借鉴外来文化的同时保持独立思考和判断力，保持对中华优秀传统文化的继承与发展。通过深入学习和研究，大学生可以增强对本土文化的认知和理解，提升对文化的自信心，为推动中国文化的创新发展提供有力支持，实现文化的繁荣与进步。

2. 大学生文化自信培育的基本内涵

文化自信的培育是提升党、国、民族文化自信水平的基本途径，也是提高大学生的文化自信水平的重要途径。在大学生中培养文化自信，需要根据他们的生长和认知规律，以及文化的客观生存条件和发展趋势，考虑国家、社会和学校的影响因素。家庭教育对于大学生文化自信的培养是有目的、有计划、有组织的重要环节。在培养大学生的文化自信过程中，需要引导人们正确认识文化的内容，充分认识文化的价值，积极实践文化的理念，相信文化的未来。培养大学生的文化自信，应在马克思主义的指引下，以高度认知、认同和实践"中华优良文化、革命文化、社会主义先进文化"为基础，辩证认识外国文化，辩证认识文化的传播，使其在思想上健康，内容上丰富，形式上多样。为了达到"坚定文化自信"的教育目的，可以以文化为活动，以社会实践为载体，以情感熏陶、价值塑造和行为培养为目标。通过这样的方式，大学生能够更加深入地参与文化活动，理解文化的内涵，塑造积极的文化价值观，培养正确的文化行为方式。这样的培育过程有助于提高大学生的文化自信水平，增强他们对自身文化的认同，同时也使他们更有信心面对国际文化交流和竞争，为国家和民族的文化繁荣作出贡献。

3. 文化自信培育是新时代赋予大学的伟大历史使命

要将文化自信建设成为文化强国，实现中华民族的伟大复兴，需要重新塑造对文化自信的认识，中国目前正处于一个关键的时期。高校作为文化的特殊组织，在党和国家对文化传播、创新和建设方面具有重要意义，对文化自信建设具有不可替代的作用。随着中国特色社会主义进入新时代，高校的发展也面临着新的历史任务。在构建文化自信的过程中，新时代的高校应该发挥自身的优势，通过建立良好的育人机制、完善的课程体系和优化的教学环境，全面、全程和全方位地教育大学生关于文化自信的重要性。这将为我们的道路自信、理论自信和制度自信提供新的活力，为我们的伟大事业提供新的动力。

4. 大学生文化自信培育的基本要素

大学生中文化自信的培育涉及几个基本要素：文化自信的主体、客体、中介和培育环境。文化自信的主体是指推动学生培养文化自信的人或群体，他们应该具备积极主动承担、创新超越的能力，启动和落实文化自信的培育功能。文化自信的培育客体可以包括教师、家长、知名专家以及对学生和文化自信培育具有直接或间接影响的个人或群体。这些客体的思想态度、对文化的信仰、对学生的价值认知，都会直接影响文化自信的培育效果。中介是主体和客体之间相互影响、相互传递的中间要素，具有关联性、传导性和互动性。在大学生的文化自信培育过程中，媒介可以涵盖影视、报纸、杂志、网络等媒体，以及报告讲座、学术沙龙、文化校园活动和社会实践等直接或间接的传播手段，包括传统和现代媒介。这些媒介通过互动传递信息，对大学生的文化自信产生影响。培育环境是指在大学生的文化自信培育过程中起重要作用的外部因素。这包括国际大环境、国内文化培育环境中的社会、政治和经济等方面。其中有现实环境，如社会风气、校园人文环境、文化家庭氛围，还有虚拟空间环境，如网络时代的影响。培育环境的特点包括正面和负面、具有挑战性等方面。为了有效进行大学生与文化自信的教育，必须坚持实事求是的原则，科学把握主体、客体和中介的关系，突出特点并理解它们之间的内在联系。同时，要重视培育环境的影响，创造积极的校园氛围和社会环境，以支持大学生培养文化自信的实践。

（二）大学生文化自信培育与思想政治教育的内在关联

文化自信的培育，实质是以中国特色的社会主义文化来滋润大学生的灵魂，以大学生的行为规范来塑造大学生的行为规范，其实质是大学生的思想政治工作，其根本目的是以培育学生的价值观念和提高大学生的整体素质为目的文化自信的培育与思想政治教育具有同源、同向的紧密关系和表里关系，其中的内在关系主要体现在：教育目标的一致性、教育内容的一致性、教育功能的一致性。

1. 育人目标的同一性

"铸魂育人"既是文化自信的培育性，也是思想政治教育的培育目的。文化自信的核心是价值观念自信，在文化自信的培育过程中，目的是让大学生从思想上正确认识中国特色社会主义文化的历史渊源、发展脉络、价值内涵和前途远景，并通过实际行动自觉实践中华优秀传统文化、革命文化和社会主义先进文化，使文化自信充实思想、温暖心灵，展示自我的同时，影响他人并终身受益。思想政治教育是以培养人为中心的教育形式，在大学生的思想政治教育中，学校有目的、有计划、有组织地影响大学生，通过引导与教育使其在思想水平、政治觉悟和道德品质等方面达到新的高度。培育文化素养即培养大学生的三观、人生观和价值观。从文化的价值取向和行为规范出发，文化自信的熏陶和思想政治教育的根本目标是以人的发展和价值观的形成为核心，即培养大学生对价值观的自觉认同，使其价值观意识从自觉认同转化为自然主动的行为表现，进而实现文化自信和思想意识的形成和转化。因此，文化自信的培育和思想政治教育之间存在密切的关系和互动。通过有针对性的思想政治教育，可以加强大学生对文化自信的理解和认同，促进他们对社会主义核心价值观的践行与实践。同时，文化自信的培育也能够为思想政治教育提供坚实的理论基础和积极的意识形态支持。两者相辅相成，共同促进大学生的全面发展和成长。

2. 教育内容的同源互动性

文化自信的培育与思想政治教育的内容存在内在的一致性和互动性。两者的教育客体都是大学生，作为有感情的个体，大学生容易受到影响和影响。因此，不论是文化自信的培育还是思想政治的培育，都应立足于情感的培养，用文化的魅力、思想的精华和真挚的情感来激发大学生的情感。情感是文化的重要组成部分，它是人的思想的外部表现，它对教育成果的形成有直接影响。如果大学生一开始就能接受中华优秀传统文化、革命文化等的全方位、系统性、积极的熏陶，并获得健康、寓教于乐的思想激励和政治引导，那么他们的情感经历将是积极、正面和阳光的。而他们情感外化的行为实践也会引发正能量的传递，形成良好的社会风气。文化自信是高校思想政治工作的目标和主体之一，也是高校文化自信培育的主体。两者在内容上具有同源性，并互相补充。中华优秀的文化、革命性的文化、先进的社会主义文化是培育文化自信的核心依据和基本内容，也是文化的基因，是思想政治教育的价值源泉。从理论基础、教育体系、实践活动等方面，可以为文化自信的构建提供坚实的基础和多元化的途径。

3. 教育功能的高度契合性

文化自信的培育和思想政治教育在功能上有很高的重合性，主要体现在它们共同的"教化""调节"和"聚合"三个方面。在《易经·喷卦·象传》中已有详细解释："刚柔相济，为天象。"这是一种文明、一种人性的观察，旨在观察天象、把握时势，以人为本。这直接体现了文化自信的培育和思想政治教育的目标，即为文化提供符合中国特色的理念、价值体系和行为准则，对大学生进行有效的教育和引导，防止和克服各种腐朽思想和错误倾向。文化自信的培育以大学生为对象，通过特定的教育载体和方式培养文化自信的情感，从而增强道路自信、理论自信和制度自信，实现中国特色社会主义的培育。思想政治教育的教化功能则基于情感教育，将政治教化贯穿于教育目标和过程中。在文化的聚合作用中，价值的凝聚是最根本的，一致的价值观可以统一人们的理解和行为。个体对文化的价值认知、文化自信的表达水平、思想观念和道德素质等都受到家庭、社会和个体等多种因素的影响。只有通过接受文化的思想熏陶和一致的价值观规范引导，个体才能体现对马克思主义正确理解的社会生活中身份，对中国特色社会主义有更大的信心，并自觉地将文化自信与自己的思想与中国梦相结合，为中华民族的伟大复兴做出贡献。

（三）大学生文化自信培育的价值

本书以大学生、文化自信为切入点，对其进行思想政治教育的价值分析。要准确把握大学生与文化自信的价值，就必须准确把握其内在实质与思想政治教育价值的形式结构，从而使思想政治教育价值得以实现。马克思说，"一般意义上的价值，源于人们与外部事物之间的联系，以满足其需求。而思想政治教育价值"指的是人和社会在思想政治教育的实践——认识活动中，构建起来的一种客观的主客体关系，它以主体的思想政治品德形成和发展规律为尺度，是一种客观的主客体关系，它是思想政治教育的存在及其性质是否与人的本性、目的和发展需要等相一致、相适应；相接近的关系。"因此，本书从理想价值和现实价值，个人价值和社会价值，直接价值和间接价值两个方面对其进行了分析。大学生和文化自信的教化价值是从四个方面进行的，即从时间和空间两个方面进行的。

1. 大学生文化自信培育的理想价值与现实价值

大学生与文化自信的教化价值，就其教化意义而言，在教化意义上，可分为理想意义上与现实意义上的教化意义。"理想"的价值高于"现实""超前""导向"等特征，是"最高目的"的具体表现。大学生与文化自信培育的理想价值观，是指大学生与文化自信培育的基本目的逐渐达到后，所表现出来的对于大学生个人与社会发展的积极作用与意义，是一种具有正向作用的价值观。坚定文化自信是大学生文化自信教化的基本目的。只有把文化自信坚定地贯彻到文化强国建设之中，帮助实现中华民族伟大复兴的中国梦，才有可能真正地实现这一目标，换句话说：大学生中的文化自信中的"理想"价值观得到了体现。大学生与文化自信的培育，理想价值的实现，与大学生与文化的信念、理想信念的确立、世界观、价值观与文化的转换有关，而这种转换又必须经过特定的程序与条件。实用价值就是实用价值。大学生文化自信教化的现实价值，主要是指文化自信教化过程中所体现出来的或已经体现出来的价值，从而使文化自信教化的实用性与时效性能够被广大读者直观地、真实地感受到。如果大学生能在老师的课堂教学中立即认识到中华优秀文化的丰富内涵和深刻精神，那么中华优秀文化的认识教育的实际价值将变得明显。比如，当学生参观红色革命遗址时，通过实地调查的教学方式，摸索历史，或通过图片、文物、影视等形式还原历史，人们能够真切地体会到战争的艰辛和英雄的豪迈，使文化的红色直击人们的心灵。这种实践教学方式让学生认识到文化的真正含义，理解红色革命的实际意义，实现了其实际价值。实际价值可以直接体现文化自信培育的实用性和实际效果。理想的价值与现实的价值具有辩证的统一性。现实价值是推动理想价值实现的动力，也是对理想价值的吸引力。在大学生文化自信的培育过程中，现实价值与其实现理念紧密相连，而现实价值的积累和潜移默化的影响将推动理想价值的实现。大学生和文化自信的培育需要正确对待理想和现实的价值，不能急于求成，而应按照意识建设的规律进行。首先要实现的是一个又一个的现实价值，而这些现实价值的累积和潜移默化的影响将促使理想价值的实现。在具体的教育实践中，学校、社会和家庭应共同努力，让大学生更好地认识中华优秀文化、革命文化和社会主义先进文化的丰富内涵，充分意识到文化的本质面貌。以自信为基础，坚定对文化的信念，培养文化自信的意识，以文化为基础，以社会主义文化的强大为目标，以文化的力量为实现中华民族的伟大复兴作出贡献。

2. 大学生文化自信培育的个体价值与社会价值

首先，大学生文化自信的培育涉及到个人价值和社会价值两个层面。在个人价值方面，文化自信的培养对于个人的发展具有重要意义。在社会价值方面，文化自信需要在学校、家庭和社会三个层面上注重文化的选择、传播、渗透和引导。文化自信的培养通过引导大学生的思想和行为，激发其精神动力，塑造个人的独特个性。在强调个人价值的同时，我们也要树立正确的政治导向。通过提高大学生对文化的认识、认同感和识别能力，激发文化意识，树立文化自信，使他们更加自信地认同和传承自己的文化。然而，由于各种不同文化的影响以及经济利益的诱惑，一些大学生对中华优秀文化和中国特色社会主义文化的实践价值和先进性产生了质疑。通过培养大学生的文化自信，我们可以帮助他们更好地把握自己的政治方向，增强对道路自信、理论自信和制度自信的信心。

其次，刺激大学生的心灵在培育大学生的文化自信过程中，需要采取各种措施，发挥大学生的主动性和创造性，使其真正发挥自身的价值，为提高文化的"软实力"和建设文化的"强国"提供强有力的精神支持。中华优秀传统文化和红色革命文化具有鲜明的教育性和激励作用，在大学生中培育文化自信，有利于他们对文化的认识、实践、激励和创新。

再次，要培育大学生的个性和品德。个性指一个人的思想品质、道德水平和行为修养。培育大学生对文化的认识、理解和运用自信是文化自信教育的主要任务，也是培养大学生文化自信，使其在实践中表现正面价值认知、心理暗示和行动实践的关键。在个人价值与社会价值对比中，社会价值具有更广泛和更深刻的涵义。大学生作为积极思想活力、善于利用网络、快速学习和接受能力的群体，在社会中具有重要的影响力。然而，他们也面临着复杂多变的现实环境，缺乏辨别能力，容易受到错误行为的影响。因此，提高大学生对文化的辨识能力和选择能力显得非常重要。

最后，学校在大学生文化自信的培育中起着重要的作用。学校应以丰富多样、高雅的文化为主题，通过具有情操高尚、扎实功底、敬业爱生的师资队伍，先进完整的课程体系和科学完善的教育方式，培养大学生的文化自信，实现学校的价值观。相反地，大学生拥有坚定的文化自信也将有助于完善和发展文化自信的培育机制，发挥学生干部的带头和引导作用，推动大学生的全面发展，最终实现学校"塑造人性、培养个性"的目标。此外，从社会价值角度来看，大学生作为具有积极思想活力、善于利用网络、快速学习和接受能力的群体，对社会具有重要影响力。然而，他们所面临的现实环境复杂多变，大学生的辨别能力不足，容易受到错误行为的影响。因此，提高大学生对文化的辨识能力和选择能力显得非常重要。

因此，大学生和文化自信的培育需要立足于整个社会的文化，积极宣传主流文化，创造有利于改造非主流文化的环境，营造有利于文化交流、吸收和融合的良好氛围。需要加强对网络环境和舆情的管理，引导"网络大 V"和"意见领袖"，充分利用文化的创作功能激发大学生的创作活力，通过丰富开放的社会资源提高大学生的文化创作活力，推动文化自信的社会价值意识的形成。

3. 大学生文化自信培育的显现价值与隐形价值

大学生与文化自信的培育产生着显著性和隐含性的重要价值。文化自信的培养对于大学生个人的发展和社会的进步都具有直接和间接的双重意义，因此其价值表现为显著价值和隐含价值两种形式。

显著价值在于文化自信对大学生的教化作用，通过改变思想和行为，直接影响他们的价值观念表达。举个例子，大学生在接受传统文化讲座后更深刻地理解孝道，并在与父母相处中表现出更关心倾听的行为，这是文化自信教化的显著价值体现。文化自信的教化直接满足大学生精神需求，包括思想认知的提高、价值观念的转变、精神需求的实现、行为改变和情感表达等，对大学生产生积极的影响。然而，文化自信倡导的精神价值观并不仅限于此,其终极价值在于通过文化自信教化活动加强大学生对文化自信的认识,营造浓厚的文化自信氛围,提升文化教育的软实力,为经济社会发展提供新的价值。换句话说,文化自信的培养不仅局限于个人的精神层面,还涉及到个人以外的社会层面,其价值的实现依赖于政治、经济、文化、社会和生态等各个方面的系统。因此,它属于隐含价值。举例来说,文化对经济发展、劳动生产力提升等方面的影响更多是一种间接、隐含的影响。大学生接受了文化自信的熏陶后,将其转化为对道路自信、理论自信、制度自信的坚定信念,并以此为指引,自觉地践行社会主义核心价值观,使文化的信仰和智慧成为精神财富和实现物质发展的力量,这是文化自信由精神向物质转化的隐含价值。

大学生与文化自信的培育所产生的显著价值和隐含价值相互关联、相互转化。显著价值具有直观、易感和外显的特征,也可以称之为直接价值,如思想认知的提高、对价值观转变的显著影响等。而隐含价值则潜藏其中,并需要一定的积累和时间来发现,它是显著价值的全面反映和集中体现。没有外在的价值,就没有内在的价值。大学生与文化自信的培育应以显著价值为基础,注重显著价值的激励作用,同时也应关注隐含价值的实现,推动显著价值的转变和提升。有时,隐含价值的实现可能会面临一定的困难或缺乏机会,因此需要坚持不懈的精神,为实现显著价值转变提供条件。

4. 大学生文化自信培育的时代价值与世界价值

耶鲁大学著名心理学家罗伯特·斯蒂切尔说过:"文化就像太阳。它在我们的生活中无处不在,然而,我们常常并不会意识到它的存在。"文化自信其实就是对自己的文化传统和民族价值的自我认同和自信心。在当今世界,文化自信对大学生的培养具有重要价值。

首先,文化自信对于大学生的个人成长和发展具有显著价值。文化自信可以激发大学生的自豪感和自信心,增强他们的自尊与自尊心。文化自信培养可以帮助大学生更好地理解和尊重自己的文化传统,塑造积极的文化认同，增强对自己民族的认同感，并能更好地抵制外来文化的冲击和侵蚀。通过加强对自己民族文化的学习和传承，大学生可以获得更深刻的思考、更广阔的视野和更丰富的人生体验，从而在成长过程中逐渐形成独立思考、创新精神和责任意识。

其次，文化自信对于社会发展和进步具有潜在价值。大学生是社会的主力军，他们是国家未来的希望。培养大学生的文化自信，可以增强他们对国家、社会的认同和责任感，以更加积极的态度参与社会建设和国家建设。文化自信的培育可以促使大学生更好地继承和发扬中华民族的优秀传统文化，同时也可以激发他们对国家民族的使命感和担当精神，为实现中华民族的伟大复兴作出贡献。

最后，文化自信对于世界多元文化的平等交流和共存具有很高价值。文化自信的培养可以帮助大学生更好地理解和尊重不同文化之间的差异和多样性，从而促进文化之间的平等交流和共存。通过增强对自己文化的自信和尊重，大学生可以更好地与世界各国的人进行平等对话和互动，增进跨文化的理解和友谊。这不仅有助于促进各国文化的共同繁荣，也有助于构建一个更加和谐、包容和平等的世界。

综上所述，文化自信的培育对于大学生的个人成长和发展、社会发展和进步以及世界文化交流与共存都具有重要价值。我们应该重视大学生的文化自信培养，给予他们更多的机会和平台，发挥他们的主动性和创造性，培养他们具备文化自信的精神和能力，让他们在实现个人价值的同时，为社会的繁荣与进步作出积极贡献。

第三章

大学生文化自信培育的
理论基础

文化自信并非无中生有，而是在历史的积淀和凝练中，在社会的物质生产、精神升华和政治进步中，不断向前发展的结果。在这一章中，对马克思，恩格斯，列宁的文化思想进行了系统的梳理，并对其进行了理论依据与理论借鉴，以及对中国马克思主义文化的发展与建设，如毛泽东，进行了较为系统的梳理，从而为大学生，文化自信的培育提供了较为扎实、较为丰富的思想源泉。同时，约瑟夫耐的文化批评理论及文化中的"软力量"与"巧力量"等理论，也为我们在当前条件下，如何正确地指导大学生的文化自信的培育，以及如何培育学生的文化自信，提供了一定的思想参考与实践反思。

一、马克思主义经典作家文化思想

在众多的马克思主义经典著作中，虽然很少出现"文化"一词，也从未直接提到文化自信一词，但却对文明化，文化的建设，意识形态，精神生产，人的全面发展等问题进行了深入探讨，其中蕴含着文化一词的深刻内涵，为本书对文化自信一词的研究提供了思想依据。

（一）马克思恩格斯文化学说

文化是马克思主义哲学的一个重要组成部分，在马克思主义哲学中占有举足轻重的地位。指出文化随着社会的发展而变化，随着物质的丰富和精神的变化而变化，文化本身具有一定的历史性、社会性、阶级性和民族性。马克思恩格斯文化的思想具有十分丰富的内涵，它包含了文化中的价值观理论，文化中的批判理论，"文化人"中的"民性论"，以及"人的全面发展论"。

1. 马克思文化价值理论

马克思曾说过："人类的本性，不论是自然的，或精神的，或能力的，都会转变为一个人的外物本性，并成为一个维系其自身存在的工具。"人是在社会实践中客观化的，人是文化的创造者，文化的实践者，又是文化的客体化，从而构成了"人—文化—人—文化"的无限循环。文化的终极价值在于人的自由和全面发展，马克思恩格斯对共产主义社会的描绘是一个"自由人的联盟"，它"将成为一个以个人的自由发展为前提的联盟"。文化是人类追求自由、全面发展这一最终目标的重要途径，文化的力量推动着人类从"物的"束缚中挣脱出来，从工具奴役中解脱出来，从剥削中逃脱出来，让人类成为"主体"，让人类自身"主客合一"，让人类的个性得到最大程度的"畅通无阻地发展"，从而使人类"得到完全的自由发展"，从而使人类的精神、思想、思想都得以完整地、完整地进行。

2. 马克思文化批判理论

马克思主义哲学思想以批判为核心，它不但表现在对资本主义经济、政治、社会等方面，而且也体现在对文化的"领域"批评之中。马克思一方面肯定了文化的积极意义，另一方面也批评了文化。随着马克思的发展，他对文化的批评也在不断地深化，马克思对文化的批评从来没有停止过对文化的批评，无论是对德国传统哲学的批评，还是对资本主义社会的政治和经济的生产。与此同时，马克思对文化的批评也由理论上的批评转向了现实上的批评，深刻地批评了资本主义文化在现实社会中的虚假性、工具性、单向性。马克思把文化看作是一种意识、一种存在形式，它必然是从现实中来的，与物质世界的存在与发展相一致；文化是一种客观存在的物质，是人类生活的一部分，它是人类生活中的一个组成部分，它"依赖"于人类，限制着人类的发展，人类是被文化束缚着的。

3. 马克思文艺人民性理论

马克思主义强调文学作品的"人民性"，即作品应该贴近人民的生活、思想和情感，反映人民的需要和愿望。马克思认为，文化制品，如报纸和文学作品，应该是真实地与人们共享生活的，关心人们的困难和快乐，参与到人们的爱和恨之中。他批评那些与人民疏远的哲学家们，指出他们的观点和行动往往自我陶醉并不受人民欢迎。相反，文化应该从人民的角度出发，反映人们对文化的需求，为人们提供精神食粮。作为人的创造性活动的产物，文化应具有人民性，满足人们的各种需求。

在当代社会中，马克思主义的"人民性"观念依然具有重要的价值。文学作为文化的一种重要形式，应该关注人民的需要和愿望，反映他们的现实生活和精神追求。文学作品应该展现人民的真实情感和思想，唤起人们的共鸣和思考。通过文学作品的创作和传播，可以提升人民的文化素养和认知能力，促进社会的进步和发展。文学作品也应该体现个体人民的多样性和平等性，尊重每一个人的独特价值和权利。

因此，在文学创作中，应该坚持人民为中心的创作导向，关注人民的生活和命运，关注人们对美好生活的追求。作家们应该通过作品展现人民的智慧、勇气和积极向上的精神面貌，为人民提供艺术享受和精神寄托。同时，文学作品也可以批判社会的不公正和不平等现象，唤起人们的社会责任感，促进社会的公正和谐。

总之，文学作为文化的一种形式，应该具有"人民性"，关注人民的需求和愿望，反映他们的现实生活和精神追求。通过文学作品的创作和传播，可以提升社会的文化素养和认知能力，促进社会的进步和发展。因此，我们应该坚持以人民为中心的创作导向，将人民的声音和情感真实地呈现在作品中，为人民创作出更多优秀的文学作品，推动文学事业的繁荣发展。

4. 马克思人的全面发展理论

马克思、恩格斯对人的问题进行了深入研究，始终将人置于核心地位。马克思以人的自由和全面发展为基础，将其作为最高目标，并基于对剩余价值的认识建立了马克思主义的人学。在马克思对人的全面发展的论述中，最根本的是人的全面发展。马克思在《1844年经济学哲学手稿》中指出，人类社会的发展和变革是由人们自觉的实践活动所引起的。马克思认为，"人"具有双重性。从一个角度来看，个体作为社会组成的基本单元，是一种社会性的类型化。社会的进步和发展与个体的发展密不可分，个体是个体发展的集合体。马克思曾经说过:"劳动创造了财富,但也创造了贫困。它建造了宫殿,却也建造了草棚。劳动创造了美,却也使人变得丑陋。劳工以机器取代了人力劳动,这些机器重新使一些劳工回到原始劳动状态,另一些劳工则变成机器。劳动使人变得聪明,但也使人变得愚蠢。"在他看来,人类创造了文化,而文化也限制了人类的发展,人类被自己的行为所束缚,人类必须摆脱这种束缚,才能获得自由和全面的发展。文化的存在目标是人的自由和全面发展,它是文化实际创作活动的产物。没有人的自由和全面发展,文化的发展就不可能有任何进步。文化的创作正是以满足人的需求和推动人的全面发展为宗旨的。马克思的人的全面发展观可以从两个方面来理解:一是综合发展观,二是自由发展观。人的全面发展是指作为"独立完整的个体"存在和生活的发展,马克思曾用"生活"和"存在"来区分人类与动物,"动物和它的生活活动是直接一致的,它本身没有什么区别,也没有不同的生活行为,这就是生活。人的生活活动不同于动物的生活活动,它是人的意识和意愿的对象,是自觉的。""自觉的生活活动使人与动物的生活活动有了直接的区别。"作为人类生活活动的重要组成部分,人类通过自愿、自觉、非异化的、物化的、为实现人类自身价值和目标的生产劳动来进行。人的智力和身体素质在这种综合的物化过程中得到充分发展,展示自己的能力,满足自己的需求。人的生产实践活动旨在实现人的全面发展,而生产实践又是人的全面发展的一部分。人的自由发展建立在人与人之间的平等基础上,只有在平等的基础上,思想自由、时间自由和个性自由等自由才能实现,自由发展是全面发展的前提,而全面发展是自由发展的保证条件。马克思认为,人的自由发展首先是指要有自己希望的时间、思想、创造力,要有满足人的全面发展的保障。在《共产党宣言》中,马克思恩格斯指出:"将有一个以每个人的自由发展为条件的关联团体来取代那个旧社会,旧社会中存在阶级和阶级对立。"他认为,人的全面发展是人类发展的根本要求,也是人类发展的根本目标。恩格斯曾说过:"在一个文明社会中,每个人都将有充足的空闲时间,以欣赏文明遗产中珍贵的一切。"随着社会生产实践的不断深化，社会关系的不断丰富和发展，人类的需求和满足变得越来越丰富，人类的社会关系也变得越来越多样化。人类的需求不再仅仅是简单的生存需求，而是从基本的物质需求，到更深层次、更广泛领域、更高层次的生活需求、精神需求的转变。在新时代，我国的主要矛盾发生了变化，人民对美好生活的需求不断增长，对文化方面的需求也越来越高，我们对自身的全面发展也越来越重视。文化自信以人的自由和全面发展为依据，以人的自由和全面发展为价值追求，在当前阶段，文化自信对大学生的培育目标是积极提高大学生的德、智、体、美以及劳动方面的全面发展，通过教育方式使大学生们了解中华优秀文化、革命文化、进步文化等知识，并在不同文化的碰撞与交流中，增强对文化自信的意识。

（二）列宁关于文化建设思想

列宁对于人类特别是对于处于深度第三世界的人们来说，最伟大的贡献，在于他在俄国成功地创建了世界上的第一个社会主义国家，使社会主义从幻想变为现实，为人类历史开创了一个新的时代。列宁曾经说过："要实现共产主义，离不开知识和技术的丰富，离不开文化。"列宁从俄国的现实出发，对马克思主义进行了继承和发展，并在理论上提出了自己的观点。有关文化的建构，是列宁思想的一项重要内容。

1. 列宁文化理论

19 世纪后期至 20 世纪初，俄国面临着沙俄独裁暴政下的严重国际和国内矛盾，其中包括了列宁所指出的"军国主义"和"封建军国主义"。与此同时，亚洲作为一个传统农业国家，也是一个知识匮乏且落后的地区。一战结束后，俄国的工人阶级发现自己在文化水平、物质生产等方面都远远落后于西欧一些最不发达的国家。

在 19 世纪 70 年代，俄国的民粹主义者将马克思主义引入俄国，并在80 年代广泛传播。列宁从中学时期起就开始学习马克思主义，并在学习和生活中对其信仰越来越坚定。他具备深厚的人文素养，积极参与各种活动，为他领导革命并形成列宁主义提供了坚实的理论和实践基础。

列宁的文化理论经历了从最初的探索到初步形成再到进一步深化的过程。从 1893 年到 1903 年，列宁对文化理论进行了初步的探讨。他在《农民生活中新的经济运动》中综合分析了俄国农民的经济现状和社会阶层变迁，指出新兴的商品经济已经成为社会经济的主要组成部分。随着经济形态的变革，阶级结构也发生了变化，农业阶级已经出现了无产阶级和小资产阶级的分化。生产力和生产方式的改变催生了相应的文化变革。列宁在《社会民主党纲领草案及其说明》中提出了文化中的"阶级自觉"概念，强调了培养人们对文化的识别力、革命民主传统的重要性以及对文化时代遗产的批判性继承观念。

从 1903 年到 1917 年，列宁的文化理论基本形成，并提出了一系列与民族和文化相关的问题，如《关于民族问题的批判意见》。他确立了民族文化和文化的领导地位，确立了民族文化理论。在《纪念葛伊甸伯爵》和《论"路标"派》中，他探讨了文化中的"知识分子"建构问题，指出文化中存在着资产阶级和民主阶级的知识分子。同时，列宁还提出了文化发展和建设等思想，认为文化的发展可以统一各民族，并通过国际资本的合作来推动。

从 1917 年到 1922 年，经过十月革命后的早期文化、战时共产主义时期以及新经济政策时期，列宁的文化理论不断深化，并将其应用于俄国的实际建设活动中，为社会主义发展做出了贡献。他强调将实现文化作为社会主义发展的目标，致力于提高国民教育水平、消除文盲问题，培养拥有文化自主性的社会主义公民等。晚年时，列宁发表了许多关于执政党的文化建设、国家机构和公务员等方面的论文。在人才培养和其他方面，他特别强调了文化的发展。他认为文化的滞后限制了人们主观能动性的发挥，制约了整个国家的经济发展和社会进步。只有走出这种低级甚至愚昧的状态，我们才能更好地推进社会主义建设，实现我们社会主义发展的目标。

2. 列宁文化领导权思想

在俄国革命斗争和社会主义建设过程中，列宁首次提出了文化的领导权问题，并将建立文化的领导权确定为"社会主义革命中最重要的一项工作"。这是对马克思主义历史发展的一个全新概念。列宁非常重视文化的领导地位，并在《俄国社会民主党的任务》等文章中详细阐述了这一观点。

根据列宁的观点，资产阶级和无产阶级都是文化的体现，而无产阶级要在社会主义斗争中取得最终胜利，就必须发挥对文化的领导作用，并使人民群众认识到文化的重要性，从而推动社会主义文化的建设。列宁认为，使广大无产者坚定自己的马克思主义立场，学习马克思主义文化，是领导文化的根本目的，应该引起无产阶级的高度重视。

文化的领导力量主要由工人阶级和农民阶级作为主体，知识分子和党政干部为主要组成部分。其基本思路是承继文化的传统，同时坚持批判的立场，与现实情况紧密联系。这一思路为我国在增强文化自信方面提供了方法论上的指导。

总结来说，列宁在俄国革命斗争和社会主义建设过程中提出了文化的领导权问题，并将其作为社会主义革命中最重要的工作之一。他强调无产阶级要在文化领域发挥领导作用，推动社会主义文化的建设。这一观点为我们当前在增强文化自信方面提供了方法上的指。

3. 列宁文化建设思想

列宁的文化建设思想是列宁思想体系的重要组成部分，它与思想政治建设、文化事业、教育事业和社会道德建设密切相关。在不同层面，从国家到乡村，从政党到个人，文化建设都存在许多问题。列宁的文化建设思想的形成和发展既受到俄国复杂的历史背景和时代特点的影响，也受到马克思主义科学理论的指引，以满足广大俄国民众对文化的需求为目标，以社会主义和共产主义的建设为最终目标。作为世界上最早成立无产阶级政党的国家，我国政治斗争和意识形态斗争异常激烈。特别是在党内，要加强对党员政治观点和思想意识的教育，充分发挥党员的先锋作用。实践证明，这是无产阶级政党的基本原则。从那时起，思想和行动开始背离列宁的思路，最终导致了俄国的崩溃。在文化建设中，要大力发展民族教育，提高全民的文化认知水平，特别要进行一次全面的文化改革，普及文化、消除文盲，特别是在偏远地区减少文盲率。提高教师的社会地位，增加对教师的教育投资。要推动文化行业的发展，如报纸、影视等，建设更多图书馆，建立有组织的图书馆网络。在文化宣传方面，要注重机关报纸杂志对文化的宣传，建立博物馆和文化宫等文化组织，并在社会团体活动中进行创新，提高文化在人们的精神生活中的地位，特别是在乡村文化的普及和发展。列宁关于文化建设的思想为中国特色社会主义文化自信提供了重要的理论基础，也为培育我国文化自信的方式和方法提供了有益启示。

4. 列宁关于文化继承和包容的思想

在俄国的社会主义革命与建设中，列宁重视并尊重各个民族的文化传统。他致力于帮助每个国家的工人和农民，使他们能够独立地团结在一起，激发他们反抗中世纪体制和资本主义的压迫。列宁也提倡对不同国家文化的保护、传承与发展，通过各种方式加强文化的相互交流。他强调语言平等和对各种语言的尊重，这体现了对各个国家文化的尊重。

在文化发展方面，列宁识别出资本家文化，并吸取并充分发挥与俄国经济、社会发展相适应的文化形态。例如，积极学习美国的图书馆经营方法，培育和建设知识型团队，为国家的建设注入新的活力。

从以上观点可以看出，马克思、恩格斯和列宁都非常重视文化对国家建设的重要性，并认识到文化对于人的自由与全面发展的重大意义。这为大学生坚定文化自信、怎样坚定文化自信以及如何切实增强大学生文化自信的培育提供了思想依据和实践启发。

在当前的时代背景下，大学生应该积极学习和传承民族文化的优秀传统，同时开放心态地接纳其他国家和民族的文化，促进文化的多元交流和融合。通过广泛阅读、参与社会活动、参观博物馆等途径，扩展自己对文化多样性的认知，培养对民族文化的自豪感和认同感。同时，大学生应当关注国家社会的发展现实需求，学习适应经济和社会变革的知识和技能，为国家的发展和进步提供自己的力量。

此外，大学生还可以积极参与志愿服务活动，以实际行动传承和发展优秀文化传统，弘扬社会主义核心价值观，并与他人分享自己的文化理解和体验。通过这些实践，大学生可以不断丰富自己的文化素养，加强对文化自信的坚定，并以积极的态度投身于国家的建设和发展中。

综上所述，大学生要坚定文化自信，需要增强自己对民族文化的尊重和认同，开展多元文化交流，学习适应社会发展的知识和能力，并通过实践行动和参与社会服务为国家发展贡献力量。这样的努力将有助于促进文化多样性的平等交流和共存，实现国家文化的繁荣与进步。

二、中国化马克思主义文化思想

文化自信是一个国家、一个民族、一个政党深刻地认识到自己与文化的渊源，坚信文化具有旺盛的生命力，并以一种宽广的胸怀与文化相结合。在我国，主要是毛泽东，邓小平，江泽民；以胡锦涛和习近平为代表的中国共产党数代领袖，积极吸纳和借鉴外国文化，并与中国实际相适应，共同创建了中国特色社会主义文化，这一独具特色的文化，在中国革命、改革、建设和中华民族的伟大复兴过程中，散发出了其特有的魅力和强大的生命力，为大学生文化自信的培育提供了直接的理论依据和实践依据。

（一）毛泽东文化思想

文化是毛泽东思想的一个重要内容，它的产生有三个源泉：中国优秀的文化，外国的文化，马克思主义的文化理论。毛泽东从少年时代起，就受到中华优良文化的影响，在私人学校里受过教育，逐步有了文化的意识，开始对马克思主义有了认识，接受了马克思主义，变成了一个坚决的马克思主义者。毛泽东在领导革命的同时，也十分重视文化的建设。他在《新民主主义论》中指出："革命的文化，是群众革命的一种强大的武器。在革命之前，文化为革命做了意识形态上的准备。在革命中，它是一条必须的，也是一条在革命中很重要的战线。在这条文化战线上，文化的革命工作者，是各级领导人员。文化革命运动在革命实践运动中所起的重要作用，由此可见一斑。而这个文化的运动，这个实践的运动，就是属于大众的。"在社会主义改造和建设的过程中，毛泽东不仅将精力放在了发展经济上，更是将注意力放在了文化的建设上，以及对文化的研究上，并且提出了很多的主张和建议。

1. 毛泽东文化思想的形成

毛泽东文化思想形成的过程，可分为四个关键时期：萌芽期、初步形成期、成熟期和进一步充实和发展。1911 年，毛泽东对"社会主义"一词有了初步的认识，对西方的政治经济学和伦理学，以及其他一些西方的文化有了初步的认识，并对中国的社会现实进行了深刻的思考。1918 年，毛泽东赴北京进修，在此期间，他接触了不少马克思主义经典著作，再加上受李大钊等人的影响，毛泽东对革命的重要意义有了深刻的认识；对人类的整体发展、人类的灵性活动等问题进行反思。毛泽东以"夜读"为主要内容，以"夜读"为主要内容，号召广大的大学生读者树立马克思主义的立足点。此时正是毛泽东思想的萌芽阶段，在此阶段内，毛泽东思想中已有文化思想的迹象。毛泽东的文化理论在 1921 年至 1937 年间初步成型。由于中国是一个以农业为主、以农民为主的国家，毛泽东认识到了农民对于革命的重要意义，并从一开始就把目光投向了乡村；毛泽东在文化中所提出的"平民主义"概念，是对农民生活的记述。毛泽东在《湖南农民运动考察报告》中，经过对乡村的实地调查，认为"中国历史上，拥有文化的只有地主，而没有文化的只有农民。但是，文化却是由农民所引起的，而引起文化的原因，就在于剥削了农民的汗水和汗水。"毛泽东对文化进行了批评，指出了的无知之处。1927年大革命失败之后，毛泽东把工作重心转到了山里，建立了井冈山的第一个革命根据地，向山里转移之后，他就有了更充足的时间去进行田野调查；毛泽东通过《寻乌调查》等一系列调查，深入了解了农村文化的发展状况，并提出了相应的对策，"民主主义"思想，"文化的普及"，为毛泽东文化思想的形成打下了坚实的思想基础。毛泽东在1936年《中国文艺协会成立大会》中指出："对不愿意停战的人，进行文字上的劝导；对国民进行文字上的宣传和教育，使他们团结起来，共同抗战。"我们应该积极地利用文化的力量，利用它的意识形态的力量，来成立一个团结一致的抗日民族统一战线。从1937年到1949年，毛泽东的文化学说达到了成熟期。抗日战争中的紧张形势使毛泽东分外清晰地意识到，要实现国家的独立，首先要实现人的精神上的独立，其次是大多数人受到了数千年来的封建帝制的影响，思维上的僵化；由于封建思想的根深蒂固，因此，要通过宣传，使文化的潜在影响力得到最大限度的发挥，从而形成"文化的新民主主义思想"，其成熟期的最直接的体现是毛泽东在1940年的《新民主主义论》中，指出了文化的重要地位、指导思想和基本方针；本书对如何振兴文化行业作了较为详尽的阐述。毛泽东于1942年《在延安文艺座谈会上的讲话》中明确指出，要把文化同马克思主义结合起来，把文化同革命结合起来，把文化同民众结合起来。此后，他又在《关于陕甘宁边区的文化教育问题》《同英国记者斯坦因的谈话》《文化工作的统一战线》，以及其他一些文章中，反复强调文化的重要性："就文化而言，它既反映了政治和经济，又指导了政治和经济。这是一种反映，也是一种指导。""文化所反映的，是政治、经济两方面的斗争，但是，它也可以指导这两方面的斗争。没有了文化，任何一个社会都无法发展。"新中国成立以后，毛泽东的文化理论得到了进一步的发展，并在一段时间里起到了积极的推动作用。在我们国家的社会主义建设进程中，以毛泽东的文化为指引，实现了对农业、手工业和资本主义工商业的"和平"；我们进行了一次成功而又顺利的社会主义改造。在 1956 年，他第一次提出了"百花齐放，百家争鸣"，"古为今用，洋为中用"，这是文化的第一个政策，也是对音乐工作者和文艺工作者，提出了很多关于文化的要求。并在文化教学中采取了一系列重要的措施。

2. 毛泽东的新民主主义文化思想

"五四运动"以后，无产阶级开始领导人民向帝国主义、封建势力发起了一场革命，这场革命是由无产阶级领导的。毛泽东在李大钊和陈独秀等人的影响下，不仅系统地研究了马克思主义，而且还积极地开展了文化的宣传工作，在《湘江评论》的创刊宣言中，提出了"团结群众才是最大的力量""文学的平民，文学的现代性，文学的生活性""以教育为本，以平民为本"，这是毛泽东在新民主主义时期的文化思想的直接反映。毛泽东在 1940 年的《新民主主义论》中，对"新民主主义文化一词，简言之，即为以无产阶级为主导的人民大众反对帝国主义的文化"作了明确的界定，并着重指出，我们所要建设的新中国，不但要在政治上摆脱压迫，在经济上摆脱剥削，而且要从文化的思想上摆脱封建主义的束缚与无知，要建设一个"民族的""科学的""大众的""崭新的"中国文化，必须具有家国感。到了现代，许多有识之士，如"中体西用"，"全盘西化"，都以失败而告终，其根本原因，就是失去了文化的民族性，失去了中华民族的血脉，失去了民族的精神，而新的文化，首先要做的，就是在继承文化的基础上，吸取外国文化的精华，并根据中国的实际情况，将其化为己用。所谓"科学的"，主要指的是封建、落后的观念，要使人的思想得到真正的发展，要使人的生活发生变化，就一定要摒弃封建、无知、落后的观念，就一定要有马克思主义的立场；一切都要从实际出发，实事求是。这就是"大众的"，也就是民主的。它应该服务于全国超过九成的工人、农民和劳动者，使之成为工人、农民和劳动者的文化。本书着重阐述了新民主主义的文化要有民主的性质，要把文化作为大众的创作和享受，要站在大众的角度上，要站在大众的角度上，要与大众保持紧密的联系。广大民众也应积极参加文化的民主主义教育和学习，自觉地走出文盲之路。毛泽东的文化思想具有前瞻性、科学性和全面性，这对今天的文化建设和文化自信的培育，仍然具有很强的指导作用。

3. 毛泽东的社会主义文化思想

1949 年，新中国成立，标志着中国开始了政治、经济、社会和文化的自主发展。在新中国成立后的社会主义过渡时期，毛泽东的社会主义文化思想对农业、手工业和资本主义工商业三大产业的私有要素进行了创造性的社会主义改造，充分调动了一切积极因素，推动了社会主义改造的顺利进行。毛泽东的社会主义文化是在继承和发展新民主主义的文化基础上发展起来的，因此，在社会主义文化中，"民族性、科学性、大众性"的发展地位仍然是基本原则。首先，毛泽东关于社会主义文化的思想始终以人民为本。他认为，"为人的问题"是一个根本问题和原则问题，社会主义文化必须坚持以人为本的指导方针，走进群众，才能充实和发展文化，并具有永久的活力。其次，毛泽东强调社会主义文化应持开放态度，用辩证的视角对待其他国家和民族的文化。我们需要学习技术、文学、艺术以及其他方面的优秀成果，但要进行分析和批评，不能盲目追随或机械使用。对于文化，我们既不应完全排斥，也不应完全西化，而应虚心取长补短，不故步自封。我们必须从中国的现实和人民的需求出发，充分理解中华文化的独特魅力，积极学习并转化为自己所用。第三，毛泽东在文化中提出了"多元化"的要求。在中国社会主义建设过程中，除了发展经济，还必须满足人民对多元化文化的需求。毛泽东提出了"百花齐放""百家争鸣"的方针，鼓励不同形式、不同风格、不同流派的文化相互竞争、交流和借鉴。艺术的基本原则具有共性，但表现形式应多样化，包括民族形式和民族风格。毛泽东的文化思想体现了"人民性""开放性"和"多元化"，这是构建社会主义文化的核心。除了以上几点，毛泽东还论述了如何培养"文化人"人才队伍、发展文化事业、建设文化制度、培育文化精神和加强党对文化的领导等方面。

总结来说，文化对于社会主义建设的发展起着促进作用，而社会主义发展也推动着文化的繁荣。探讨文化自信培育问题，需要从毛泽东的文化思想中获取现实的价值和启示。本书认为，文化具有重要的理论和实践价值。

（二）邓小平中国特色社会主义文化理论

邓小平的文化是在中国特色社会主义革命、建设、改革的历史过程中形成的，是在毛泽东文化的基础上，根据中国的实际情况，作出的有意义的、有针对性的、有特色的、有创造性的发展。邓小平是中国改革开放、中国四个现代化建设的总设计师，他把社会主义文化的发展带到了一个崭新的发展机遇，他开创了文化的中国特色社会主义道路，推动了中国文化事业的蓬勃发展。

1. 邓小平中国特色社会主义文化理论的形成

邓小平的文化理论，经历了两个重要的历史时期，即 1949 年新中国的建立和 1978 年的改革开放的时期。邓小平的文化论在新中国成立以前，是一个初露端倪的时期。16 岁时，邓小平漂洋过海，在法国得到了马克思主义的熏陶，他积极参加了大量的活动，宣传和组织工作，试图以马克思主义的立场和观点来反驳现实。在新民主主义革命时期，邓小平在执行军事任务的时候，对文化的宣传给予了特别的关注。他们在机关报纸和文艺副刊上，鼓励工人和士兵们进行文艺创作，大大丰富了革命根据地文化的生活，同时，对地方文化工作的发展，也起到了很好的促进作用。邓小平于1941 年 5 月发表的《一二九师文化工作的政策与任务》中，曾提出："文化工作属于政治工作，文化必须受政治工作支配，任何力量、任何党派，文化工作都必须受其政治工作支配。"宣传工作在军队文化工作中起着举足轻重的作用，"宣传部门是军队文化工作的基层单位。因此，我们必须不断地提升自己，不断地向更高层次迈进，不断地向广大人民群众宣传文化，这是非常有必要的。我们要把宣传工作者当作文化教育的好干部，把宣传工作者当作新民主主义的先锋。"邓小平关于文化的理论，从 1949 到 1978 年，一直处于萌芽期。新中国成立至 1978 年"十一届三中全会"之前，由新民主主义到社会主义转变为社会主义，邓小平也有"三落三起"的一生，在此期间，邓小平关于文化的理论，既是为了贯彻和推进党中央的精神，也是为了文化的发展而提出的几点建议。1958 年，邓小平曾指出："一个是推广，一个是提高，一个是发展，两个是不可缺的。只有普及而没有提高，文化的科学性就不可能在短时间内得到发展。如果只是单纯地提高，而没有广泛的推广，就无法满足全国各地的需求。我们要用文化来建设社会主义，就必须用文化来建设社会主义，就必须用它来建设社会主义。有了这方面的教育，人民群众的科技文化就有了提高，就有了更多的发明。我们始终要坚持两条腿走路，既要以普及为前提，又要以提高为导向。"在 1975 年之后，邓小平提出了要对毛泽东思想有一个完整的、全面的认识，并再次倡导"百花齐放，百家争鸣"，并强调要尊重知识，尊重人才。在 1977 年，在邓小平的领导下，"真理标准"的大讨论，就是文化的宣言，就是一次思想的解放，这次思想解放，就是建立在"实事求是"的基础上的，也是建立在中国特色社会主义的思想基础上的。邓小平的文化理论在 1978 年十一届三中全会以后达到了成熟期。十一届三中全会对我们在社会主义革命与建设中所取得的经验与教训进行了深刻的总结，把全国的工作重点转向了经济建设，使我们的社会主义文化回到了正常的发展轨道上。在此基础上，把马克思主义的普遍性真理和我们的具体实际相结合，对中国特色的社会主义进行了新的思考，并对我们的改革开放作出了重大贡献；创建了一个有中国特色的社会主义的文化，人民群众从迷雾中走出，开始调动各方面的力量，为文化的兴盛和发展做出了自己的贡献。"百花齐放，百家争鸣"不断创新；文化是以"西为中用、古为今用"为指导，走上了"为人民、为社会主义""二为"道路的文学创作道路。邓小平还创造性地提出了"教育要面向现代化，面向世界，面向未来"，"科技是第一生产力"，"培育"四有新人"等一系列富有创造性和行之有效的措施，以推进文化的建设。又指出，要加强社会主义的"精神文明"，不仅是指教育，是指科学，是指文化，是指共产主义的思想，是指理想，是指信念；《中共中央关于社会主义精神文明建设指导方针的决议》被批准为"三民主义"。新中国成立后，邓小平关于文化的理论有了进一步的发展，这就为文化自信的提出提供了深厚的思想底蕴和扎实的实践依据，也为中国特色的社会主义建设提供了有力的实践依据。

2. 解放思想、实事求是的思想路线

我们党的思想路线是解放思想、实事求是。"文化大革命"后，邓小平以一种马克思主义的超凡勇气和科学的态度，大胆地提出了毛泽东思想的本质是实事求是，带头进行了一场关于"真理"的大讨论；要把"检验真理的唯一标准是实践"这一点摆在我们面前。十一届三中全会的前夜，邓小平在他的讲话《解放思想，实事求是，团结一致前看》中指出："一个党，一个国家，一个民族，如果一切从本本出发，思想僵化，迷信盛行，那它就不能前进，它的生机就停止了，就要亡党亡国。"从改革开放到四个现代化的进程中，邓小平在紧要关头所做的各项重要决定，无不反映着解放思想、实事求是的思想路线；从实行家庭承包责任制到建立经济特区，到实行"一国两制"，无不反映着解放思想；而"以实为本"，正是邓小平关于文化的精神实质。

3. 物质文明和精神文明"两手抓，两手都要硬"

改革开放促进了我国经济和社会的快速发展，但也带来了国外某些阶级的腐败思想的入侵，使某些人的思想发生了变化，产生了一批又一批的犯罪行为和丑陋现象。邓小平曾不止一次地说过："精神文明建设没有得到加强。我们的物质文化也会受到影响，会走上一条错误的道路。""在这方面，我们做了很好的工作，取得了很好的成绩，取得了很好的成绩，取得了很好的成绩。但如果人心不正，那再好的经济，也是白搭。从另一个角度来说，就是腐败，就是贪污，就是贿赂。"他认为，要发展社会主义民主、完善社会主义法制，必须不断提高生产力；在全国范围内，全面提高文化的科学化程度，丰富文化的生活，使社会主义的精神文明达到一个新的高度。在邓小平提出的加强精神文明建设思想的基础上，党的十二届六中全会对我国社会主义现代化建设进行了初步的规划，并提出了以社会主义现代化为中心、以社会主义为中心、以全面改革为中心、以开放为中心、以发展为中心、以发展为中心的精神文明；就是要坚持四个基本原则，也就是要把党的基本路线作为社会主义精神文明建设的根本纲领。

4. 大力发展社会主义科技事业，培育"四有新人"

邓小平放眼世界，总结了中国与西方国家之间的差距，指出了科技是实现中国现代化的重要因素，并提出了"科技是第一生产力"。"我们要怎么才能追上世界的脚步？我认为，应该从科学与教育两方面入手。社会科学自然也包含在科学之中。"重点是培育科技人才，并在此基础上，提出了全党、全社会要"尊敬知识、尊敬人才"，要加强对文化这一意识形态领域的领导。要敢用，对有能力的干部，要放开手脚，给他们加薪。招人也是一种方式。我们要打开一条通道，让有本事的人迅速地发展起来，不能老堵着。只有这样，我们才能在这个行业里大有作为。加强教育的基础性作用，探讨教育制度的变革，提出"教育要面向现代，面向世界，面向未来"，培育有理想，有道德，有文化，有纪律，有理想的"四有新人"。从"四个现代化"战略的角度来看，文化对于我们今天所说的"坚守中国特色的社会主义"，有着很强的实践指导意义。

（三）江泽民先进文化理论

在改革开放不断深化、国际形势不断变化的背景下，20世纪90年代中国共产党人江泽民同志对形势进行了科学的分析，对形势进行了艰苦的探索；我们能够沉着地面对各种风险，把中国特色的社会主义成功地推进到二十一世纪。在处理中国内部和外部发展所产生的种种实际问题时,"三个代表"是以"建什么和怎么建"为核心的,而在这三个方面,就有一句话,"中国共产党永远是中国文化进步的方向"。

1. 江泽民先进文化理论形成

在对中国特色社会主义道路不断探索的过程中,江泽民同志等同志对社会主义文化进行了既有继承又有创新,形成了反映我们党高度文化自信精神的"先进文化思想"。先进文化的形成并非一朝一夕,而是经过了初具规模、形成和深化三个阶段。在十四大之前,从十三届四中全会开始,就是文化这一先进的思想的初始阶段。"有中国特色的文化"这一概念是清楚地被提出来的,但是并没有形成一个系统化的理论体系。江泽民同志于1991年7月1日的《在庆祝中国共产党成立七十周年大会的讲话》中首次清楚地提出:"经济、政治和中国特色社会主义文化三者之间,是一个不可分离的、具有中国特色的社会主义的有机统一。"他还谈到了中国特色社会主义文化的发展方针,指出:"在中国特色社会主义的文化中,一定要坚持服务于人民,服务于社会主义,百花齐放,百家争鸣,使社会主义文化繁荣发展,决不容许毒害人民,污染社会,反对社会主义的东西到处泛滥。我们要在继承文化优良传统的同时,又要充分反映社会主义的时代精神,在立足于自己国家的同时,也要充分吸收国际文化的优点,不能有任何的民族虚无主义,也不能有任何的西化倾向。"党的十四大至十五大,是江泽民文化先进理论形成的重要阶段。1992年十四大以后,我们国家的文化建设逐步具体化和制度化。《关于加强社会主义精神文明建设若干重要问题的决议》是党的十六届六中全会的一项重要决定,它的战略地位、指导思想和努力方向,是党的十九大提出的一项重大战略任务。江泽民在1997年9月,十五大的报告中,对有关中国特色社会主义的文化的建设问题作了全面的论述,并将文化作为社会主义初级阶段的基本纲领,提出:"建设具有中国特色的社会主义文化,是要在马克思主义的指引下,要培育具有理想、道德和纪律的文化的人民,要发展一种面向现代化、面向世界的、面向未来的、民族的、科学的、大众的文化。"与此同时，我党更加清楚地认识到了文化的重要意义，也更加重视文化的建设，强调了"具有中国特色的社会主义文化的建设，必须在整个社会上建立一个共同的理想，一个精神的支撑。"在弘扬共产主义的意识形态的同时，又要将先进性与广泛性相结合，对有利于国家统一、民族团结、经济发展的事情加以鼓励；这是一种促进社会进步的理论。江泽民的文化理论从提出到作为指导思想，再到写入党章，这是他的"三个代表"重要思想不断深化的过程。

2. 提升中国特色社会主义精神文明建设的战略地位

江泽民同志在对邓小平"精神文明"理论的继承和发展的基础上，把中国特色社会主义的精神建设提到了一个新的高度。江泽民同志多次强调，一个国家和民族不能在物质上贫困，但更不能在精神上贫困，这种贫困比物质上贫困更加恐怖。"社会主义的优点，不但体现在可以创造更高层次的物质文明的经济和政治上，还体现在可以创造更高层次的精神文明的文化上。社会主义与贫困无关。如果一个人的精神生活没有了，一个人的社会风气没有了，那也算不上社会主义。我们从四个方面总结了四个方面的经验，即：我们愈要把精力放在发展经济上，愈要加速改革开放，愈要用社会主义精神文明来为我们提供强有力的精神力量、智力支撑；只有这样，才能确保物质文化建设的顺利开展。我们要看到，没有这两个文明中的哪一个，就不能算是中国的社会主义。"在建设有中国特色的社会主义现代化的过程中，必须大力发展精神文明，对中华优秀的文化进行传承，发扬"自强不息"的民族精神，以文化的精华为动力，凝聚"中国之力"。

3. 先进文化是中国共产党执政建设的重要内容

中国共产党在社会主义建设中起着主导作用，在建设中国特色社会主义过程中起着主导作用，文化的建设在中国特色社会主义建设中起着举足轻重的作用，它与经济建设和政治建设相辅相成，相辅相成。"我们应该把握怎样的文化，推进怎样的文化，这就是我们党在意识形态和精神层面上的"旗帜"。所以，我们必须进一步加强我们党的文化建设。江泽民提出"三个代表"的重要意义在于回答"党是怎样建设的，党是怎样建设的"这一重大的实践问题。中国共产党在继承和发展新民主主义的文化、社会主义的文化和中华优秀的文化等方面，都是中国先进的文化。中国共产党所代表的先进的文化，是由最广大的民众所创造的，是历史和时代的结果。我们党的理论，路线，纲领，要永远代表着中国文化的先进的前进方向；我们的方针政策，我们的工作，都要反映出我们的国家，我们的科学，我们的群众，我们的人民，我们的文化，我们的思想，都要有一个共同的目标，那就是我们国家的人民，要有共同的目标。积极发展先进的文化，对中国共产党履行其历史任务、保持其先进性、增强其执政能力、增强其与人民的密切联系，具有重要的现实意义。江泽民文化思想的先进性突出了文化本身对文化自信的重视，为文化自信的培育提供了理论上的借鉴。

（四）胡锦涛文化强国理论

党的十六大以来，以胡锦涛为中心的党中央，在继承历届中央领导集体关于构建文化的思想的基础上，根据中国特色社会主义事业的整体布局，以及全面建设小康社会的大局，对新时代文化这一国家的特点进行了准确的把握，并对其进行了深入的研究，从而使其具有了与时俱进、创造性的发展。"十七届六中全会"也第一次把"建设文化强国"作为战略目标，党的十八大对"建设文化强国"的具体策略作了详细的论述，指出"要坚持走有中国特色的社会主义文化发展道路，为建设文化强国而奋斗"。

1. 胡锦涛文化强国理论形成

胡锦涛从毛泽东，邓小平，江泽民三位领导人对文化的建构，再到后来的创新发展，再到后来的"文化强国"，都有其自身的特点。胡锦涛文化强国理论的形成可分为三个阶段：文化强国理论的积累阶段，文化强国理论的初步形成阶段，文化强国理论的形成和发展阶段。中共"十六大"以前，胡锦涛的文化"大国"理念一直在酝酿。在此期间，他主要是按照中央关于文化的决策部署，结合自己的工作实践，对文化的建设工作进行了初步的思考。胡锦涛在任省委书记、共青团工作时，都十分关注文化，并指出，"要始终坚持马克思主义在意识形态中的指导地位，牢牢把握宣传与舆论的主动，加强文化的宣传与思想阵地的建设与管理，正确对待意识形态中存在的各种问题，形成一种正面、健康的社会思想主流。"我们应努力营造一个良好的社会舆论氛围，强化社会主义精神文明的建设，自觉抵制不良的文化，发扬中华优秀的文化，对外国的文化保持理性的态度。从十六至十七次全国代表大会开始，胡锦涛的文化强国理念就已经初具规模。在此期间，胡锦涛提出了一系列关于文化建设的理念，包括：深入推进文化的体制改革；大力发展文化的事业、文化的产业；在文化的建设中，强调要坚持科学发展；在此基础上，第一次提出"和谐文化""社会主义核心价值观"等，对我们国家文化的建设起到了巨大的促进作用。胡锦涛在十七届全国人大会议上指出："文化在当代正日益成为一个国家的凝聚力、创造力的源泉，在一个国家的综合国力的较量中，正日益成为一个国家实力的决定性力量。"充分认识到文化在当今国际竞争中的重要性，从而为文化的强盛理念的直接提出打下了意识形态基础。从那时起，胡锦涛提出了文化强国的理念。文化强国的内涵是历史性、时代性、现实性的有机结合，反映出胡锦涛同志在文化问题上的超越，文化是一个国家的血液，是一个民族的精神家园，是一个民族的血液。文化的重要性，在全球经济、政治的激烈竞争中，愈来愈显得突出。胡锦涛对文化的建设历来十分重视，他反复强调，一个民族要发展壮大，要站在世界民族之林，就必须有丰富的文化作后盾，要增强文化的后盾。我们要以全国人民的力量来推动文化的发展，使文化成为社会主义的强国。在内部，我们要使文化具有更大的凝聚力、更大的创造性；在外部，我们要使文化有更大的影响、更大的吸引力。要用社会主义核心价值观凝聚人心，要积极培育和实践社会主义荣辱观，用它来武装全党，教育人民；要将它内化于心，外化于行。我们要努力发展我们的文化行业，使我们的社会主义文化事业兴旺发达，在国外，我们要积极推动中国的"走出去",扩大我们的文化的世界性市场,提高我们的文化的国际竞争能力,树立我们的中国的文化强国形象,我们要在世界范围内,在我们自己的国家和民族之间建立起一种相互依存、相互依存的关系。

2. 和谐文化思想

在文化中建立一个"和谐"的社会,这是一个很大的课题,一个很大的前提。和谐的文化主要体现在"和""合"两个方面,它既是文化本身的历史与现实的"和谐",也是本族文化同国外文化"合作"的结果。继承中华文化之长处,摒弃其短处,以求文化自身的发展。要尊重人的主体性,要以人为中心,创建人们喜欢的、和谐的文化。文化所取得的成就,让广大人民群众共享文化所取得的成就。而要使文化和谐,则要妥善处理好本国的文化和外国的文化之间的关系,在不损害文化独立性的前提下,要向国际上的先进文化学习;要维持文化之间的互通有无、互利共赢的局面,要将各国文化中的精华吸取到自己的生活中去。在构建文化强国的过程中,要对文化和谐起到先导作用。

3. 社会主义核心价值体系

社会主义核心价值观是一个国家的灵魂,它是一个民族的安身立命之器,它与中国特色社会主义的发展方向有着密切的联系。胡锦涛在十七届三中全会二次会议上指出:"在思想上,我们同一切敌对势力进行的斗争,实质上就是一场社会主义与资本主义之间的竞争。要凝聚十三亿人的力量,以中国特色的社会主义为己任,就需要推动社会主义核心价值观的构建,让整个社会都有共同的理想信念,有强大的精神力量,有良好的道德规范,有更好的凝魂聚气,有更好的基础。我们必须牢牢把握理想和信念,坚定不移地用中国特色社会主义理论来武装和教育我们的人民,使当代中国的马克思主义更加普及,使其在思想上更加牢固,使它更加牢固地成为思想上的指导性力量,使中国特色社会主义的共同理想更加牢固;我们要把全党和全国各族人民团结奋斗的共同思想基础继续保持下去。"另一方面,在改革开放不断深化的情况下，在许多因素的作用下，在人们的思想观念和行为选择上，也受到了许多利益的驱使，构建社会主义核心价值体系变得越来越迫切，越来越重要。要大力弘扬爱国主义精神，要大力发展改革创新，就必须坚持以社会主义核心价值观为指导，团结全民族共同奋斗。在学校、社会等各方面的教育活动中，应渗透社会主义核心价值观，培育和实践社会主义荣辱观。社会主义核心价值观是要告诉全世界，不管世界怎么变，中国都有它自己的价值观，而且永远不会改变；同时也突显了中国共产党自身的自信文化。

（五）习近平文化思想

中国共产党对文化的建设，对文化的发展，始终给予了高度的关注。党的十八大后，习近平总书记从全国大局的角度，立足于国际国内形势的巨大发展与变化，从中国历史发展、现在发展、未来发展以及全人类的发展等方面，提出了文化自信这一思想。此后，他又在多个重要场合和演讲中，对文化自信的重要性、内容构成、实践路径等进行了详尽的阐述，并形成了一套完整而又独具特色的思想体系。

1. 习近平文化思想的形成发展

习近平文化思想经历了从萌芽期到深化期再到形成和充实期，经历了三个发展和完善期，是一个不断发展和完善的过程。习近平的文化思想，在 1969—1985 年间，处于萌芽期。1969 年，在陕西延川县，文安驿镇梁家河公社，在那里当了 7 年知青，当时他正在文安驿镇上工作。在梁家河工作 7 年期间，习近平研读了许多马克思主义的经典著作，包括文化，古代和现代的历史，以及军事和外交方面的名著。1975 年赴清华深造，博览群书。广读文化，厚积薄发，是习近平提出文化自信理念的思想根基。习近平来到河北正定县后，就扎实地推进了精神文明建设，并根据正定县的具体情况，将文化作为自己的一分子，用来带动文化行业，从而带动了当地的旅游业。从 1985—2012 年，习近平关于文化的研究取得了较大进展。在此期间，习近平在福建，在浙江，在上海，他进一步深化了文化的政治性、文化的革命性、文化的传统性，并在文化的发展、文化的建设等方面进行了大量的实践探讨，为推动精神文明和宣传工作提供了宝贵的经验。习近平十分重视传承和创新发展民族性的文化，例如：宣传、教育和开发畲族的文化在闽东，宣传和开发革命的文化在嘉兴，宣传和开发文化在绍兴的历史，宣传和开发上海的红色遗迹和城市精神。要重视文化的对外传播，重视"文化人"人才队伍建设，加强党对文化工作的领导，加强对文化的保护，加强对文化的宣传，加强对文化的宣传。习近平的文化自信理念在2012年以后得到了发展和充实。党的十八大后，习近平同志在中国梦"国家富强，民族振兴，人民幸福"，就是要在自己的努力下，传承和创新中华民族的文化，让中华民族重新站在世界的前列，中国梦，就是中国的文化的复兴，就是中国的文化的崛起。习近平在党的95年党代会上第一次提出了文化自信，并以文化自信为契机，将文化推向了一个新的高度，使之蓬勃发展。强调了要坚持思想政治工作的领导地位，要坚持马克思主义的旗帜，要建设有中国特色的话语系统，要用好互联网的宣传阵地。要在全社会大力培育、实践社会主义核心价值，使其渗透于人民群众的生活文化之中，形成一种信念，形成一种力量，充分发挥中华博大精深的优秀文化对人民的影响，弘扬文化革命性的抗争精神，弘扬社会主义先进文化的拼搏精神。我们要坚定文化自信的信念，加快推动文化事业、文化产业的发展，不断提升我国文化的软实力，努力建设文化的现代化强国。

2. 习近平文化思想的深刻内涵

习近平的文化思想内涵丰富、理念深刻，对"为什么"自信、"用"什么自信、"怎样"自信等问题进行了直接的解答。文化自信是一种更加基础，更加深刻，更加经久不衰的力量。文化是一个民族的精神，是一个民族的精神，是一个民族的精神。对中国来说，如果没有文化的悠久历史、文化的旺盛活力、文化的自信，就不可能实现中华民族的伟大复兴。坚定文化自信是一个国家命运兴衰的重大课题，是一个关乎文化安危的重大课题，也是一个关乎民族精神自主性的重大课题。历史已经无数次地证实，每当一个国家面临生死危机的时候，文化总能在最危急的时刻，爆发出无穷的能量，让它一次次的化险为夷。如果说文化的影响力是"基础""深刻"和"持久"，那么文化自信的影响力则是"基础""广"和"深"。中国人民要树立起更高层次的文化自信，并在此基础上更加牢固地树立起文化自信，使"两个一百年"奋斗目标得以实现。

自信是什么？文化自信有三个很深的基础。中华民族五千年的灿烂文明，现代中国一百七十年的顽强奋斗，中国共产党九十年的艰辛奋斗，中华人民共和国七十年的波澜壮阔，都蕴含着文化自信的丰厚资源，是文化自信宝贵的力量。文化自信所要遵循的是"中国特色社会主义"，它是中国在社会主义革命、建设、改革中探索出来的，是其所要遵循的前进方向与道路。我们所深信的文化自信，就是文化自信，就是中国特色的社会主义。

佛教的"自觉""无我"思想、儒学的"自省""自认"思想、"舍生取义""自强不息""仁义礼智信""天下兴亡，匹夫有责"的传统价值观念，对一代代中国人的内在道德规范具有重要的指导意义。"红船"精神，"长征"精神，"井冈山"精神，是革命战争时期形成的精神；"西柏坡精神""东北抗联"等具有革命性的文化中，蕴含着中华民族坚韧不拔的革命精神，有一种"舍生忘死"的精神，它既是中华民族抗争的历史，又是一个"磨练"民族精神的历史，更是一个"中国"文化重拾自信的"涅盘"历史，它已经深深烙印在了中国人民的心中，并成了他们前进、奋斗的动力之源。文化是以"焦裕禄精神""铁人精神""北大荒精神"为核心，在中国共产党的带领下，在社会主义建设的过程中，逐步发展起来的；以"以女排精神"为代表的社会主义核心价值，体现了国家的精神，体现了时代的精神，这是现代中国人特有的文化特征，也是我们自信的强大力量。自信是怎样保持传统的，又是怎样的一种创新。

坚定文化自信的第一点，就是要坚守中华优秀文化这一我们文化自信的灵魂，而不能"死守"，要在一代代传承中"创造性地转化、创新性地发展"，让它永远保持旺盛的生命力。要以"以人为本"为指导，追求文化的精神境界、内涵和艺术价值的和谐统一，使爱国主义主旋律高扬，使社会主义核心价值得以传播。要加快建设有中国特色的哲学社会科学，向世人展示"中国在哲学社会科学"。习近平在 2016 年哲学社会科学工作座谈会上强调："没有自然科学的发展，就不能成为世界的先驱，没有哲学社会科学的兴盛，就不能成为世界的先驱。"哲学社会科学在坚持与发展中国特色社会主义中有着无可取代的地位，而哲学社会科学工作者在这一过程中起着举足轻重的作用。坚持与发展中国特色社会主义，就是要把哲学社会科学建设与中国特色社会主义的伟大实践相结合，加速推进中国特色的哲学社会科学的建设进程。建设中国特色的哲学社会科学，必须以马克思主义为核心，立足中国，吸收外来经验，不断提高我们的中国特色，中国风格，在世界范围内不断扩大我们的影响。

3. 青年是文化自信关键主体

在所有的社会力量中，青年是最有活力、最有活力的一群人，他们是国家的未来，是民族的希望。要增强大学生对文化的自觉性，要提高他们对文化的认识，要培育他们对文化的创造性和创造性。在中国共产党的领导下，在文化自信的引领下，在全国范围内，在全国范围内，为实现"两个一百年"奋斗目标，为实现中国梦，努力奋斗，这是中国青年在新时代上所要承担的历史任务，也是现实责任。唯有文化自信的坚定，方能在不同文化之间的思想之争中屹立不倒，在不同的思想观念之争中保持清明，在不同的思想观念之争中保持独立，在不同的思想观念之争中保持独立。

4. 建设社会主义文化强国

当前，文化在全球综合国力竞赛中的作用越来越突出，要在全球范围内赢得一席之地，就需要强有力的文化作为后盾。要实现中华民族的伟大复兴，就必须把我们从文化的大国变成文化的强国，这不仅是我们的历史任务，也是我们的时代需要，更是我们全人类的共同责任。要建成一个文化强国，必须具备文化的强大实力，而这个强大的实力，不仅要有一个高文化素养的国民，还要有一个发达的文化工业，更要有一支文化的强大的软实力。要建设文化强国，就必须树立起较高的文化自信意识，提高人民对文化的认识，提高人民对文化自信的认识，牢牢掌握思想政治工作的主导地位，以中华优秀传统文化为载体，大力发展社会主义先进文化。建设文化强国，应从发展文化事业、文化产业、深化文化制度、繁荣社会主义文学、建立现代文学艺术体系、实施文化的"惠民"工程等方面入手。要把我国的文化建设成为文化的强国，就必须增强我国的文化的"软实力"。中国特色社会主义道路是成功的，我们的理论体系是成功的，我们的制度也是成功的。应强化对中国价值观的提炼与解读，扩大对外宣传的平台与载体，使其在对外宣传与传播的各个环节都能发挥其应有的作用。我们要加强在国际上的发言权。我们要提高自己的对外传播能力，完善自己的外交话语系统，充分利用新媒体的优势，提高自己的外交话语的创新、吸引力和可信度，把中国的故事、中国的声音、中国的特点讲出来。提高中国当代意识形态在世界范围内的影响力，提高其在国际上的认同感，使文化的软力量达到"形于中""发于外"的目的。

三、西方文化理论借鉴

西方学者在研究文化时并未直接提及文化自信，也未对文化自信的培育进行相应的理论探讨，但在文化的建设和文化的批评方面，已有大量的研究成果。例如，法兰克福学派关于通俗文化的批判论，对于新时代大学生如何正确理解文化、如何理性看待西方文化、如何坚定文化自信，都具有一定的参考价值。约瑟夫·奈关于文化的"软力量"与"巧力量"的论述，也有助于大学生对文化建设与发展文化的重视与重视。为加强大学生、文化自信的培育提供了理论依据，也为我们提供了实践经验。

（一）法兰克福学派大众文化批判理论

就文化这一宽泛的范畴而言，法兰克福学派对于西方先进工业化社会所作的种种批评，均可归之于文化，而文化之批评则是法兰克福学派在社会史上的一项重要课题。法兰克福学派对文化的批评，以美国的文化为对象，而霍克海默，阿多诺，马尔库塞等人则对通俗文化作了较深的探索，并在此基础上发展出一种特殊的研究类型，即"正统文化"与"文化产业"，并对通俗文化的商品化、一元化、欺骗性、控制性等问题进行了深刻的批评。在全球化和信息化条件下，大众文化批判性理论对中国大学生如何正确理解文化，坚定文化自信，建设文化的社会主义强国，都有着重要的理论和实践价值。

1. 法兰克福学派的大众文化批判理论

法兰克福学派是一支西方马克思主义派别，以法兰克福为中心并以社会学系为核心形成。它是西方马克思主义中历史最悠久、影响最广泛、涵盖面最广的派别之一。学者们通常将法兰克福学派的理论统称为"批判理论"，其特点是将哲学和社会科学相关理论有机结合，形成系统化、整合性、形而上学的对历史唯物主义和形而上学的批判。霍克海默、阿多诺以及后来的哈贝马斯等学者对"启蒙运动批判精神"和"工具理性批判"提出了各自的观点。其中，"对文化大众的批评"是对启蒙主义和工具理性批判在逻辑上的延伸。"正向文化"和"文化产业"是法兰克福学派经常使用的两个概念，用以清晰认识近代先进资本主义工业社会中文化的异化现象。在霍克海默的《利己主义和自由运动》中首次提出了"积极文化"的观点，这一观点成为法兰克福学派批评文化的起点。马尔库塞于1937年首先提出了"积极文化"的概念，他认为，资产阶级时期文化在自身发展过程中，达到某一时期时会出现"积极文化"。这种文化承认广泛存在的义务，承认一个永恒、更有价值、永远、更有意义的世界，这个世界必须得到无条件的承认。因此，我们可以看出，文化是对资产阶级的肯定，通过描绘美好而虚幻的精神世界来消解人们的批判性思维和反抗意识，从而维持其政治统治。马尔库塞对"积极文化"的批评实质上是对文化本身的"异化"进行批评，其目的是解脱人类的"异化"状态，实现真正的自由。"文化产业"的概念则是由霍克海默和阿多诺在《否定的辩证法》中共同提出的。阿多诺指出，选用"文化产业"这个词，而不使用"文化"这个词，主要是为了消除人们将文化看作是从群众开始，为群众服务的误解。他们认为，随着社会发展，大众文化演变成了近代通俗文化，而近代通俗文化表现出商品化、标准化和单向化的特点。因此，他们建议用"通俗文化产业"来替代"通俗文化"，以此直观地揭示出资本主义版文化的单一性、功利性和欺骗性。对文化产业的批评主要集中在《文化产业：教化群众的愚弄》一文中，认为发达国家利用现代化的工业化技术大量复制缺乏个性和创意的文化，并在现代化娱乐媒体的支持下将虚假的文化物化，导致人们的思维变得支离破碎，从而达到奴化、控制和操纵的目的。

2. 大众文化批判理论对大学生文化自信培育的指导意义

20世纪80年代后期，随着港台流行音乐、电视剧等形式的大众文化进入公众视野并深入公众生活，曾经经历了一段时间的排斥和鄙视。一些民众认为这些大众文化作品低俗，肥皂剧等污染了他们纯净的灵魂，削弱了积极的斗志和创造力。在面对各种传统和非传统的挑战以及日益复杂的国际形势、快速发展的经济、科技进步的今天，中国已经走到世界舞台的中心。法兰克福学派的通俗文化批判性理论对于中国文化建设以及新时代大学生的文化自信至关重要。批评"正向文化"和"文化产业化"，对于大学生客观全面地认识当代中西文化具有重要的指导作用。我们要打破"大众化"的文化，坚持以人为本的原则。法兰克福学派将文化视为近代资本主义社会的"大众化"和"通俗化"，认为它失去了"文艺"和"精神"的特质，带有商业化的色彩。中国一度存在类似的"商业化"文化，片面追逐经济效益，忽视了文化的社会导向、群众服务和意识形态教育等功能。音乐家只看专辑销量，电影只看票房，作家只看书。与商品拜物教类似，为了获得文化的商业利润，一些音乐、电影、小说等作品背离了创作初衷。习近平在新时代对文化的评价是要坚持以人民为本，立足于人民，为人民的作品提供满意度和认可程度来检验文学和艺术。中国文化始终站在人民立场为广大民众服务，近年来涌现的一大批弘扬主题的影视作品将中国文化传承发扬到极致，深受民众喜爱。这展示了中国文化旺盛的生命力，也是我们文化自信的根基，为大学生的文化自信培养提供了充足的营养。我们要突破文化的集团思维，坚持以优质服务人民。法兰克福学院认为，在现代科技普及的大环境中，文化呈现出一种流水线式的无限复制，失去了文化艺术的独特性和个性化，作品的生命力和灵性遭到了极大损害。随着资本主义社会的发展，个人获得了发展，但在另一方面，个人又成为技术的奴隶，个人进步以牺牲个性为代价。资本主义社会如此，社会主义社会更难摆脱"机械模仿"的命运。电视机的周围，同样的衣着，同样的发型……中国学者对文化流行提出了严厉批评，认为这使人们失去了个性，变得庸俗，没有进取心，破坏了中国传统道德。文化发展要立足于中国实际，扎根于中国，诠释中国精神、中国价值和中国力量，要以原创为前提，要有自己的见解，不能随波逐流，要为大众服务。摆脱文化被大众所迷惑的现象，坚持以明德引导时尚。在法兰克福学院的观点中，文化是一本极具说服力的书籍。为了迎合机器时代的需求，那些在机器和流水线上工作的人们用各种媒体创造了理想的美好生活，然而，在这个过程中，人们却没有任何批判的意愿，反而沉浸在自己的幸福之中。目前，世界各国的文化都面临类似的困境，特别是中国的文化和年轻读者。有些人逃避现实，在虚拟的文化世界中投入自己，有些人失去了超越内心的追求，过着盲目的生活方式。他们不愿欣赏传统文化，只愿追逐碎片化的短视频，不愿阅读经典之作，只愿接触表面。因此，文化从业者应坚定信念，充满情怀，勇于承担责任，努力创造有深度和温度的优秀作品。大学生应以思辨的精神和批判意识，以求真务实的态度看待西方文化，全面正确地理解其对文化的影响。在此基础上，我们应自觉践行社会主义核心价值观，坚守文化自信，突破群众文化的欺骗性，抵制低俗、庸俗和媚俗行为，守正创新中国优秀传统文化，坚定推进中国特色社会主义文化，从革命性的文化中汲取源源不断的力量。

（二）约瑟夫·奈文化"软实力"和"巧实力"理论

约瑟夫·奈是美国著名的国际政治学家，对现代西方国际政治领域产生了重要影响，并成为新自由主义国际关系理论的典型代表。他提出的文化中的"软实力"和"巧力量"理论具有较大的影响力。

约瑟夫·奈于 20 世纪 80 年代末首次提出"软实力"的概念，并在他的多部著作中对此进行了深入的论述，例如《注定领导》《软实力》《美国霸权的诱惑》《软实力——世界政坛成功之道》等。他认为，在当今日益发展的国际政治格局、信息化和全球化的背景下，仅仅依靠经济上的利诱和武力上的硬实力已经难以对他国进行威胁、迫使其做出原本不想做的事情。因此，我们需要另一种无形但强有力的力量，即通过让他国崇拜自己的文化和价值观来达到同样的目的，这就是"软实力"。

约瑟夫·奈在 1999 年的《软实力的挑战》一书中指出："软实力是指一个国家对其文化和意识形态的吸引力，它是一种通过说服力而非武力手段来实现目标的能力。它具有说服力，或者说骄人非凡慎许使人们愿意为之努力。软实力主要取决于所提供的信息是否具有说服力。"软实力是通过文化、价值观念、意识形态等无形的力量来进行劝说和吸引，让其他国家心甘情愿地效仿，将其变成"己有"。

而"巧力量"则是约瑟夫·奈在国际关系的变革中根据对自身认知不断深化的情况下提出的新概念。他认为，"巧力量"不同于"硬力量"和"软力量"，而是一种能够有效结合两者的策略。巧力量是一种相互配合的力量，需要力量与力量相辅相成、相辅相助，而不是简单地相加。巧力量的关键在于巧妙地将硬实力和软实力相结合，通过逼迫和吸引相结合的方式，实现软硬兼施的效果。它是一种灵活运用的策略，可以根据不同的情况和人群的特点随时调整方法，以达到同样的效果，让硬实力发挥软实力的作用。

约瑟夫·奈的"软实力"理论主要针对资本主义社会，并旨在通过美国文化、意识形态和价值观的国际认同与传播来维持美国在国际上的霸权地位。然而，这个理论对于中国发展自身的软实力和建设文化强国也有一定的启发意义。要成为真正的现代化大国，除了拥有雄厚的经济实力外，培育高度发展的精神文明同样重要。要增强中国的软实力，必须以中华优秀文化为基础进行创新发展，融合其他国家的优秀文明，积极推动文化产业的发展，加强对外文化交流，提升中国在世界上的声音，增强中国的"软实力"。

大学生是国家和民族的未来，中国必须抓住这个机会，培养大学生的文化自信，使中国的年轻一代能够更好地发挥文化的软性力量。在培养学生的文化自信时，需要将"巧力量"的理念融入其中，注重软硬实力的灵活运用，使文化自信真正扎根于学生的心灵，形成强烈的感染力。通过巧妙运用，使硬实力发挥软实力的效果。软性力量与硬性力量相辅相成，共同产生效果。

第四章

新时代文化自信的历史使命

我们深知，在新时代中，增强"四个意识"、坚定"四个自信"、做到"两个维护"的思想路线，始终贯穿着一条主线，那就是为满足人民对美好生活的需求，为实现中华民族的伟大复兴，为世界人民的大同而奋斗的初心与使命。由此，我们可以看到，在目前的阶段，中国共产党仍是一个"以马克思主义为核心，以任务为核心的政党"，这一点是不容置疑的。

第一，在当前仍不能抛弃马克思主义在意识形态领域的指导地位，以及对我国当前社会主义建设三大规律的充分把握；始终坚持以人民为中心的执政思想，把推动国家现代化、促进人的全面发展作为自己义不容辞的责任，并把实现共产主义社会、大同世界作为自己的重大任务，从而表现出强烈的主体意识和使命情怀。正因为我们有一种强烈的使命感，我们才能克服许多困难，创造许多奇迹。贫困问题的成功解决是另一个人类历史上的奇迹。在此基础上，我们中国人应担负起文化的新任务，担负起文化的新职责，以推动我们国家的近代化。可以说，如果没有了这一点，新时代，我们文化的建设和发展，就会没有了价值基础，没有了方向，没有了前进的动力，也就没有了文化自信，没有了文化自信的历史使命，也就成了镜花水月。因此，我们要深刻地认识到新时代、文化自信所肩负的历史任务，即：推动任务是为"四个伟大"的目标提供强有力的精神力量。

第二，"以人为本"的目标任务，是"以人的意志为本"，是"为人的意志"的主要内涵，也是"为民服务"的根本特征。

第三，"主体性"任务是指要坚持以人为本，以满足人的美好生活需求为己任。

第四，以文化为载体，支持道路自信理论自信制度自信的学术研究是其功能的任务。

第五，"国际任务"包括拓展现代化的路径，积极参与全球治理，走出一条走和平发展之路。从这一点可以看出：动力性任务，目标性任务，主体性任务；功能性任务与国际任务是新时代与文化自信这两个历史任务的具体体现，它们在中国特色社会主义的伟大实践中是统一的，动力性任务指的是文化自信在社会主义现代化建设中所起的巨大作用，目标性任务与中国特色社会主义的发展目标相一致，主体任务指的是强调中国特色社会主义的人民主体地位，功能性任务指的是中国特色社会主义的四位一体结构。"国际任务"是从中国特色的社会主义现代化建设所面对的外在环境出发进行的。因此，对新时代与文化自信进行多层次、多角度的认知与认识，也就是我们的任务。

一、新时代文化自信的动力性使命：为实现"四个伟大"提供强大精神动力

恩格斯在他的著名著作《终结》中说："人的实践活动是对客观世界的一种"情感、思想和动机"。"意志"，指的是达到自己想要的目的，并将其转化为自己想要的力量。也就是说，一个人的行为，必须要有心理上的支持。从这一点可以看出，精神力量指的是意志、情感等精神因素，这些因素对人们的实践活动起到了促进作用。如果一个人没有了精神，他就不能站得住脚，一个国家没有了精神，他就不能强盛。任何一个国家，如果失去了文化的共同精神基础，那么它的行动将会举步维艰，举步维艰，难以团结一致，难以创造出一种伟大的精神力量。只有在某种文化、精神、道德等内化为人的理念时，才能真正实现。只有有了信仰和决心，我们才能获得自己所需要的强大的精神动力，并将其转化为自己的强大动力。这不仅是文化自信产生的内在逻辑，而且也是完成它的历史任务的一条重要途径。中华民族在其发展历程中所形成的民族精神，至今仍是中国式现代化建设的有力支柱，是人类文明进步的重要驱动力。可以说，在人的实践中，精神力量是必不可少的。新时代和文化自信的历史任务，在"四个伟大"的征途上，第一次被赋予了巨大的精神力量。在新时代中，"四个伟大"既是我们党的执政方略，又是我们的统领全局，更是我们开展工作的总着力点。我们可以说，"四个伟大"是我们党的历史任务的一个总体概念。在这

个伟大的征途上，对中华优良的文化、革命的文化、社会主义先进的文化的传承与发展，将为新时代中国的精神谱系与逻辑思维提供一种有力的精神力量，从而为"四个伟大"的实现提供有力的精神力量。这就是文化自信新时代所肩负的历史责任。

（一）文化自信为开展"伟大斗争"提供强大精神动力

辩证唯物论认为，矛盾是推动事物发展的主要动力，凡是存在矛盾的地方，都会有一定形式的斗争。我们要始终坚决反对消极松懈、忽视矛盾、逃避斗争的言论和行动。实际上，中国共产党的成立、新中国的成立、改革开放以及推进有中国特色的社会主义，都是在斗争中酝酿、推进和成就的。我们所说的"伟大斗争"，就是回答一个重要问题：我们应该怎样的精神状态，才能实现社会主义现代化，中华民族的伟大复兴。

自党的十八大以来，我们进行了一场伟争，就是全面从严治党，坚持新发展理念，摒弃过去的发展模式，反对贸易单边主义和保护主义，抗击新冠疫情，推进治理体系和治理能力现代化，全面深化改革。在中国特色社会主义发展过程中，改革发挥着重要作用，成为推进国家现代化建设的强大动力。面对新时代和民族复兴的战略机遇期，改革已经进入了克难期和深水区，各种利益主体之间的矛、对抗和博弈将变得更加明显。这要求我们在保持均衡和协调发展的前提下，持续进行制度创新，将强大的制度优势转化为治理效能，打破各种束缚，并克服利益固化的障碍。

然而，要坚持和不断提高文化自信，履行新时代的文化使命，就必须坚持中国特色社会主义改革的方向，获得并增强必要的自信和动力，使改革朝着预期的方向迈进。具体来说，文化自信为推动伟大斗争提供了强大的精神动力，体现在文化的开放包容、勇于创新的变革，要求我们对中华优秀文化有足够的倚重和学习。同时，革命性的文化、抗疫精神、脱贫精神等社会主义先进文化也是我们凝聚力量、增强信心、引领改革的精神保障。

在正确理解和处理为什么进行伟大斗争以及如何进行伟大斗争的问题上，特别是在当前社会阶层分化加剧、国际社会面临更多不稳定性、不确定性和风险挑战的时代，我们需要以文化自信为核心，整合各阶层的利益和精神，以文化引导和滋养为指导，以求同存异为目标，最大限度地达成共识。总之，我们要为新时代付出长期、艰辛和复杂的努力。

除了以上所述，我们还要反对一切歪曲、否定党的领导、否定中国特色社会主义道路、无视群众声音的行为；反对脱离人民、破坏国家统一、民族团结、社会稳定的言论。在增强文化自信和履行文化使命的过程中，我们需要在各个方面加强信念，提高认识，形成共识，凝聚起开展伟大斗争所需的强大精神力量。

新时代中，我们要解决的主要矛盾无疑也是一场伟大斗争，从长远来看，这也是我们所要面临和解决的重要问题。

（二）文化自信为推进"伟大工程"提供强大精神动力

在新的时代背景下，要充分发挥文化自信所蕴含的精神力量，就必须继续推动和加强意识形态工作，切实推动"伟大工程"的实施。中国共产党的领导不仅是我们国家的根本特点，而且是我们国家的最大优势，而且是我们国家的根本利益。这是党的十九大报告"八个明确"中的一个重要内容。在党的十九大报告的"十四个坚持"中，首先提出了"坚持党的全部领导"。也正因为如此，我们相信，新时代和文化自信的使命，"伟大梦想"的实现，都离不开党的建设这个新的伟大工程。我们要搞好中国特色的社会主义事业，搞好伟大的斗争，搞好伟大的事业，搞好伟大的梦想，搞好增强文化自信和完成文化的任务，这一切工作的成功与否，都取决于我们要搞好"搞好中国共产党的工作"。"加强党的建设"这个"伟大工程"，为中国人民走上社会主义现代化强国之路，提供了一个明确而又明确的答案，为推动"伟大斗争""伟大事业""伟大梦想"，提供了一个强有力的动力，是必要的，也是最基本的保证。我们党能在百年历史中不断实现奠基立业、创造辉煌、开辟未来的伟大壮举，其中一个重要原因就是我们始终坚持"打铁还需自身硬"，始终有勇气和魄力进行刀刃向内的自我革命。我们党在一百多年的历史中，之所以能成为一个百年大党，取得一个百年伟大成就，一个很大的原因就是到目前为止，我们党进行了六次具有代表性的自我革命。第一次，就是1927年武汉八七会议，这一次，对我们党中出现的机会主义现象进行了及时的批评。第二次，就是在1935年遵义会议上，对博古、王明他们"左"的错误路线进行了切实的纠正。第三次，是在1941年，在延安进行的整风，在全国范围内达到了前所未有的统一。第四次，是在新中国成立之初（从50年代起）进行的一次整党，这是一次克服主观主义，官僚主义，命令主义，改进和强化党和人民之间的关系的一次大变革。第五次，从十一届三中全会开始，就是彻底的"拨乱反正"，把全党的工作重点转向了经济建设。第六个方面，就是党的十八大以后，全面从严治党这个伟大的工程，我们要以刮骨疗毒、壮士断腕的决心，对腐败进行全覆盖、零容忍、不留死角的打击。特别是新时代，我们党推动的党的建设这一伟大工程，把社会主义国家对于党的执政规律的理解提高到了一个全新的时代水平，这为我们凝聚了人心，巩固了我们的基础，使我们能够更好地完成第二个百年奋斗目标。通过以上的分析，我们可以看到，中国共产党之所以伟大，并不是因为在过去的一百多年里，他从来没有犯过任何错误，而是因为他从来没有对自己的错误进行过任何掩饰，也没有任何的文过饰非，而是因为他愿意直面问题，敢于把自己的刀刃向内，敢于进行自我革命，从而展现出了很强的自我恢复能力。这是我党最大的优点，也是最鲜明的特点。纵观百年党史，以及上述六次里程碑性的自我革命，我们可以看到，我们党在进行刀刃向内、自我革命的过程中，一直都将思想建党与制度建党的有机结合起来。百年党史的经验和教训告诉我们，全面从严治党、推进党的建设这一伟大工程，既要依靠教育，也要依靠制度，一软一硬，同向、同时发力。但就我们现在的制度建设来说，已经有了很大的进展，"不敢腐"和"不能腐"的体制正在逐渐形成，而且成效也很明显，所以，要达到最终的"不想腐"，还是要靠意识形态建设来完成。其实，制度对一个国家的治理起到了根本的推动作用，然而，一个科学有效的制度的构想、设计和实施，却需要某种精神和道德的支持；以文化元素为依托，以之为本。如果我们的制度体系得不到大多数人的认同和支持，如果我们不能把好思想这个"总开关"，那么，无论我们的制度体系设计得多么完美，最终也只会流于形式，不能在实践中起到应有的效果。所以，要强化党内的思想建设，要有崇高的政治理想，要有正确的价值观，要"打牢执政文化和意识形态的基础，要有符合制度治党的精神基础"，只有这样，人们的理想信念才能得到进一步的巩固。然而，在认识中国共产党的特点和长处的同时，也要看到新的发展阶段对党的建设所提出的新要求和新要求，也要看到新的发展阶段对党的建设所提出的新要求。一方面，我们已经取得了全面胜利，实现了全面小康，向着共同富裕迈进了一大步；而与之相适应的，则是乡村振兴和社会主义现代化建设的新征程。新时代，新使命，对我们党的执政能力和执政水平的提高，都带来了新的挑战，新的要求。同时，对全党来说，也是"四大考验"。当前，国内外形势有了明显的变化，同时也产生了许多对党的先进性、纯洁性、革命性产生影响的不利因素和负面因素。从我们党的发展历程来看，我们党所面对的严重的执政考验主要包括：陈嘉庚和黄炎培在革命年代就曾对中国共产党如何才能有效地摆脱历史的轮回现象进行了探讨。新时代中，对我们党来说，最严峻的挑战是：成功后还能保持最初的心态，从革命党变成执政党后还能不能戒得了骄奢淫逸，还能不能收敛，这也是习近平同志中提到的"四个不易"。这一切都表明，我们党面临的是一场长期、复杂和严峻的考验。此外，改革开放，市场经济，外部环境，都是我们面临的重大考验。如果不能通过这种考验，将会造成一种精神懈怠，思维滑坡的混乱局面。所以，这样的现实状况，要求我们要"刀刃向内"，勇于变革，在提高文化自信的同时，也要进一步强化文化的使命感，为推动党的建设这个新的伟大事业，注入强劲的精神力量。因此，不管是从前几个世纪的历史，还是从我们党的未来任务出发，正如陈先达先生所言，文化自信，都与我们党的意识形态和理论建设有关。究其原因，归根结底，还是文化自信及其历史性的任务，给了文化强大的支持，给了新时代这一"伟大工程"以莫大的精神力量。

（三）文化自信为实现"伟大事业"提供强大精神动力

目前，推动中国特色社会主义伟大事业，涉及"举什么旗，走什么路"的重大问题，其基本要求是：要在中国特色社会主义的大旗上，从道路，理论，制度，文化四个方面，齐头并进。面对国际国内各种复杂的考验与挑战，我们必须有坚强的战略意志，才能把中国特色社会主义建设推向前进。所谓战略定力，就是在复杂的情况下，朝着战略的方向，所表现出来的原则性，信心；自信。可见，推动这一伟大的事业，不仅要有清晰的目标与追求，更要有坚定的理想与信仰，更要有强烈的信心与自信。因此，树立文化自信，树立文化的强烈使命感，是提高中国共产党的战略定力，特别是在战略上，在理论上，在制度上，在战略上的定力，是必不可少的。首先，从文化自信的角度出发，为我们进一步坚定道路自信的信念提供了强有力的精神力量。纵观到目前为止的人类发展史，任何一条发展之路的开辟与发展，都离不开某一种文化所提供的强有力的精神支持。中国特色社会主义建设道路，也是以文化为载体，以其为载体，以其优良的文化为载体，以其丰富的精神资源而得以实现和发展的。在过去的漫长的历史中，我们一直沿着一条与世界其他国家截然不同的发展道路前进。改革开放后，我们走上了中国特色社会主义道路，这是我们长久以来坚持的传统和文化的基因决定的。我们国家的文化传统源远流长，民族复兴的历史任务，以及社会主义初级阶段的基本国情，都决定了我们走的是一条不同于其他国家的发展道路。这条具有极大中国特色社会主义道路是我们探索出来的，并在实践中获得了很大的成功。可见，文化这一中国特有的传统具有十分重要的意义，这是我们认识和选择当今发展道路的基础，也是推动我们前进的强有力的精神力量。其次，从文化自信的角度出发，对理论自信的坚定进行了有力的精神支撑。我们所选择的一种理论，或使其得以持续发展与创新，是因为它与我国漫长的历史与特定的现实相一致，也是因为它与我国文化的传统相一致。张岱年，一位伟大的思想家，曾清楚地说过："中国人对马克思主义的接受，同中国的文化有着紧密的联系。我们之所以能接受这些经典作家的思想，也是因为这些经典作家的理论与我们文化中的基因相契合，使其永远不会消逝，因而也就拥有了永恒的价值（比如，马克思关于共产主义的思想，与中国文化中"尚和""求大同"的理念，在某种程度上有联系）。我国文化中的价值观念自信、思想观念自信、行动观念自信，在构建与创新中国特色社会主义理论体系的过程中，起到了很大的支持与推动作用。同时，理论自信也从信念、信仰和信念三个方面对"四个伟大"进行了奠基。最后，从文化自信的角度出发，对制度自信的坚定地提出了强烈的精神诉求。文化的传统与体制之间是互动的，互相影响的，文化是一种体制形成和运作的看不见的基础，任何体制都离不开某种精神上的文化。同时，某些社会体制也必然包含着或凸显着某些精神取向、价值逻辑以及文化的追求。也就是说，文化要靠制度来显示和表现，而制度又要靠文化来引导和推动。社会体制是文化思想的外部表现，它是人类精神生活的目标、观念和价值取向的强烈反映。我们根据自己的历史传统和民族特点，结合自己的文化，确立了人民代表大会制度，民族区域自治制度，社会主义市场经济制度，基层人民自治制度，这一切，都是在把自己的历史文化的基础上，完全结合了自己的历史传统和自己的历史。如果没有文化中的理论支持和价值引导，那么，我国的制度建设就缺少了文化中的必要土壤，也就缺少了制度创新所需要的精神力量。当然，我们也必须通过不断地发展与完善中国特色社会主义制度来推动我国的发展与进步，从而使我国强大的制度优势变为有效的治理手段。概括起来，就是要把"伟大斗争"做好，要把"新的伟大工程做好"做好；这些目标，都是为了实现自己的伟大理想。只有坚定的文化自信和强烈的使命感，才能为伟大的斗争、伟大的工程和伟大的事业，才能为伟大的梦想的实现，才能有更多的力量和向心力。文化自信中所蕴含的巨大力量，以及它的历史性任务，使得我们的伟大斗争、伟大工程、伟大事业、伟大梦想，在精神层面上达到了一种连贯的统一。文化自信所产生的强大精神力量，将为我国开创一个崭新的发展局面，开启社会主义现代化建设的新征程提供强大的精神动力。一个民族的灵魂，是由文化来塑造的，是由文化来塑造的。新时代、文化自信、文化的使命，对于我们在发展进程中把握主动，沉着应对各类风险、挑战，凝聚起向第二个百年奋斗目标迈进的强大力量、坚定前行意志，具有重要意义。

二、新时代文化自信的目的性使命：实现中华民族伟大复兴

联系我国的苦难历史和奋斗历史，我们知道，从 1921 年开始，我党就自觉地担负着一项艰巨的任务，从 1840 年开始，中国人就有了一个理想，也有了一个最基本的利益；我们要做的，就是要做一个伟大的民族复兴。这就是我们经常提到的共产党员的初心和使命。从这一点出发，习近平同志对我们的百年历史给予了高度的重视，在学习中，在反思中，在"党的初心使命，党的性质宗旨，党的理想信念"中，得到了深刻的启示。当然，在我们取得脱贫攻坚全面胜利，实现中华民族伟大复兴以前，我们还要切实完成乡村振兴，推进社会主义现代化建设这个前后衔接的历史任务。总之，提高新时代的文化自信的目标任务都是以成功地完成中华民族的伟人复兴为目标，是"新时代"的一个重要组成部分，也是"新时代"的一个鲜明体现。

（一）文化自信是巩固脱贫攻坚成果、实现乡村振兴的必然要求

一个国家要实现复兴，必须重振农村。消除贫困对我们民族来说是一项重大进步。自党的十八大以来，习近平同志就把扶贫工作作为国家治理的重要内容。经过前后 8 年的努力（期间有 1800 多党员在脱贫攻坚的道路

上牺牲），在建党 100 周年之际，我们终于取得了脱贫攻坚的全面胜利，创造了人类减贫史上的奇迹。下一步，我们要继续巩固脱贫攻坚成果，做好乡村振兴和脱贫攻坚工作的有效衔接。

首先，为了进一步巩固脱贫成果，我们必须增强文化自信，并完成文化建设的任务。脱贫攻坚的全面胜利是我们实现全面小康社会的重要一步，对于全面建成小康社会做出了巨大贡献。在中国历史的背景下，"小康社会"一词不仅具有经济特色，还蕴含着文明演进的含义，即文化中的进步。所谓的"全面小康"并不仅仅是一个简单的社会指标，它还体现了文化事业的兴旺、文化自信的提高以及文化任务的完成。因此，我们要继续推动文化的发展和改革，努力实现文化的小康建设。其次，我们也看到了农村发展中存在的问题，有些地方在取得一定成绩之后，仍然面临着发展能力不足、规模经济效应不强、人民生活水平不高等问题。这就需要我们丰富人民的精神文化生活，提高人民的精神文明水平，激发人民的主动性和内在动力，挖掘人民的智慧和力量。因此，我们要抓住文化自信为契机，进一步巩固和完善我国的扶贫开发工作。进而，我们应大力发展文化事业，增强文化自信，推进乡村振兴。2021 年 2 月 25 日，国家乡村振兴局在全国范围内成立，标志着由 20 世纪 80 年代成立的国务院脱贫攻坚领导小组转变为国家乡村振兴局。我们所面临的问题，无论在深度、广度还是难度上，都不亚于脱贫攻坚。为了实现第二个百年奋斗目标，实现民族复兴的伟大胜利，我们必须关注和解决乡村振兴这个重要课题。当前，城乡发展不平衡不仅在物质上表现出来，而且在文化和精神上也存在巨大差异。因此，在新时代，要想振兴农村，就必须注重文化建设。发展和振兴文化不仅是乡村振兴的内核，也是其必然要求。尤其在当前的条件下，这个问题更加紧迫。随着现代化进程中城乡地位的逆转，许多观念、传统和价值观念逐渐消失。因此，文化和自信的建设成为乡村振兴的必经之路。

徐勇先生指出，现在的农村问题是一个范围广泛的问题，这是有道理的。随着社会主义市场经济的深入发展，我国的生产力水平得到了提高，人民的法治观念和正义观念也得到了提高。然而，随着社会主义市场经济的发展，物质和价值观念的"物化"倾向不可避免地席卷了人们的生活。在利益驱动下，农民逐渐成为社会化、市场化的小农户，接受和贯彻了商品社会的法律，传统的血缘关系和道德规范逐渐消失。这种变化导致了农村社会自律机制的失灵，对农村优秀传统文化和文明的"脐带"造成了伤害，这与社会主义核心价值观念和乡村振兴的基本要求相矛盾。现在，农民最大的问题不是物质缺乏或体力消耗，而是找不到生活的意义和价值。因此，我们认为构建文化和自信是实现乡村振兴的必要途径。

（二）文化自信是全面建设社会主义现代化国家的应有之义

"四个全面"是习近平新时代中国特色社会主义思想的重要组成部分，也是实现第一个百年奋斗目标的根本遵循。在"十三五"目标完成、脱贫攻坚取得全面胜利之际，2020年10月召开的十九届五中全会进一步深化了"四个全面"的概念，并从四个层次上提出了相应要求，这是新时代新形势下的新表述。在脱贫攻坚和全面建成小康社会的基础上，十九届五中全会对形势作了判断，提出了全面建设社会主义现代化国家的历史任务，并对"十四五"经济社会发展以及2035年发展规划提出重要指导意见。与此同时，十九届五中全会还确定2035年作为建设文化强国的目标，凸显了文化要素在我国现代化建设进程中的重要地位。基于此，我们提出了"新时代的新征程，新时代的新阶段"的观点，即在"五位一体"基础上，实现人的全面自由发展和人的现代化。因此，更多关注文化在社会主义现代化建设中的地位与价值，提升文化自信，完成文化的任务，成为当务之急。以"文化人"为核心的思想，正是我国社会管理的一个重要特色。当今学界所强调的"文化之治"就是充分利用文化的特殊功能，实现政治、经济、社会的多元治理目标。文化在这一过程中发挥了重要作用，其意义在于：第一，目前的国家管理体制，尤其是体制层面上的安排，文化是在生产力发展、经济发展基础上，不断丰富和完善的产物。第二，文化以制度为具体形式，以制度为核心，通过与国家治理体系和能力的紧密结合，推动制度创新和现代化治理。没有文化的支持，就难以有科学、创新的制度，也无法实现国家治理体系和治理能力的现代化，更无法拥有源源不断的发展动力。第三，在加强文化自信、完成文化任务的过程中，优良传统文化、革命文化、社会主义先进文化等，如"抗疫精神"和"扶贫精神"等，在道德滋养和价值导向方面对提升人们的精神境界和调节社会利益冲突起到了不可忽视的作用。这正是文化自信和"文化人"在推进社会主义现代化建设和治理现代化进程中的重要意义。

（三）文化自信是中华民族伟大复兴的基本标志和重要内容

决胜脱贫攻坚、实现全面小康后，我们要有序衔接推进乡村振兴，开启社会主义现代化建设的新征程，最终实现中华民族的伟大复兴，国家强盛，民族振兴，人民幸福。要实现这一历史使命，除了科技进步、生产力提高、物质财富丰富、正确的前进方向和强有力的制度保障外，加强文化自信、实现文化的使命，提高国际话语权和国际影响力，也是伟大复兴的根本标志和重要内涵。没有中华文化的繁荣昌盛，就不会有中华民族的伟大复兴，这正是文化自信在中华民族伟大复兴中的重要作用。

只有经历过繁荣的国家，才能体会到复兴的可贵；只有一个经受过苦难的国家，才会对复兴有着深刻的渴望。新时代和文化自信的发展，都离不开对国家复兴的强烈期盼。没有文化自信、没有使命感，一个国家就会失去前进的动力，失去实现梦想所需的力量，让自己的梦想成为泡影。

文化自信是指文化的主体对自身的价值观念、思维方式和行动方式完全认同，并坚信自己所在的文化在实际功能和未来生活中的重要作用。而文化自信的坚定程度与道路自信、理论自信、制度自信密切相关。因此，文化自信的坚持和实现文化使命是一个非常重要且关键的问题，它将影响到我们国家的未来，也将影响到我们能否成功地实现中华民族的伟大复兴。

在整体布局中，"五位一体"，文化自信具有独特的地位。它是"全面小康"之后，"四个全面"战略布局的重要组成部分，将有力推动中国特色社会主义事业的发展。可以说，"十四五"是我国全面建成小康社会、全面推进社会主义现代化建设、实现中华民族伟大复兴的关键时期。习近平同志关于文化自信的论述揭示了实现中华民族伟大复兴为宗旨的文化自信的自觉任务。在新时代，文化自信等符号自身也是一个基础性的组成部分，是民族复兴的重要组成部分。

三、新时代文化自信的主体性使命：满足人们对美好生活的需要

中国共产党的百年党史，是与人民同呼吸，共存亡的一段历史。因而，在新时代与文化自信的创作中，也一定有一个重要的主体性任务，即要充分发挥文化的发展、文化自信的不断提高、文化的完成等在满足人民美好生活需求方面的重大价值，从而确认并突出新时代的民众主体地位。

（一）新时代文化自信必须彰显人民主体性地位

《共产党宣言》中提出了无产阶级的目标是解放所有人、代表广大人民群众的利益。中共的历史经验证明，人民群众的地位至关重要，我们必须始终坚持突出人民的主体地位，与人民群众携手并肩，共同面对荣辱、福祸，"有盐同咸、无盐同淡"。以人为本是马克思主义政党的显著特点之一。贯彻"以人为本"的发展思想，在新时代突出"以人为本"的主体地位，是文化自信的重要任务，也是体现价值取向的关键。民众是文化自信提升的起点和归宿。文化建设的成果、文化自信的增强、文化使命的完成都需要广大民众来评价和判断。

首先，要使新时代在文化上更上一层楼，增强文化自信，我们必须坚持"以人为本"。历史的创造者是人民。回顾百年党史，我们可以看到，我们取得的一切成就都是中华人民用自己的努力和智慧、双手创造的，而不是任何外部力量的恩赐。因此，在我们充当广大民众的"剧中人"同时，更应该尊重他们作为历史的"剧作者"，充分调动广大民众的积极性和创造性。正如我们要在新时代推进文化自信、完成文化使命一样，最终还是依靠人们推动文化的创新与发展。

其次，人民群众不仅是历史的创造者，也是历史的见证人和评判者。"出卷者"是时代，"回答者"是我们，而"批评者"也是我们。文化建设的成果、核心价值观的深入人心、文化自信的真实提升、解决新时代社会主要矛盾的有效性，甚至包括人的主体性等，最终都要由人们来评判和判断。

因此，在推进文化建设、增强文化自信、完成文化使命的过程中，我们要充分听取人民群众的意见和建议，尊重他们对于文化建设的参与和评价。只有与人民群众紧密合作，共同努力，才能实现文化的发展，提升文化自信，满足人民群众对美好生活的期望，推动社会的进步和发展。

（二）主要矛盾的有效解决彰显人民的主体性地位

任何一个社会都是一个不断变化的有机体。在这个有机体中，存在着众多矛盾，其中某些矛盾起着决定性的支配作用，它的存在和发展变化将影响其他矛盾的发展变化。只要我们抓住这个主要矛盾，其他问题就能够得到顺利解决。在各种社会矛盾中，主要矛盾起着主导作用，正确处理主要矛盾对国家发展有着重要的影响和制约作用。处理好新时代中的社会主要矛盾，关系到我们的社会主义现代化建设，关系到我们的国家的伟大复兴。我们当前已经进入了"最重要的时期"，在这个新的历史发展阶段，我们要最大限度地发挥人民群众的主体作用。广大人民群众是历史的先行者，在完成当下时期的历史任务中起着决定性的作用。因此，我们要坚持"以人为本"，将人民置于新时代的核心地位。文化建设与文化自信的提高，正是对主要矛盾的突出反映，也是对人民主体性的充分尊重。我们要增强文化自信，履行文化的使命，坚持以人为本的根本原则，切实落实到提升人们生活水平的实际行动上。国家领导人从党的十八大开始就一直强调，要以广大民众为中心，以增强文化自信、完成文化使命为核心，满足广大民众的精神需求，实现文化的社会价值，推动国家文化的发展。在新的社会主要矛盾中，"不平衡不充分的发展"是其中最重要的方面，它是满足人民美好生活需求的"主要制约因素"，对事物发展方向有着重要影响。在当前全面建成小康社会的时期，实施乡村振兴战略是解决城乡发展不平衡、不充分等问题的重要举措。但是，在乡村振兴过程中，文化的先行至关重要。我们要大力开展文化事业，满足人民对于文化的精神需求，解决农村日常生活中"休闲无意义"和"价值感缺乏"的问题。这样做不仅能为广大农民带来获得感、意义感和快乐感，还能稳定人心、留住人才，为乡村振兴创造必不可少的文化氛围。回顾过去 8 年来我国精准扶贫的发展历程，我们可以看到，在扶贫进程中，文化的要素对于"扶志"和"扶智"的有效推动作用非常明显。在解决"不平衡、不充分"矛盾的重要层面上，推进文化自信、落实文化使命，对于农村现代化具有同等重要的意义，甚至在很多时候能够起到引领作用。总之，新时代的主要矛盾受到文化的影响，受到农民积极性和创造性的引导，推动乡村振兴至关重要。

（三）美好生活需要蕴含着鲜明的文化维度

以人民为中心、坚持人民主体地位的发展理念，不仅仅停留在口头上，更需要在实际行动中得到体现和落实。在经济社会发展的各个领域，我们都要突出人民主体地位，始终把广大人民群众的根本利益放在首位，维护并促进他们的利益。实现广大群众的根本利益，体现他们在时代中的主体地位，首先要解决新时代的主要矛盾，让人民群众过上美好生活。这个问题之所以复杂，是因为新时代的主要矛盾不仅仅是生产力的提高、科技的创新和利益的分配，更是关乎人的全面发展、人的自由的哲学问题。

美好生活的内涵是人的一种心理判断和价值期望，它不仅仅包括物质层面的需求，更是文化精神的体现，是对于意义和价值的追求。为了满足人民对美好生活的需求，我们必须推动人的自由和全面发展，丰富人民的精神世界，提高人民的文化水平。文化的满足和精神境界的提升对人的全面发展起着积极的促进作用，对于人们追求和创造美好生活具有积极的意义。

如果一个人在物质上取得了一定的发展，但却失去了对文化的渴望，失去了对理想信念的追求，那么"美好生活"就会失去意义和价值，人的主体性就会被掩盖，人的生命形态就会受到异化，变得不完整。无论是在何时何地，物质享受都应该有所节制，当享受变成人们唯一追求的最终目标时，这种享受就会沦为兽性的功能。所以，"没有文化，就没有有灵魂的人生"，这一点是不容置疑的。因此，要想有效地化解新时代的社会主要矛盾，就必须增加文化的公共产品供给，丰富人民群众的文化精神生活，增强人民群众的文化自信，推动人的全面发展。而解决这一主要矛盾，正是新时代与文化自信的主体任务，也是文化自信不断发展的必然和紧迫所在。

随着我们取得的历史性成就，我们必须反思发展和进步的道路。正如前面所提到的，尽管历史唯物主义非常重视物质生产对社会发展的影响，但经典作家们从未否认人的存在的意义和价值。为了凸显新时代的人民主体地位，践行"江山就是人民，人民就是江山"的执政理念，我们在减贫方面探索了一条新的道路，这也是宝贵的经验。在这个征程中，我们坚持"上下同心、全力以赴、精准务实"，体现了坚持人民主体地位的宗旨。总而言之，在新时代和文化自信要真正发挥作用时，必须始终体现人民的主体地位。

四、新时代文化自信的功能性使命：为道路自信、理论自信、制度自信提供文化支撑

《中国共产党章程》清楚地表明，我们自改革开放以来，能够取得历史性的全面成就的基本原因，是因为我们的社会主义在坚持自己的道路、创新自己的理论体系、完善自己的制度、丰富自己的文化等方面取得了长足的发展，使我们的中国特色的社会主义取得了长足的发展。然而，我国有中国特色的社会主义并非空穴来风，而是在继承文化几千年的中国传统的基础上发展起来的。其中，文化自信更是起到了"基础""深层"和"持久"的功能。这说明中国特色社会主义在文化方面有着深厚的根基，新时代和文化自信在其他三种自信方面所承担的功能任务，正是文化的支持。

（一）文化自信是道路自信的重要支撑

不管是革命、建设、改革，还是我们的"站起来""富起来""强起来"，甚至将来的民族复兴，这都是一个基本的、全局性的问题。自从改革开放以来，我们始终保持着对"左"和"右"的清醒认识，明白走老路、改旗易帜的道路只会摧毁我们的社会主义事业。正是因为坚持中国特色社会主义道路，我们才能够开辟出一条在千锤百炼中任凭东南西北风的新路。我们对这条路的坚定把握，很大程度上是因为我们沿着中国特色社会主义道路取得了全面的、历史性的成就。在新中国成立之初，我们只能制造一些低端的产品，例如桌椅、碗壶、粮食和纸张，而"汽车、坦克和拖拉机却一辆也造不出来"。然而，在长期的改革过程中，我国无论是经济总量、制造业规模还是总消费，都已经跻身于世界前列。特别是在党的十八大以来，我们有效解决了长期困扰我们的一系列问题，实现了我们长期梦寐以求的发展目标，在党和国家的多个领域都实现了历史性的变革。毫无疑问，正是因为这一系列的成就，我们对中国特色社会主义道路充满了自信。这些成就从根本上回答了"四个为什么"等重大问题。

此外，我国几千年来在文化历史进程中形成了独特的文化传统和基因，这也是我们能如此坚定地推行自己道路的关键。实际上，无论哪条发展之路，都具有明显的"文化依赖性"。一个国家所选择的发展道路，是由文化的特殊传承、历史经验、国情和发展时期所决定的。我们对中国道路的强烈自信，正是因为我们拥有深厚的文化传统和强大的文化自信。正如古代文人所言，人们是"剧作者"，他们在社会生活中具有主观能动性，但他们并不是任意行动的，他们的行为都建立在传承和创新的基础上。一个族群的精神传统和文化基因常常在无形中影响着其未来的发展轨迹，尤其是在面对历史变迁和道路选择时。中国特色社会主义的形成和发展既有理论指导，也有制度保障，更有文化的承载力。正是基于这一文化，我们找到了我们的道路，并取得了巨大的成功。

（二）文化自信是理论自信的重要支撑

正如古代作家们所说，一个理论对一个国家的需求有多大，对它的需求有多大，就能看出它的生命力。只有拥有正确的理论，才能取得成功的实践。因此，如同前面提到的道路自信的来源，理论自信的根源在于实践，在于效果，它使我们在马克思主义的指导下取得了广泛而全面的成果。但同时，文化自信为理论自信提供了重要的依据和支持。首先，理论自信是文化自信的具体表现。文化涵盖了各种类型和领域的精神现象，而理论体系以文化的逻辑性和综合性的方式展示出来。从本质上讲，这一理论属于文化，它是文化中特殊的一部分：首先是文化的孕育，然后是理论的创造。正如一棵树需要生长，理论只有在文化的基础上，通过充实和创新才能不断发展。文化的生命力和活力才能使其理论始终保持活力。从这个角度来看，文化自信为理论自信奠定了基础。文化的发展历程早已经表明，文化既是理论不断充实的"充电器"，也是理论创新的"发动机"。可以说，文化的内涵之丰、作用之大、研究层面之深度，从某种意义上说，决定了理论的丰富度，进而影响了理论的成败。因此，理论自信从本质上讲是一种特殊的文化自信，它更强调文化自信所体现出的思想保障和核心价值观的评判。其次，实现和提高文化自信是理论创新的先决条件。如果缺乏持续有效地进行理论创新，理论自信很可能沦为形式主义和教条主义。从一百多年前的开天辟地，到新中国的建立，再到伟大的改革开放，我们党领导中国人民战胜了一切困难，取得了胜利。这很大程度上与我们不断进行理论创新有关，这是一种巨大的进步。同时，马克思主义是文化自信思想的具体表现，也是思想政治教育的重要内容，对我们的思想政治教育起着不可替代的指导作用。因此，在解决新时代中国面临的实际问题时，我们必须坚持以马克思主义的立场、观点和方法进行分析和解决，才能实现理论的创新。没有这种文化自信，所谓的"理论创新"将陷入"盲目"和"新颖"的误区，从而失去理论自信的基础，也失去了理论发展的基础。因此，文化自信自然地包含了理论创新的成果，并且得到了认可。这也是为什么文化自信在当前对马克思主义理论进行充实完善的过程中具有重要意义，它具有"关注中国问题，坚持中国立场，开拓中国视野；建设中国理论，建设中国话语"的特点，是我们坚定理论自信、进行理论创新的先决条件和依据。

（三）文化自信是制度自信的重要支撑

在 2012 年，党的十八大审时度势，将"中国特色社会主义制度"的概念作为一个重要的理念，进一步丰富和发展了中国特色社会主义的内涵和外延。从上述内容可以看出，文化是一种制度建立、变革和创新的潜力，而文化要素则是一个制度是否能够长期存在并发挥其应有功能的关键。换句话说，一个社会的基本制度通常是在某种文化环境和积累中孕育并确立的。相应地，当一个人将某个制度设计看作基本的价值评判标准，并将其作为推动国家治理体系和治理能力现代化的起点时，这个制度也成为文化中的一种观念。

因此，文化和制度这两个元素并非在社会发展过程中是分开的，而是相互影响、相互作用的。总之，文化对于体制的有效构建、坚守立场、彰显价值等方面起到了巨大的作用，并对文化的形式和面貌进行了重新塑造。文化与"体制"的紧密联系显示出中华文化不仅是中国特色社会主义制度形成和有效运行的基础条件，也是一个具有重要现实意义的"场所"。因此，文化自信与制度发挥作用、提高制度自信水平密切相关，具有深远的影响。从这一点可以看出，中国特色社会主义制度是自信的，也是中华文化的坚持与自信。特别是在新时代的酝酿和构建过程中，更突显了文化的精神内涵、价值追求、人文关怀和理想信仰等要素，这些要素都具有中国特色。虽然我们在现代社会面临着怎样的历史问题，但这些问题无疑是我们国家长期的历史传承，是文化的延续、长期的积累、逐渐地改进和内生性的演变。制度自信以理论自信为精神特征，以道路自信为实践本色，以文化自信为价值底色。文化在很大程度上影响着人们在建立某种制度时的初衷、追求和价值取向，因此，文化自信对于制度自信的形成具有重要作用。因为任何一种制度的设计、运行和演化都离不开某种文化的基础和积累，都离不开某种文化的思想观念和价值追求，所以没有一个国家的制度可以说是一座"凭空建造的山峰"。正如郑永年所说，要建立稳定而有效的制度，就必须寻找与自己的发展方向相适应的文明模式，并在文化的制度中进行改革，使文化的制度形态更加丰富。各国应以本国过去的历史和文化传统为出发点来确立自己的制度体系，只有这样，它才能更科学、更稳定，才能更好地得到民众的支持与信任。总之，文化中最重要的部分就是信仰。以文化中的信念凝聚民族复兴所需的精神力量，以文化中的理想信仰为实现"第二个百年奋斗目标"提供价值指引。文化能洞察未来，能启迪人们的智慧。文化既能传承过去，又能开拓未来。文化是一种激励，是一种释放。文化自信是道路自信、理论自信和制度自信的精神食粮和价值导向的体现，因此，它是三种自信贯穿其中的思想体系。此外，作为观念形态的上层结构，文化是对中国道路、理论和制度的表述和精神凝聚。只有在文化自信的基础上进一步提高，在国际上的话语权进一步增强，我们对中国特色社会主义的信心才会更足。所以，新时代的文化自信对另外三种自信的有力支持成为其功能和任务的一部分。

五、新时代文化自信的国际性使命：拓展现代化路径、积极参与全球治理以及引领和平发展道路

我们党是一个以使命感为特征的政党，它有着宽广的国际视野和全球视野。党的十九大把维护世界和平，实现共同发展，这是三项重大历史任务之一。我们党的三个主要目标中，有一个就是"为人类谋和平与发展"，从这一点来看，我们的初心、使命中蕴含着一种国际责任感，这一点，从习近平同志在 2021 年年初的党史学习教育中的讲话中可以看得出来，我们党是一个为人民谋福利、为人的自由与全面发展、更是为全人类的进步而努力的党。因此，在新时代中，既然有中国特色的社会主义实践提供了中国的智慧与方案，那么，文化自信就应该凸显出它的国际使命：为发展中国家开辟一条通向现代化道路。

（一）拓展发展中国家走向现代化的途径

长期以来，在一些西方资本主义国家的大力推动下，一群以拉美为代表的第三世界国家也开始效仿欧美等发达国家，奉行西方的现代化模式。然而，无论是英美式的古典现代化还是拉美式的依赖式现代化，都存在诸多问题。个人成为追求物质财富的工具和手段，对"发展"概念的狭隘理解，简单地将现代化与提高生产力等同起来，这些问题都是显而易见的。欧美发达国家存在严重的"资本本位"社会，拉美地区则面临"过度城市化""严重的环境污染"和"落后的基础设施"等问题。

尽管依赖式的现代化之路在一定时期内可能会带来较快的发展速度，但长远来看，这条道路只会适得其反。西方发达国家之所以如此热衷于宣传自己的现代化之路的"普世性"，不是出于真心帮助第三世界国家实现富强、民主、自由等重要价值观，而是为了在当今世界上取得思想上的主导

地位，追求资本逻辑和资本增值。走上依赖式现代化之路，就像我们在洋务运动中所遭遇的那样，我们常常处于巨人的欺压之下。欧美各国在现代化之路上并不会给予我们同等的发展机会，甚至在关键技术方面可能扼杀我们的生机。在这种方式下，后发国家不仅无法顺利解决过去的社会发展问题，还可能面临新的社会矛盾和政治动荡，错失进入现代化的良机。

特别是在当前"百年未有之大变局"的背景下，这样的机会显得格外宝贵。然而，这条依赖式现代化之路常常将我们引向"拉美陷阱"。回顾人类历史，我们会发现，迄今为止还没有一个民族在完全依赖外国力量的情况下，简单地模仿他人、生搬硬套的方式取得了成功的富强和崛起。那些落后的国家要么成为他国的附庸，要么遭受严重打击。相反，中国改革开放以来取得的历史性成就向世界明确表明实现现代化的道路和方法绝非只有一条。只要我们明确前进方向，并坚定不移地努力奋斗，就一定可以有力地验证"条条大路通罗马"这一千古不变的真理。

作为世界上最大的发展中国家，即便是在新时代，我们也仅用了不到50年的时间，完成了欧美等发达国家花费了三四百年才能完成的任务。在这一过程中，我们经历了无数艰辛困苦，克服了重重险阻。更为重要的是，我们的成功并非简单模仿西方的现代化方式，而是走上了一条具有中国特色、符合时代和民族特点的现代化之路。这种理论的科学性和先进性使其被一些西方学者称为"中国模式"和"北京共识"。

自党的十八大以来，我国的现代化建设经历了历史性的变革，特别是在十九届五中全会之后，我们的现代化建设进入了新的历史起点，对实现社会主义现代化的总体目标和路线图向全世界作出了更加清晰的表述。目前，我们取得的伟大成就为人类未来的发展指明了一条全新的现代化道路。在当前"百年未有之大变局"背景下，全球治理问题凸显，我们为妥善应对人类问题提供了可借鉴的智慧和方案。

这一点也与邓小平同志在改革开放初期对我们国家现代化的期望

相吻合，即中国的改革开放必将在国内外产生影响，成功之后将进一步扩大社会主义的国际影响，为其他国家的社会主义建设做出自己的贡献。上述重要结论表明，"中国的现代化可以为其他后发国家提供经验、智慧和方案"，这在我们刚刚全面胜利地打赢脱贫攻坚战的过程中已得到验证。

在中国的历史长河中，我们从屈原感叹"民不聊生，民不聊生"，到杜甫期盼"大庇天下寒士俱欢颜"，贫穷一直是制约人类进步的顽症。《贫困的哲学》（注：蒲鲁东是著名经济学家）探讨了贫困问题，而马克思的《哲学的贫困》则是为了与贫困作斗争。古代消除贫穷是治理国家和改善人民生活面临的最大困难。以我国为例，几千年来的艰辛历史证明，人民共同奋斗的团结是无法缺少的，离不开脱贫的重要环节。

作为全球最大的发展中国家，我国面临着发展不平衡、不协调的问题，尤其是深度贫困地区人口众多，脱贫难度极大。然而，我们始终坚持走中国特色的社会主义现代化之路，用了八年时间成功实现了脱贫攻坚目标，创造了历史上最伟大的发展奇迹。我们从贫穷迈向富裕，从饥饿迈向富足。比起联合国在 2015 年提出的到 2030 年彻底摆脱赤贫的目标，我们提前了 10 年实现了这一目标。同时，我们在 4 月 6 日发表的《人类减贫的中国实践》中总结出了"以人为本""以发展为本"等六条扶贫经验。这种新的扶贫路径对于第三世界国家实现脱贫具有重要现实意义。可以说，在攻坚克难、消除贫困的进程中，我们党不断探索有效的扶贫规律，并在此基础上形成了一套富有成效的政策和制度体系。我们提出了扶贫道路、反贫理论，并提出了具有中国特色的发展思路。这些理论和实践既具有中国特色，也对于第三世界国家实现减贫、改善人民生活以及实现现代化具有重要的现实意义。

（二）通过构建"人类命运共同体"和"一带一路"参与全球治理

新时代是伟大的时代，中国作为一个伟大的国家正在经历着世纪巨变。

国内外形势交织，相互激荡。中国和巴西作为发展中国家的崛起，是当前世界制度的显著特征。随着这场巨变，传统的西方发达国家，如欧美国家的综合实力出现了某种程度的衰退，他们在国际社会中发挥的意愿和作用也逐渐减弱，无法再为国际社会提供符合发展需求的新公共产品。总体来说，全球治理模式正在经历深刻的变革。特别是面对新冠疫情等全球挑战，受到单边主义和霸权主义的影响，这些国家的团结和合作意愿难以实现。当前，施政能力和多边体系受到多种影响，施政赤字也在逐渐增加。从全球的角度来看，国际势力平衡发生了明显变化，全球性挑战变得越来越复杂，这需要对全球治理体系进行改革。在迫切需要提高全球治理水平和改变世界秩序的情况下，尤其是发展中国家和新兴崛起的国家，更应该为推动全球治理体制的改革做出积极贡献。然而，在这幅迥然不同的画面背后，反映出了多元文化具有不同民族特色的多元文化。在这个过程中，我们必须坚持中国特色社会主义的文化自信，这样才能在共同决策、共享成果、共赢发展的治理理念中展现出应有的价值。今天，我们能够为这个进程做出贡献的原因之一是我们拥有文化的血脉，文化的精神命脉。文化思想倡导和合、大同追求，倡导多样性和交流互鉴，在不同文明之间共存共荣，而不是隔阂、冲突和斗争。我们主张推进更加民主、平等的国际关系，主张在全球治理体系中平等对待大国与小国、强国与弱国、富国与贫国，赞成进一步扩大发展中国家在全球治理中的话语权和发言权。当前，我国面临着一些挑战，如治理赤字、发展赤字、民主赤字和中国威胁论，但我们仍然是全球治理体系与能力现代化的倡导者、推动者和实践者。在以"共商、共建、共享"为引导的新全球治理思想下，我们以"一带一路"为契机承担着国际使命。对于这个具有中国特色的社会主义国家来说，这是必要的。首先，在国家治理任务中，我们重视拓展参与世界治理的范围和广度，坚持独立自主原则，为建立人类命运共同体努力。随着经济全球化的深入发展，各地区和国家之间的联系和相互依赖达到前所未有的程度，彼此已形成唇亡齿寒、共命运的共同体。在这样的背景下，没有一个国家能够单凭自己实现发展进步，没有一个民族能够独自应对各种风险和挑战。各民族地区的发展需要合作、共享、通力合作，要真正践行人类命运共同体的理念。在大变局的背景下，我们必须以人类命运共同体的思想为指导，发挥各国人民的优势和智慧，共同解决世界面临的问题。其次，我们要积极推动"一带一路"的发展，提高国家在国际上提供公共产品的水平。新时代的文化自信要求我们坚持"共享发展"的理念，建立一个更能体现全人类意愿和诉求的和平、稳定、公正的国际新秩序。中国以"一带一路"为契机，引领世界走向更加开放、包容和普惠的方向，追求多赢的发展，使更多的人受益。我们要提供更多的国际公共产品，承担更大的责任和作用。在推进"一带一路"建设的同时，我们也积极为相关国家提供培训、交流和共享的平台和机制，以提高其管理能力。只有这样，我们才能更好地推动世界和平与发展。这也是我们在新时代、在文化自信的框架下承担的国际任务的重要内容。

（三）引领人类和平发展道路

西方人的崛起之路，以血与火写在了人类历史上，是一段殖民式、掠夺式的道路。西方强国的崛起，充斥着血腥和残酷，给第三世界国家留下了伤痛的记忆。修昔底德陷阱理论认为"强国必霸"，进一步加剧了西方对中国的威胁论。然而，我们中华民族始终坚持包容、和平、和谐的价值观。我们追求和而不同、和谐共处的理念，反对战争和霸权主义。我们的文化自信中蕴藏着汇聚众多文明的思想，强调和善、和平、和谐。说到底，和谐才是最重要的。我们反对"国强必霸"的观点，不同意中国威胁论，也不相信所谓的"大国政治悲剧"。我们认同《论语》中的"和而不同"的价值，这仍然对今天有重要意义。在新时代，我们要走向世界和平，以和平发展为己任。总之，我们相信中国的现代化之路必将冲破历史的特定枷锁，为人类打开通往和平发展之路。我们承担国际责任，引领世界和平发展。在新时代，我们取得了历史性成就，实现了与世界平等相待。我们也将在世界政治体制中发挥更大作用，以文化自信为国际意义。借助中国扶贫治理样本、反腐败、维护和平等领域的长足进展，我们积极参与全球治理，维护国际秩序，引领世界和平。文化自信将成为我们为创造更美好未来而努力的重要力量，为中国在国际进程中做出更大贡献。正是因为充分领悟了世情、国情、党情，正确理解了国家治理的规律，我们有信心在新时代推动文化自信。中国将与世界发展紧密联系，发挥国际责任。新时代和文化自信的国际使命，是一个大国应该承担的角色和责任。

大学生中国特色社会主义
文化自信培育的影响因素、
存在问题及其原因

一切事物的生存与发展，都是由内而外多种因素共同作用的结果，是什么因素对新时代大学生中国特色社会主义文化自信的培育产生了重要的作用？本章试图从主客观两方面对主客观因素进行分析、讨论、研究；而当前我国新时代大学生和中国特色社会主义文化自信培育工作中出现的问题，则与"培根铸魂"工作的实效有直接的联系，因此，对其中出现的问题进行深入的剖析，具有十分重要的现实意义。而这些问题必然有其产生的缘由，本章针对这些缘由进行了剖析，并"对症下药"，从而为我国高校新时代大学生中国特色社会主义文化自信培育活动的"培根铸魂"营造了有利的环境。

一、大学生中国特色社会主义文化自信培育的影响因素

"当代大学生文化自信之心的丧失，有其历史原因和现实原因。都是外在的和内在的。不管是私人的，还是学校的，还是社会的。"为了更好地推进新时代在我国大学生在培育中国特色社会主义文化自信的内因和外因，我们需要对新时代在我国高校培育中国特色社会主义文化自信的工作进行深入研究。

（一）个体文化素养的影响

新时代的大学生作为主体，对于培养中国特色社会主义大学生的文化自信起着举足轻重的作用。新时代大学生的文化状况和发展情况是培养中国特色社会主义大学生文化自信的重要基础和先决条件。根据一项调查显示，74.3%的新时代大学生认为大学教育对于培养他们的中国特色社会主义文化自信起着重要作用，这是可靠的证据。大学生的政治立场、文化理解、文化评价标准、文化学习能力、文化学习兴趣、教育经历以及教育水平，都在新时代中对于提高他们的中国特色社会主义文化自信起着重要作用。大部分大学生主体，包括辅导员、专业老师和非专业老师，深信个人因素对于培养中国特色文化自信具有重要作用。他们愿意通过购买专业书籍和

利用网络等方式提升自己的文化素养和获取知识。大部分大学生读者愿意积极学习中国特色社会主义的文化自信，并参与相关讨论。然而，对于那些存在负面文化行为的学生，需要有意识地引导并进行纠正和优化，以促进并加强我国新一代大学生的整体文化自信。

（二）学校教育因素的影响

作为一个重要的社会组织单位，学校在大学生进入社会方面扮演着关键的角色。根据一项问卷调查，有 80.24% 的新时代大学生认为学校教育对于他们的中国特色社会主义文化自信的培育起着重要作用，这凸显了学校教育在培养大学生文化自信方面的重要性。高校作为大学生的主要教育场所和关键领域，承担着培养大学生的教育重任。

高校教育的课程设置、师资队伍对中国特色社会主义文化教育的态度、教师自身的文化自信程度、教学方法等方面都对大学教育中的中国特色社会主义文化自信产生着影响。因此，高校教育在新时代大学生教育中扮演着不可替代的重要角色，对于培养文化自信意识形态的形成和发展至关重要。

同时，新时代为大学生的科学化、系统化培养奠定了基础。因此，我们需要科学地把握新时代对大学生中国特色社会主义文化自信的培育，引起关注，并重视内容的科学合理性。我们还需采取多种培育方式和方法，以提高培育效果。在这方面，必须紧密结合新时代大学生培养和中国特色社会主义教育，进行科学培育，以优化并校正对新时代大学生的文化自信培育，从而为他们的成长和发展提供支持。

（三）家庭教育因素的影响

家庭是每个社会个体孕育和启航梦想的港湾，家长则是他们成长和发展的启蒙老师。家庭中的文化素养对于其他家庭成员产生一定影响，因此对于新时代大学生等人的成长和发展具有重要意义。通过对新时代大学生的问卷调查，发现有 77.45% 的人认为学校教育对于培养新时代大学生的中国特色社会主义文化自信起着重要作用，并凸显了家庭教育在其中的重要性。

家庭因素在个人思维习惯、行为模式和价值观中起着独特的作用，特别是一个良好的家风和家教对于大学生的成长和发展至关重要。就新时代大学生而言，家长和其他家庭成员对于培育中国特色社会主义文化自信的重视程度、家庭成员对于培养大学生的文化的态度和方法、家庭文化氛围、家庭对于培育新时代大学生个人文化自信的引导等等，都对于培育新时代大学生的中国特色社会主义文化自信产生了不同程度的影响。

大部分新时代的家长都认为在培育和培养中国特色社会主义文化自信方面非常重要，他们关注孩子的文化自信，关心孩子的文化素质培养，支持孩子参加文化社会实践活动。然而，由于教育程度、社会价值观和发展方向的不同，一些新时代的家长可能更关注孩子是否能够掌握某种特长、获得相应的学位、具备英语水平和其他职业资格证书，以确保孩子能够拥有更好的生活和发展环境。

然而，我国部分新时代大学生家长对于中国特色社会主义文化的认识和学习还不够，家长和其他家庭成员对于中国特色社会主义文化整体素质较低，这对于新时代大学生家长的个人对中国特色社会主义文化的认知、理解和体验产生了一定影响。因此，我们需要重视家庭教育的作用，提高家长和家庭成员的文化素养，积极培养和引导大学生对中国特色社会主义的文化自信从信念到行动的全面发展。

（四）网络环境的影响

网络是我们新时代社会发展的主要媒体，它推动着社会的发展和变革，扮演着重要的角色。它不仅是我们传承文化知识的途径，也促进了信息的流通和传播，对于人类社会的文明进步和进化起到了重要作用。根据问卷调查，73.7%的新时代大学生认为网络环境在培育中国特色社会主义文化自信方面发挥了重要作用，这表明网络对于个体的成长和发展具有重要影响。

新时代大学生具备较高的自主性和对新事物的接受能力，使他们更容易接触到来自文化多元化的社会信息。在培育新时代大学生中国特色社会主义文化自信的过程中，各种专题网站、网络文化活动以及建设校园网络专题网站等都对新时代大学生的文化自信产生了不同程度的影响。因此，我们需要改善网络环境，为新时代大学生提供更好的学习和交流平台。

通过访谈，我们发现，大多数新时代大学生个人和教师认为网络对于培育中国特色社会主义文化自信很重要。多数新时代大学生能够利用网络工具进行网络实践，获取所需信息资源，甚至参与文化的社会实践。同时，大多数大学也十分重视网络对中国特色社会主义文化自信的培育，例如在学校官网上发布相关信息，建立自己的微博、微信公众号和专属网站，并开展文化自信的教育活动。然而，一些大学并没有充分利用网络平台来宣传和教育中华优秀传统文化、革命文化和社会主义先进文化等，对于网络育人的功能和价值认识不够，没有充分发挥网络育人的整体价值。

因此，我们需要更加重视网络对于培育中国特色社会主义文化自信的作用，充分利用网络平台提供优质的文化教育资源，激发大学生的学习兴趣和文化自信。同时，学校和家庭也要共同努力，加强网络环境的建设和管理，引导大学生正确使用网络，充分发挥网络在培育文化自信方面的潜力。

（五）同辈群体的相互影响

同辈群体是由一些在年龄、兴趣、爱好、态度、价值观、社会地位等方面相近并经常互动的人组成的非正式群体。在一定的时间内，每个人都会与一定的同伴群体一起成长、交流和互助，通过竞争才能共同进步。对于新时代的大学生来说，同龄人是他们在培养中国特色社会主义文化自信过程中不可或缺的重要力量。大学生中的学长、学弟、学妹等与他们在文化认知、运用、参与和评价等方面存在着相互模仿和比较的心理和行为，从而影响着他们对中国特色社会主义文化自信的培养。

通过访谈，我们发现大多数新时代的大学生认为在培养中国特色社会主义文化自信方面，他们的同龄人对他们有很大的影响。许多新时代的大学生会与同龄人一起讨论和互动关于文化自信的话题。在特定的时间和场合，他们会相互传授关于中华优秀文化、革命文化、社会主义文化等知识，通过不同的文化进行交流，实现智慧和思想的碰撞，进一步促进新时代大学生个人的共同发展，使他们在精神和思想上积极主动起来，形成一种"集体狂欢"。

然而，在我国，少数新时代的大学生存在着人际交往较为封闭，只关注学业而缺乏时间和机会与中国特色社会主义文化相关内容进行交流、讨论和切磋等情况。因此，无法实现与同龄人的"同频共振"，相互促进，无法达到文化素养的共同提高，也无法更好地发挥同龄人之间共同提高的平台。因此，在培养新时代大学生中国特色社会主义文化自信的过程中，我们应充分重视同龄人群体的培养价值，营造同龄人之间的对话、积极交流和共同进步的良好环境和氛围，努力使新时代的大学生在相互竞争的过程中，共同提升对中国特色社会主义文化的认同感和认可度。

（六）西方强势文化冲击

马克思认为，社会的本质是经济基础决定上层建筑。西方国家的经济发展较为先进，其文化也具有较大影响力。在中西文化的交流中，不同文化相互融合、交流和对抗的过程中，西方文化对中国的优秀文化、革命文化和社会主义先进文化等产生了冲击，同时也有一些西方的负面、落后文化观念对新时代大学生中国特色社会主义文化自信的教育实践产生了一定的冲击和影响。马克思主义哲学认为，没有任何事物可以封闭和固定，文化的发展是非孤立的，具有中国特色的社会主义文化发展面临着中西两种文化的冲突和融合。在不同文化之间的交汇、交流和交锋的时代背景下，我们不能忘记自己的初心，不能忘记中国特色社会主义文化的内核，必须以马克思主义为指引，努力寻求一条科学、有效的发展道路。

同时，新时代的大学生在培养中国特色社会主义文化自信时，也需要主动走出国门，科学应用"拿来主义"，有效地引入其他国家的有益元素，并结合中国特色社会主义文化和国内的发展环境，创造更好的发展条件。我们要坚持开放发展的思想，结合世界国情，根据国情和大学生的实际情况，积极吸纳国际社会的有益元素。我们相信，通过中西两种文化的碰撞，我们的文化自信具有光明的未来，我们在中西文化交流中可以正确处理各种矛盾，作出正确的行动选择。

在新时代和大学生群体中，我们急需以中国特色社会主义文化自信为指导，以特定的教育方式来科学地引导大学生。通过文化的熏陶和锤炼，帮助他们形成真正的文化自信，并逐步提高对中国特色社会主义文化自信的价值认同。我们要正确看待国家文化产物在发展中的作用，并辩证地对待外国文化产物的接纳和发展。只有如此，我们才能更好地引领新时代大学生走向更加灿烂的文化自信之路。

二、大学在文化自信培育方面存在的问题

自党的十八大以来，中华文化建设已经产生重大效果，中华文化的影响力以及中国文化的"软实力"已得到显著提升。在这片广袤的文化天地中，高校呈现出它们扮演的核心角色，作为文化中心以及人才的汇集之地，其重要性不容小视。同时，以文化为重心的高校德育工作亦为优化大学的学习环境做出亮眼贡献，高校文化建设已逐渐化为推动高校发展的精神动力。然而，我们必须要看到众多的问题尚在高校的文化继承与创新以及大学生文化自信培养过程中存在待解决的状况。

在对高校文化自信培养的现状进行调查、进行文化自信相关的采访以

及梳理相关文献进行分析后，我们发现高校文化自信培养过程中存在的问题包括文化迷茫、价值迷茫以及制度缺失等诸多问题。再者，创新匮乏、形式主义问题尖锐等挑战亦立即需要得到解决。

（一）文化迷茫

从高校的职能和性质来看，高校是国家培育人才的重要场所。对于每一位大学生而言，他们都是社会主义建设的建设者和接班人。因此，通过培育文化自信，让每位大学生对国家文化有全面的认同，并对我们国家文化的建设和传承具有重要的现实意义。

然而，随着全球化进程加快和网络信息传播的广泛，以及极端主义思想的传播，高校及其成员面临着不同的选择。与此同时，经济的快速发展使得文化，尤其是国粹文化，受到了很大的影响。在这样的背景下，高校作为一个社会单位，其追求利益的倾向日益突出，对文化建设和文化自信的培育也呈现出一种漠视和轻视的态势。

在一个名为文化自信的采访中，被问及"您对中国文化有多少认识"和"您阅读过哪些中国传统文化经典"时，大多数人回答"不太懂"和"很少阅读过中国传统文化的经典"。这说明高校文化教育存在很大的缺陷，高校文化教育的弱化势必会导致大学生的文化素养淡薄，文化自信意识的淡薄。

因此，高校需要重视文化教育的重要性，并加强对学生的文化自信培育。建立全面的文化教育体系，加强传统文化的普及与传承，鼓励学生深入了解和研究中国传统文化，培养他们对国家文化的认同和自豪感。同时，高校也应注重引导学生正确面对全球化和多元化的挑战，培养他们对自身文化的客观认知和审美能力，以更好地在跨文化交流中保持自信、自强。只有这样，高校的文化教育才能更好地满足新时代的需求，推动大学生的全面发展。

1. 大学生对中华传统文化缺乏广泛认同

中华优秀的文化是中国人在漫长的 5 000 年历史进程中形成的,它包括价值观念、思维范式、道德情操和审美追求等方面。中华传统文化拥有独特的价值体系,蕴含着丰富的文化内涵和精神财富,是中国人的精神家园。中华文化以优秀的传统文化为象征,描绘了中华民族的伟大精神图景,并为其成长和壮大提供了丰富的滋养。

然而,近年来,尽管中国的高校在中华文化与教学融合方面取得了一些成就,但要改变高校内外力量不平衡的现状,进一步加强高校文化和中华文化的融合,还有很多工作需要做。在中国《新闻周刊》对中国人民大学、北京大学和清华大学进行的一项关于大学生对文化传统发展状况的调查中,大学生被问及他们对文化发展现状的评价,对中国四大经典的未来发展趋势的展望以及对四大经典阅读现状的分析。

调查结果显示,在接受调查的大学生中,超过一半的受访者表示他们会选择英文书籍,仅有 43%的受访者会选择中国古代著作,这说明高校在培育文化自信方面仍然存在不足之处。高校对传统文化的认知不够充分,无法将中华传统文化与文化自信的培育相结合。因此,大学生对中华传统文化缺乏基础的了解,对文化特别是优秀文化的了解只是皮毛,不够深入和全面,导致他们对国家先进文化缺乏认同感,以及文化自信意识的严重缺失。

因此,高校需要加强对中华传统文化的教育与传承,将其融入文化自信的培育中。建立起全面的文化教育体系,鼓励学生深入了解和研究中国传统文化,使他们对传统文化有更深刻的理解和认同。同时,也需要提供更多的机会和资源,让学生在学习中华传统文化的过程中能够有更多的选择和兴趣。只有这样,才能够培养出具有强烈文化自信的大学生,为中国文化的传承和发展做出贡献。

2. 大学生对西方文化的认知存在误区

在全球经济一体化的背景下,中国与西方国家的交流日益增多,这也导致高校和大学生受到来自西方文化的思想和价值观的影响。在中西文化交流日益密切的今天，我们应该重视和学习中西文化在我国高校文化建设和发展中的作用。

西方文化以个体为中心，并以欧美实用主义和功利主义为代表。随着全球化进程的加快，西方文化的影响力也越来越强，例如扰乱主流思想、传播西方宗教、利用现代媒体向大众传播文化以及培养知识精英等。这种文化影响具有隐蔽性和彻底性，大规模的侵染会对原有文化产生极大的影响，甚至具有颠覆性的毁灭性后果。

高校作为文化的高地，一直以来都是各种文化交汇的地方。在西方文化对高校产生巨大影响的情况下，高校对文化的影响尤为深刻。在西方发达国家，为了传播和渗透文化，校园里会有意识、有目的地举办学术沙龙和学术讨论会。大学生的文化传播和其他活动也对高校文化氛围产生一定影响，甚至对高校的文化培育起到一定作用。然而，如果没有规范和约束，学术讨论和文化交流可能成为西方精神信仰和价值观传播的工具。

因此，我们应该在高校中加强对文化交流的规范与约束。要确保学术讨论和文化交流是开放、多样和均衡的，防止西方文化的一己之见主导学术和文化领域。同时，也要加强本土文化的宣传与传承，培养大学生对中华传统文化的认同和理解，加强对优秀传统文化的学习和研究。只有通过合理引导和培养，才能保持和加强高校的文化自信，让中西文化交流成为促进文化多元与交流共融的有益力量。

在高校中，学生因为容易接受新奇事物，但辨别力较差，而高校对自身文化的建设也不够重视，导致学生们频繁接受国外文化的浸润和影响，进而对国家文化的认识和认同产生影响，也影响到大学生对文化自信的培养。因此，从文化或者所谓的"软力量"角度来看，我们可以发现一些问题。目前，不少高校对文化的认识不足，对文化质量建设不足，并且对文化的责任感和使命感也不足。

例如，在我国高校国际化的发展过程中，大学生从西方先进的科学技术文化中获取了知识，但同时也从西方文化中汲取了个人主义、实用主义和功利主义等思想。一些大学生从西方文化中满足了自身的心理需求，导致了对西方文化的盲目认同和崇拜，进而否定和批判我国先进的文化。文化在大学生中的渗透与扩散，使他们产生了一定程度的"异化"。这篇文章对当前大学生读者进行了深入研究和分析。一些大学生在受到西方多元化文化影响后，出现了"利己主义"和"拜金主义"的现象。例如，在回答"我想要什么？"这个问题时，141 人（占总人数的 18.7%）认为他们应该成为"有权有势"的人，194 人（占总人数的 25.7%）认为应该成为"有钱有势"的人。这一现象显示，一些高校对文化自信的培养还不够重视，并且在多元文化的价值导向下，大学生的价值观出现偏差。

在个人生活层面，一些大学生的价值观受到了西方观念的巨大影响，导致高校文化的氛围相对淡化。那些倾向于把物质和金钱设为生活目标的现象愈发常见，而这与我们民族优秀文化中的集体主义、奋斗和奉献精神相左。这些传统价值观在一些场合甚至被误认为是"愚昧"的表现，而遭到忽视以及轻视。

尽管我们的社会已逐渐开放，大学生接触信息和知识的途径也更加广泛了，但当前，大多数学生对西方文化的认识，主要是依赖网络和影视等媒介。这就导致了西方文化被一些媒介重新塑造、装饰，并以特定的方式传达出去。此现象使得一些大学生对各种文化的认识并未能覆盖全面，而对部分文化元素形成过度崇拜。

在目前的大学中，西方节日如情人节、圣诞节等十分流行，但不幸的是，许多大学生对我国的传统节日有限的了解，甚至对此表现出冷淡的态度。文化价值观的背离和对外来文化的盲目追随，不仅对高校的文化氛围建设产生了直接影响，也对大学生对国家和文化自信的理解产生了深远的影响。

因此，高校应更加重视文化建设，加强对中华传统文化的教育与传承，确保大学生对国家文化有深入的认识和理解。同时，也要加强对西方文化的辨析和批判性思维培养，让学生在接触外来文化时有能力保持独立思考。另外，我们也需要倡导和加强对国内传统节日的传承和庆祝，让大学生更好地了解和参与我国的文化传统。只有这样，才能保持和加强大学生的文化自信，使他们成为具有独立思考和创新能力的综合素质人才。

3. 大学生对当代中国先进文化的关注不够

中国的文化源远流长，形成了一系列优良传统。中国特色社会主义文化是在马克思主义的指导下，根据时代和社会发展的需要，在优良传统文化的基础上逐渐形成的。尽管新时代下的高校在文化自信的培育方面取得了一定成效，但也存在一些问题。

在文化自信的采访过程中，有许多学生回答"说不清楚"或"不知道"时，显示出大学生对现代中国先进文化的重视不足，高校对此方面的教育也存在不足之处。在一些高校的课堂、论坛、报刊、自媒体和网络媒体上，存在不分青红皂白的政治性言论，这反映出高校师生在主流文化和外来文化、中华传统文化和西方文化、价值观念和手段等方面存在混淆的现象。例如，最近发生的一名厦门大学学生会成员在网络上发表"媚日"言论的事件引起了广泛关注。这一事件在一定程度上说明高校对文化自信的培育工作还不够重视，缺乏对文化的正确引导和价值导向，导致个人的人生观和世界观偏离。

同时，随着社会和高校的发展，文化也呈现出多元化、开放性和包容性。一些非主流、小众的文化也受到学生中性格鲜明的追捧。这些非主流文化虽然小众，但与大学生的学习生活密切相关，对文化的渗透程度更高，对大学生的影响也更大。目前的大学生群体中存在着一种"扭曲的文化""一张桌子文化""一间宿舍文化"等现象，这些现象影响了学生的生活和言行举止，甚至影响了他们的思维方式和价值观。此外，这种"非主流"文化往往还会带来负面情绪、暴力文化、消极态度等负面现象，对大学生的价值观产生冲击，影响着对中国先进文化的认同感。

客观上讲，这种"非主流"文化在高校中的盛行也反映出高校文化自信教育的不足。如果没有把理想信念教育作为文化的核心环节，必然会导致大学生对中国先进文化缺乏赞赏，对社会主义核心价值观缺乏认同。另一方面，在培育和实践社会主义核心价值观方面，高校还需要加强。有调查显示，38%的大学生认为自己所在学校对社会主义核心价值观的宣传和教育良好，但仍存在方式不完善、学生有选择性参加等问题。另外，20%的学生认为自己学校对社会主义核心价值观的宣传和教育一般或较差，学生对此缺乏热情，不愿意参与。这表明当前高校在社会主义核心价值观的宣传和教育方面仍有改进的空间。

文化自信是国家和民族发展的根本动力，需要以马克思主义、坚定信仰、中国特色社会主义为指导，在思想政治工作中发挥主导和重要作用，加强中华优秀文化的创造性转化和创新性发展，不忘本来，吸收外来，面向未来，构建中国精神、中国价值、中国力量，为人们提供精神指引。高等教育的发展程度反映了一个国家的发展水平和潜力。要实现中华民族的伟大复兴，教育的地位和作用是不可忽视的。因此，我国高等教育的发展方向必须与我国的社会主义核心价值体系的发展目标紧密联系，这要求我们不断加强社会主义核心价值观在高校中的科学应用。

（二）价值迷失

文化自信对于大学教育尤其重要，特别是以"大学"为主体的高校教育。大学精神是一种逐步发展起来的独特气质，其基本内涵包括自由、独立和人文。这是一个多层次的问题，涉及科学性、创造性和批判性等方面。大学精神的核心是以育人为主要目标，社会主义大学的育人目标是培养又红又专、德才兼备、全面发展的社会主义事业的合格建设者和可靠接班人。然而，在当前的高校教育中，存在着价值观上的偏差和明显的功利化倾向。同时，在文化和校园环境的建设中，也出现了不同程度的"异化"，其原因有：

1. 大学价值观念出现偏离

第二次世界大战后，全球一体化的加速推进必然导致不同文化之间的交流、碰撞和融合，这种交流和融合在广度和深度上都远超以往。在全球一体化的背景下，西方国家利用这一机会试图将自己的文化范式和价值观普遍化，并将其他国家的文明和文化范式同化，把西方视为全球文化的范本，实现文化同质化的目标。在这一过程中，发展中国家努力抵抗文化的"侵略"，但难免会出现疏漏，导致文化被侵蚀。这也导致大学的价值观出现某种程度的偏差。

无论是在资本主义社会还是社会主义社会，每所大学在其发展过程中都会表现出一定的价值取向，即办学主体在价值选择和决策时所展现的个性特征。随着我国改革开放的深入，市场经济逐渐成为我国经济体制的主导，人们更加注重个人利益。在这种趋势下，功利主义倾向变得更加突出。现如今，随着高校与市场关系日益紧密，高校不可避免地受到功利主义的冲击，高校教师的价值观也受到巨大影响。过于盲目地追求市场导向，会导致缺乏批判精神，只重视物质而忽视精神层面的发展。强调眼前利益而忽视长远问题，明显违背了"求真育人"的教育宗旨。这种浮躁的风气在学术界尤为突出。在这样的环境下，一些高校教师和研究人员的学术研究目标已经转向为积累社会资本和获得经济效益，可想而知，这可能导致严重的学术不端行为，如粗制滥造、抄袭剽窃、伪造数据等。此外，在与个人利益相关的课题申请、奖励申报和职称评定等学术活动中，也经常出现急功近利的行为。

这些问题严重影响了学术研究的正常进行。同时，高校教师价值观上的浮躁和过度功利也不可避免地对大学生的价值观产生了一定影响。当前，大学生的价值观越来越倾向于功利主义。具体表现在以下方面：首先，在价值目标上，他们过于注重现实和个人利益，将功利化视为评价学习目标、加入党组织和职业选择的标准，而非评价个人社会责任的标准。其次，在价值角度上，功利主义意味着以自我价值替代社会价值。尽管个人价值重要，但过度追求自我价值也是不可取的。总体而言，在当前社会，人们对他人的要求很高，对自己的要求很低。第三，在价值实现的方式上，由于社会关系的复杂性和多元化，大学生更注重通过人际关系和人脉来实现个人目标，而非投入更多精力。在活动规划中，他们更关注金钱和利益，而非心灵的交流。这种功利化的价值取向导致忽视了人本主义。在当前的市场经济条件下，人文教育似乎陷入了"吃力不讨好"的境地。

在这样的背景下，高校的价值观也开始偏离正确方向，趋向功利化。与市场经济相关的思想对高校产生了深刻影响，高校管理者过于重视排名，并追逐功利化发展。如果这种现象持续发展，将进一步加剧大学教育的异化。当大学培养人才的功能不再仅限于为国家经济和社会发展做出贡献时，可能会变成一种控制人类社会文明进程的特殊力量。欧美许多学者也对高校追逐名利、学术腐败等现象进行了系列研究，认为如果大学的目标从公益性转变为营利性，学习就会变成对物质生活手段的追求，也会失去应有的尊重。大学精神也将自然消失。

2. 大学网络文化疏于规范和管理

当前，互联网文化作为一种新形式的文化，以令人惊讶的速度传播到全球。随着大学生的成长，网络文化的影响力也在不断增强，网络文化在塑造大学文化和大学生成长方面发挥着积极的作用。然而，不可否认的是，互联网文化也带来了严重的异化问题，并引发了一个新的严重社会问题——高校文化安全性问题。

互联网文化对大学生的"异化效应"表现在几个方面。首先，它对大学生的三观产生影响。互联网具有跨越国界的开放特性，每个大学生几乎都是在网络环境中成长起来的，他们的生活自然受到网络的影响。虽然互联网带来了极大的便利，但由于其中存在一些不良信息，对青年学生的文化观和价值观产生了很大影响。当前全球范围内的互联网状况基本上是发达国家利用互联网科技优势，占据了文化网络的主导地位，并以此为借口掩盖自身的霸权行径。在这样的背景下，西方的价值观在网络上得到广泛宣传和传播。这种单向、强势的文化输出现象让大学生的读者感到迷茫，也使得他们对"社会主义"和"中国"民族信念的认同变得更加脆弱。

其次，互联网文化对大学生的德育思想造成冲击。近年来，随着互联网的普及，信息爆炸现象已经显现出来。由于互联网的虚拟性，许多有害信息往往隐藏在海量的信息中。大学生接触到未经筛选和审查的色情和暴力内容，还有"反动"和"负面"舆论导向，使得大学生的理想信念丧失，出现了"道德沦丧"的现象。近年来，"校园贷"现象日益突出，其根源在于大学生的虚荣心膨胀、道德观念淡薄，而互联网为"校园贷"现象提供了平台和机会。此外，一些大学生打着言论自由的幌子，在网络上肆意传播不良言论，缺乏对自身行为的正确认识。

最后，互联网文化对大学生自身的心理和心理发展产生一定影响。当前，网络存在许多不良信息，这些信息对人们的心理和身体产生了消极影响。同时，一些大学生为了缓解现实生活中的挫败感而过度依赖虚拟人际交流。这可能导致大学生对虚拟社交的过度依赖，进而使他们在现实社交中变得孤僻、压抑，出现人际交往障碍等问题。

当前，许多大学生还没有充分认识到互联网文化在负面方面的影响，难以主动地构建和经营自己的文化。最近，人民日报与团中央在官方微博上发布了一篇题为《沉睡中的大学生：你不找工作，老天都不会放过你》的文章，其中配有学生在课余时间在网络上玩游戏、看视频的照片，课堂一片混乱。不正常的网络生活不仅对大学生的身心发展产生了不良影响，也对儿童的身心发育造成了负面影响。因此，我们需要引起足够的重视，教育大学生积极面对互联网文化带来的挑战，更好地管理和利用网络资源。

3. 环境建设重"硬件"轻"软件"

在目前的社会背景下，许多高校都非常积极地投资于校园建设，更新升级教学楼、学生公寓和教学设施等硬件设施，甚至新建校园。然而，高校在进行硬件设施建设时，是否考虑到其是否符合高校的实际发展，是否有利于人文内涵的建设呢？

从高校文化建设的角度来看，上述建筑都是硬件的扩充，高校可能忽略了软件建设（即文化内涵）的发展。实际上，高校应首先思考如何推进软件建设，即注重人文内涵的提升。尽管硬件条件的改善很重要，但软件建设同样需要提高，以使高校具有更好的人文内涵。

通过对中国高校现状的考察，我们可以发现校领导对于硬件设施更关注，而相对忽略了软件设施的建设。然而，如果只关注硬件建设而忽略软件建设，那么再漂亮的校园也只是一种装饰，会成为浪费资源的一种形式。与硬件建设不同，软件建设可以通过投入资金和技术在相对较短的时间内完成。在软件建设中，文化和历史是必要的，只有这样，才能被学生和教师广泛接受，并使高校与其他学校区别开来。

我们可以将硬件设施和软件设施视为高校建设的载体，而高校建设的灵魂在于培养和发展软件设施。在高校建设中，需要注意硬件和软件两个方面的协调，特别是注重软件建设，营造浓厚的人情味。

（三）制度缺失

在现代社会中，建立并规范各种制度是社会高效运转的关键。制度是指某个共同体中成员共同遵守的规章或行为准则，它对社会系统产生约束和规范作用。制度能够有效维持社会的有序运行，帮助避免或缓解冲突，保障个人自由和社会权利，推动社会政治和经济文明的发展与繁荣。高校文化自信的培育也需要制度的支持，如果缺乏制度的规范和制约，高校文化建设无法从根本上解决高校面临的问题。

高校文化的内涵结构可以分为精神层次、制度层次和物质层次三个层次。高校文化的构成应包括这三个层次：精神层次的文化，制度层次的文化和物质层次的文化。在高校文化建设过程中，由于高校文化具有强制性质，教师和学生势必要自觉遵守和维护高校的文化及其构成。校规文化是高校文化的重要内容之一，在构建校规时，应将文化的内容融入其中，让每条校规都体现出文化的精神。

然而，在当前高校培育文化自信的背景下，一些高校的办学方式不符合高校发展的规律，不能体现社会主义高校的特色。尤其是在学术评价体系、人才培养体系等制度方面，存在过多功利色彩和严重的行政化倾向，严重影响了高校培养文化自信的办学工作，使高校文化建设难以承担起其应有的责任。

为了解决这些问题，高校应当加强制度的规范与完善，确保制度的科学性和公正性，避免功利主义和行政主义对高校文化建设的干扰。高校应该重视培养师生的文化自信，同时加强对校规文化的培育，让校规中的每条规定都融入文化的精髓。此外，高校还应重视制度与文化的相互协调，使制度真正成为培育文化自信的重要载体，为高校文化建设提供有力支持。

1. 制度文化意识相对薄弱

文化是一种有组织的规范系统，它在大学中起到保障正常运转和促进不断进步的作用。高校文化是高校文化建设的重要内容，也是高校文化自信建设的基本保证。具体来说，高校的管理制度、规章制度、关系规范等都是高校文化在高校制度中的具体体现。一所高校有着众多的师生人员，如果没有规范的管理，就无法进行正常的教学活动，也无法实现高效的运转。此外，不同的高校具有不同的学科特点、发展定位和价值取向，高校制度应体现这些方面的特色，并通过制度约束为其实现提供保障。

从特征来看，高校体制文化是一个动态的过程，高校的发展促进着体制文化的演变，而体制文化又对高校的发展起到反作用，或促进或抑制着高校的体制发展。由此可见，文化对高校的发展具有重要影响。为了保障大学的正常运作并促进可持续发展，高校会根据自己的办学理念、办学特色和价值体系制定一套完善的规章制度，并在文化中形成一套规章制度。此外，除了学生外，高校还包括教师和各级管理者。高校人员多样性决定了高校体制文化系统的多样性，但也需要具备一定的协调性张力。

然而，目前实际情况显示，体制文化意识薄弱是普遍存在的问题。不同群体对文化的看法不一，甚至存在冲突，导致体制文化公开化，缺乏约束力。教师普遍赞赏文化自由度，期望有较大的学术空间，主张较松散的体制；管理者则高度评价实效性文化，倡导严苛的实效性管理；学生作为直接管理者，受教师影响也倾向于松散的文化系统。受多元化体制文化观念的影响，高校一般缺乏与自身精神相融合的体制文化建构，过度强调开放性和包容性，导致约束力减弱。同时，高校体制文化观念的淡漠也对高校体制文化的发展产生影响，从而不利于培育高校文化自信。

为了解决这些问题，高校需要加强对体制制度的规范与完善，确保其具备科学性和公正性，避免受到功利主义和行政主义倾向的影响，从而促进高校文化建设的健康发展。高校应该注重培养师生的文化自信，同时加强对校规文化的培育，确保每一条规定都能融入文化的精髓和理念。此外，高校还需要重视体制与文化之间的相互协调，使制度能够真正成为培育文化自信的有力支撑，为高校文化建设提供约束力和持续发展的力量。

2. 制度管理重"规范"轻"养成"

高校文化自信的培育是一个长期的过程，需要传承和为了解决这些问题，高校需要加强对体制制度的规范与完善，确保其具备科学性和公正性，避免受到功利主义和行政主义倾向的影响，从而促进高校文化建设的健康发展。高校应该注重培养师生的文化自信，同时加强对校规文化的培育，确保每一条规定都能融入文化的精髓和理念。此外，高校还需要重视体制与文化之间的相互协调，使制度能够真正成为培育文化自信的有力支撑，为高校文化建设提供约束力和持续发展的力量。沉淀。在高校中,文化意识在培育文化自信过程中扮演着重要角色。文化的形成是一个由"强迫"和"规范"逐渐转变为"自觉"的过程,而这种自觉来源于行为习惯的培养。随着社会需求的变化和高校自身的发展,高校的体制也在不断完善,管理也趋向规范化。

然而,目前一些以"规范"为导向的硬性规定对高校的健康发展并不利,反而可能成为可持续发展的障碍。在当前,"以人为本"的思想已成为高校教育改革和发展的必然要求。但实际上,大多数高校在管理和约束师生时更多地采用了硬性手段,强调"立"而忽视了通过"软"方式培养学生,从而推动高校文化的形成。近年来,更多高校开始关注文化自信的培育,但在促进文化自信时,许多高校仍采用强制性的规定。这种方式在短期内可能会取得明显成效,但是师生处于被管理的地位,在缺乏人文关怀的情况下,他们的行为可能会受到制约。从长远来看,这种管理方式可能抑制创新,影响师生对高校文化的认同和参与高校文化建设的积极性。

在高校中进行文化自信的培育,既是为了传承高校的精神,也是为了让师生养成一种行为习惯,形成一种人文主义品质。因此,在培育文化自信时,应适度减弱制度的束缚作用,突出制度对行为培养的导向作用。目前,高校校规文化普遍重视规范性校规,却忽视引导被管理对象内化校规、引导师生进行自我管理的人文化管理模式的建立。实质上,制度是培育高校文化自信的重要保证,而高校文化是高校办学的核心。然而,部分高校管理者往往忽视了高校文化在系统管理中的定位,忽略了情感沟通、思想互动和价值认同等具有"养成"作用的管理方法,以及高校各群体对文化的自觉意识。因此,提高高校文化整体素质的有效途径,是注重高校文化的培养并与体制相协调。

3. 制度文化存在价值缺陷

本书提到了我国高校文化体系构建中存在的一些价值缺陷,如"官本位""上位者""下位者"和"攀附者"。这些问题导致了过度追求"量"而忽视了"质",规定僵化,缺乏人情味,压制了创造力。研究认为,这些问题的根源主要有三个方面:一是错误地将体制的手段当作体制的目标,强调秩序的维护而忽视了人性和弹性。二是忽视了程序公平,过度依赖领导和管理人员的个体素质,难以实现制度的公平。三是体制文化缺乏执行力,注重制度本身而忽视了实施,使得体制成为了一种装饰品。

这些研究表明,我国高校体制的文化建设正朝着"去官本位""去功利""民主参与"的方向发展。其中,"以人为本"的管理理念和执行力的缺失对探索我国高校文化体系建设的发展方向具有借鉴意义。在加强法治管理、推进文化体系建设的良好态势下,学校的守法意识日益增强,标准化程度也在提升。然而,一些规章未经立法机关制定,未征求公众意见,忽略了被管理人员和学生的参与,未能实现规章文化的根本变化。一些制度重点强调责任而忽视了学生的切身利益,没有体现民主和合理性,导致学生对制度的认同和信任降低,很难形成积极的制度文化。此外,一些教师过于专注于学术和日常事务,对于建立与自己无关的系统缺乏兴趣,对于试点制度也没有提出改进的建议。一些学生则抱着过客的心态,没有将学校视为自己的家,尽管他们会私下对学校的文化提出意见,但缺乏积极的参与意识,未能通过合理途径反映意见,从而影响了学校的文化建设。

因此,为了推动高校文化体系的建设,需要解决这些问题。应该注重"去官本位""去功利",强调民主参与,培养学校成员的参与意识和责任感。制定制度时应征求公众意见,注重学生和教师的切身利益,使规章制度更加民主和合理。同时,教师和学生应积极参与体制文化的建设,提出改进建议,学生要把学校当作自己的家,积极参与学校的文化建设。只有这样,学校的文化才能得到全体成员的认同和信任,形成积极向上的制度文化。

（四）创新乏力

当前，高校的"精品力作"和"著名学者"数量相对较少，高校的"智库"对党和国家的重大政策制定影响力较小，高校文化在国际上的影响力还需增强，而高校文化对文化社会的开放性、辐射性、导向性也还有待加强。总体而言，高校文化表现出缺乏创新能力的特点。具体而言：

1. 文化鉴别不力

在谈论"文化自信"时，部分人受问到你认为"西方的文化"或"中国的文化"，哪一个更能调动人们的潜力、激发人们的积极性、促进人们的竞争等问题时，倾向于认为"西方的文化"更具优越性。这种对本国文化的忽视和遗忘，反映出文化主体意识的不稳定和文化自信的缺乏。同时，国外文化在开放性大学中采取"强攻"和"暗中渗透"的双重手段，容易导致大学尤其是大学生在文化激烈竞争中，无法理性认知本国文化，甚至盲目崇拜、模仿和依附于国外文化。实际上，大学应以自觉的态度对待外国文化，既不应封闭，也不应盲目接受。

当前，中国高校校园充斥着西方文化的影响，如肯德基和麦当劳等代表西方快餐的流行、情人节和圣诞节等代表西方节日的庆祝，甚至连外国名著也成为大学生的最爱。从传播和接受的角度来看，有学者认为，西方高校中的文化构建是一种成功和先进的模式。然而，盲目地复制西方大学的建设模式，势必导致文化基础不稳固，对国外文化的消化不充分。每种文化都有其发源地和特点，也有其优劣之分。西方高校的成功经验未必适用于中国高校，而高校作为本民族文化的传承者、开创者和发扬者，必然受本民族文化理念和价值观的影响。由于对外来文化的认知不足，容易给别有用心的外来文化提供机会，扰乱中国高校，侵蚀中国大学生的人生观和价值观念，进而影响高校文化自信的培育成效。因此，加强高校和大学生对文化的辨析是当前的紧迫任务。

2. 文化创新不足

创新是一个国家和民族永不停息的强大力量。近几年，我国对高水平大学的建设非常重视，但是从整体上来看，即使是国内著名的高校，与国外高校相比也有很大的差距，我国高校在文化方面的科研成果和人才培育方面也远逊于国外高校，这主要是因为我国高校在文化方面的创新能力不够。大学作为一国之才，更应该处于社会发展的最前沿。为此，高校文化自信的培育也应该把创新和开拓作为首要的切入点。但是，就目前高校文化自信培育的现状而言，其创新性还存在着明显的欠缺。在文化的精神层次上，有的高校不重视自己的历史文化与时代性的关系，在文化的历史积累上没有进行二次创新，主要体现在办学理念、专业设置和人才培育等方面。在文化的层次上，有的高校只重视在管理上建立制度，而忽视了对高校精神的贯彻与运用，忽视了对高校文化的教育与培育，缺少了对高校制度的改进与改进，导致了高校管理效率低下。在文化的行为层次上，部分高校的老师和管理人员对文化的构建和创新不够重视，对学生缺乏有效的激励和指导，导致文化的构建热情不高，创造性成果不多。在文化的环境层次上，部分高校对文化的总体环境设计不足，缺少主题性，以建筑、绿化等建设替代了文化的建设，体现了文化的气氛不足。

3. 治理偏行政化

从目前中国高校的发展情况来看，整体上仍未完全走出"行政本位"、计划经济时代的影响。长期以来，高校存在着行政化倾向，这一倾向可以追溯到京城大学堂的建立，国家一直有行政干预高校的倾向。在新中国建国后，受制于计划经济体制，高等教育又模仿苏联的模式，导致大学成为国家的附属机构。这样的历史背景导致了现代高校治理中行政化现象的不可避免。行政权力过于集中，机构庞大，过于重视官僚科层制度，把大学管理当作行政机构管理，把学术事务当作行政事务管理。

在高等教育大众化和高校行政化的背景下，高校高层管理者的管理权力得到极大强化，在经费、教学计划等方面有较大的控制力。随着我国高校持续扩招以及 20 世纪初以行政命令为主导的大规模高校合并潮，我国高校呈现出"大而全"的发展趋势，专业范围扩展，学生规模增大，导致大学的行政事务呈现几何级增长。这使得学校在面对越来越多的管理工作时力不从心，不得不加大管理层次。大学模仿并引进了复杂的政府机构，传统的两级管理体系中加入学院甚至学部，形成了四级管理体系。这种现象表明当前大学治理中明显存在科层化倾向，科层化对行政组织（如政党、政府等机构）效果显著，但对集教育、学术、科研于一身的大学来说，容易忽视"人"的价值，从而影响文化氛围的营造以及文化对学生教育作用的实现。

因此，需要改变目前高校行政化倾向的状况，实现高校治理的合理化和人性化。要注重建立灵活的管理体制，提升教育和学术事务的重要性，强调人文关怀，活跃文化氛围，培养学生的综合素质。高校治理应重视平衡行政管理和教育、学术发展的关系，减少不必要的行政层级，加强高校内部的横向沟通和协作，提升教师和学生参与决策的机会和能力，使高校成为真正有利于文化建设和学生发展的地方。

（五）形式主义

形式主义是"四风"问题中最突出的一种，它不但是党内政治生活中的一项重点工作，而且在社会生活中经常可以找到它的踪迹。就高校文化自信的培育而言，形式上的存在常常导致其内涵的缺位。

1. 文化自信培育的"文本化"现象

大多数高校都拥有自身的发展策略、人才培养和管理制度，其中文化建设也与学校的制度管理息息相关。然而，由于各大学的发展方向各不相同，它们往往更注重"综合实力"这一硬性指标，如占地面积、师资力量和科研成果等，相对于这些硬性指标，文化这样的软性因素往往没有得到足够的重视。

例如，《教育部、共青团中央关于加强和改进高等学校校园文化建设的意见》中所指出，"要把理想信念教育作为重点，开展世界观、人生观、价值观教育，把爱国主义教育作为弘扬和培育民族精神的重要内容。"此外，"深化素质教育，着眼于大学生全面发展"，是高校文化自信建设的重要内容，这也是我国正在积极推广的大学生综合素质教育计划所包含的内容。

　　以黑龙江地区高校为例，调查结果显示，所有高校在人才培养计划中都设置了人文素养与科学精神的教育课程，并以理工农科为主，而提供科学和工程学科的高校较为有限。当前，高校文化课程建设中，"两课"课程以马克思主义理论为主要教学内容，用以塑造学生的"世界观、人生观、价值观"和"爱国主义"。

　　通过对大学生的访谈和问卷调查，我们发现学生对教育方式的评价各异。有部分学生认为，"两课"让他们建立正确的世界观、人生观和价值观，加强了他们的爱国热情，坚定了他们的社会主义理想和信念。而另一些学生则指出，现阶段的教学只强调教师备课、讲课、出题，考试，而学生只是机械地读书、背诵，应试，缺少对理论的深入理解和提升，难以实现对"世界观、人生观、价值观"和"爱国主义与公德"的深入教育。

　　在培养文化自信方面，校风的建设是大学建设的核心，对教师和学生的培养和塑造具有重要的影响。第一，需要充分挖掘学校的传统资源，并以此基础，结合学校的发展战略和定位，来形成校风。每所大学都有其独特的校风，如清华大学民国时期的"中西合璧，和谐开放"和北京大学的"思想独立，包容并蓄"。这种建设是一个长期的、代代相传的过程。

　　第二，学校需要营造和推崇具有时代特征和学校特色的校风。创建一个崇尚科学、严谨求实、善于创新；并且"志存高远，爱国敬业，为人师表，教书育人，严谨笃学，与时俱进"的良好教风，以及"勤勉，积极向上，诚实守信；勇于创新"的学风。对于许多学校来说，这些都只是在它们的制度中有所体现。

培养文化自信是一项长期且艰巨的任务，需要各级领导、广大教师、广大人民群众共同努力，才能取得良好的效果。在高校中，有时文化建设只停留在表面而没有深入实施，导致无法取得良好的教学效果。

最后，校训是一所大学的基础行为规范和道德准则，体现了学校的办学理念和校园精神。然而，我们在交流时发现，很多高校的教师和学生对自身学校的校训并不熟悉，这也显示出这些学校没有把校训的教育价值融入到日常教学和管理活动中。因此，需要重新审视和改革当前的校训设置，使其更具有个性化和教育意义。

2. 文化自信培育的"物表化"现象

在《关于加强和改进高等学校校园文化建设的意见》中指出，高校应大力开展以德、智、体、美为核心的校园文化活动，全面提高大学生的思想道德素质、文化科学素质和身体素质，让他们在文化中得到充分发展。同时，要加强学校人文环境和自然环境的构建，营造具有丰富精神内涵的文化物质环境，并努力打造良好的教育氛围。例如，可以利用节庆进行各种主题教育，组织大学生文化艺术节、歌唱比赛等。还要充分利用校园广播、网络、宣传橱窗等渠道，发挥舆论宣传的作用。校园应该绿意盎然，以雕塑、书法、绘画等文化元素丰富校园景观。

值得注意的是，在高校文化自信中，外观表现也是重要的一部分。许多高校虽然建筑宏伟壮丽，却仅仅是建筑和图案，缺少真正能够构成教师和学生生活和回忆的内涵，缺乏文化的深厚内涵和教育意义。另一方面，一些高校为了使每一堵墙都有所表达，在墙上张贴各种口号，但这些只是宣传词并没有成为教师和学生的自觉行为；同时，行动的方向与口号的意义也存在背道而驰的情况。相反，有些名牌大学虽然没有宏大的景色，建筑也因为年代久远而显得老旧，但它们仍然散发着无限的魅力。

校园景观、文化设施和活动是培育校园文化自信的重要组成部分，但并非主要和核心内容。如果只注重景观、设施和活动，培育出的文化自信将变成形式主义，缺乏实质内容，文化也会失去光彩，同时也无法发挥文化的教育作用。因此，为了有效培育校园文化自信，高校应当注重塑造丰富的文化内涵，以及提供有意义和有深度的文化教育，让学生真正理解和领会文化的价值，将文化自信融入到日常教育中。

三、大学在文化自信培育方面存在问题的成因分析

马克思哲学认为，没有一件事情是没有理由的，也没有一件事情是没有原因的。每件事情的发生或改变都有新的后果。有因就有因，有因就有果，有些是"一因一果"，但也有很多"一因多果"的现象。高校文化自信的培育是一个系统工程，必然会受到诸多因素和现象的影响。同时，从高校文化自信培育的目的来看，目前高校文化自信培育过程中的确出现了许多问题，亟待解决。为了提高问题的针对性，我们必须对其产生的原因进行深入的分析。只有找到了问题的根源，我们才能找到正确的解决方法。通过对相关文献的分析与调查，我们还发现，造成高校文化自信培育中存在诸多问题的原因很多，但归纳起来，主要有以下几点是无法避免的。

（一）我国近现代历史文化思潮的影响

1840 年以来，中国近代社会发生了巨大的变化，伴随着文化思想的兴起，这种思想对当今高校文化自信的培育仍有很大的作用。文章重点分析了"破四旧"与"教育革命"在新文化运动，五四运动与文化大革命中所起的作用。

1. 新文化运动与五四运动对传统文化的影响

在中国历史上，西方列强以鸦片战争为起点，逐渐对中国进行侵略、压榨和剥削。一系列不平等条约，如《南京条约》《马关条约》和《辛丑条约》，使中国逐渐陷入半封建半殖民地社会的边缘。在这一过程中，许多文人和甚至清朝政府都积极寻求自我救赎的途径。1861 年，清朝为了推行西

化政策成立了内务公署,努力实现强军富国的目标。他们建立了近代军工和民用工业,制定了商业法规,设立了同文馆,并派出留学生。然而,在甲午海战中惨败,标志着清末的洋务运动彻底失败。1898 年,康有为、梁启超、谭嗣同等资产阶级改革家出现,并支持光绪帝进行大刀阔斧的改革,整顿政府机构,鼓励工商业和矿业,设立京城大学,废除八股,提倡西方学问。然而,这些措施并未全面实施,最终被保守势力压制。1911 年,在武昌一次炮击后,辛亥革命拉开了帷幕,中华民国正式成立。清帝退位减少了内部冲突和动荡,但这种局面并未持续太久。袁世凯的出现破坏了这些成就。从袁世凯开始,北洋政府不仅不承认不平等条约的效力,使中国保持半封建半殖民地的地位,还不断进行扩张。他实行政治独裁,推崇孔子,恢复对孔子的崇拜,并恢复尊重孔子的传统。然而,这与历史潮流背道而驰。这些历史事实向后来的先进知识分子传达了一个信息:要改变中国的历史地位,实现民族复兴、人民幸福,不能仅仅依靠上层或某一阶层的少数人,需要千百万中国人民的力量。要唤醒人们的智慧,让人们意识到变革的重要性,并发起一场文化运动。

2. 新文化运动

1915 年,陈独秀创办的《青年杂志》掀起了一场"新文化"运动,随后改名为《新青年》,代表着陈独秀等一批先进知识分子重新确立新思想、新观念和新文化的意愿。新文化运动以《新青年》为主导,以李大钊、鲁迅、钱玄同等人为中心,倡导民主、反对专制,倡导科学,反对盲目跟风,提倡新伦理,反对旧伦理,主张新文学,反对旧文学。其中,民主和科学是新文化运动的主旋律。陈独秀在《新青年》的文章《敬告青年》中提出,新文化应该具有自主、进取和开放的特点,而不是奴性、保守和封闭。新文化应该是实际和科学的,而不是空想的。

然而,在新文化运动中,对传统文化的全盘否定也给当今高校文化自信的培育带来了一些消极影响。一些运动的参与者主张彻底抛弃传统文化,包括传统的伦理道德和儒家文化。虽然他们希望通过消除旧的政治和推动新的政治，以及通过与传统文化进行斗争来促进民主和科学的发展，但这些主张也产生了一定的冲击。中国传统文化具有悠久的历史和丰富的思想资源，它对于塑造个体的价值观和道德观念，以及维护社会稳定和秩序，具有重要的作用。因此，在培育高校文化自信时，需要恰当地继承和发扬传统文化的积极精神和价值观，同时也要推动其与现代价值体系的对话和融合，使其更好地适应和引领时代的发展。

总的来说，新文化运动带来了观念上的解放，为引入新文化开辟了空间。然而，对传统文化的全盘否定也给中国传统文化带来了一定冲击。在当前的高校文化自信培育中，需要在继承传统文化的基础上，坚守核心价值观，发展适应时代需求的现代文化，实现文化的自信与创新的有机结合。

3. 五四运动

第一次世界大战之后的巴黎和会实际上是胜利国为了重新分配战败国的利益而召开的。虽然中国是一战的胜利方，但由于当时的国力薄弱，中国并未能成功参与会议，这也导致中国在国际上遭受了一定的欺凌。当山东的土地从德国手中收回后被交给了日本时，这在中国引发了强烈的民愤，最终导致了五四运动的爆发。五四运动以及其背景有三个主要方面：

第一，在中国，无产阶级力量的不断增强。自鸦片战争以来，西方国家的工厂在中国的沿海城市如上海设立，雇佣的主要是中国人，成为中国最早的无产阶级。他们来自贫困的农民，与农民有着自然的联系，并拥有强大的战斗力量。

第二，十月革命的影响。作为世界上最早实行社会主义的国家，俄国的十月革命对中国的无产阶级和人民产生了启示，使他们相信他们可以通过自己的努力来获得自己的命运。在十月革命的推动下，中国的工人阶级中也出现了一支无产阶级队伍，这使得马克思主义能够与中国的工人阶级结合。

第三，新文化运动带来的冲击。新文化运动的推动，使得西方的民主、自由和平等观念得到广泛的传播，并对中国人民的思想产生了解放的作用。

五四运动实质上是反对帝国主义和封建主义的运动，它是新文化运动的延续，同时也在对马克思主义的宣传和对无产阶级革命的推动中，开创了新的历史阶段。

五四运动之后，很多人将他们的思维和行为取向转向了马克思主义，并在这个过程中成为中国共产党的中坚力量，包括瞿秋白、周恩来、张闻天等。而且，对马克思主义的理论研究和推广，形成一股强大的社会潮流。例如，李大钊在五四运动之后发表的《我的马克思主义观》一文，标志着他从资产阶级自由派转向马克思主义。他们的转变提供了一个参考框架，并推动了中国工人阶级的马克思主义革命活动。五四运动不仅是历史的转折点，也奠定了中国工人阶级革命的坚实基础，对中国建立社会主义民主制度的推动起了关键的作用。

4. 新文化运动与五四运动对新时代大学文化自信培育的影响

历史事实是逐步塑造出的过程，这是不容改变的。新文化运动与五四运动是中国近现代文化演变中的重要节点，对于新时代高校文化自信的苏醒起到了关键作用。在高等院校培育文化自信的过程中，主要依赖的理论源泉有三种：中国的优秀传统文化、红色革命的文化和社会主义新文化。通过对比新文化运动与五四运动期间的文化教育变迁，可以看到新时期对高校文化自信教育的正负两面影响。

从正面看，新文化运动，尤其是五四运动，积极推广马克思主义，并通过热烈的讨论使其成为中国革命与建设历史上的宝贵瑰宝。马克思主义是一种活跃的真理，中国共产党的发展经历引出一个重要启示——即无论是民主革命时期的"左派错误"还是"右派错误"，都源于对马克思主义的理解不够深入。中国共产党人，如毛泽东等人，根据这种失误吸取了教训，灵活地将马克思主义应用在中国革命的具体环境中，由此取得了不断的胜利。此外，这也是中国马克思主义在理论上首次取得重要突破，即毛泽东思想的诞生，成为现代中国的开国基石。新中国成立后，马克思主义的指导引领中国进行了一连串的改革并且取得了显著的成效。在这个基础上我们以马克思主义为指导，对社会主义建设进行了探索，虽然中间经历了一些曲折，但最后我们找到了正确的道路。在改革开放过程中，中国特色社会主义在中国的实践中取得了第二次理论上的重大突破，并实现了中国特色社会主义理论的确立。在推进和发展中国特色社会主义的进程中，我们不仅要发展社会主义的民主政治和市场经济，同时也要发展先进的社会主义文化，而马克思主义正是这一文化的核心思想。中国共产党领导的革命、建设、改革的历史经验充分表明，马克思主义在思想文化方面是我们最正确、最重要的选择，未来的历史进程中也将坚定不移地坚守这一选择。新文化运动特别是五四运动，使马克思主义在各种思想中崭露头角。

然而，尽管如此，我们也不能忽视新文化运动和五四运动对传统文化态度带来的负面影响。中国是一座拥有 5 000 年文明历史的古老国家，文化是她的根基。我们对伟大祖国的悠久历史和璀璨文明感到自豪。我们的文化博大精深，像儒学中孔子的思想只是其中之一，道家的"天人合一"和法家的"法治"的思想也是值得我们尊重的。尽管传统的儒学出现某些道德问题，但在孟子的以民为本、范仲淹的爱国情怀、顾炎武的"天下兴亡，匹夫有责"等理念中，都能看到其优点。所以，在新文化运动和五四运动中将传统文化视为封建迷信，并提出"打倒孔家店"的观念，不仅会切断我们与历史的联系，也会导致高校在培育文化自信时，缺乏深层次的文化基础。

除此之外，"新文化"与五四运动期间对"民主"的错误理解也给高校文化自信的培育带来困惑。然而激进派在新文化运动和五四运动中，提出了民主，而这种呼声并忽视了传统，可能因为他们深感中国封建时代缺乏民主，人民在独裁统治下过着没有自由的生活，因此他们极度渴望民主。但他们对这个问题的处理方式导致他们陷入了一种"拿来主义"的误区，只看到民主的美好一面，忽视了西方民主制度不适合中国的问题。他们认为只有民主才能为他们打开通往自由的大门，而这种理解本质上是一种误解。西方的民主制度基于自由主义和个人主义，成为个人自我展示的舞台，却容易转向专制。因此，根据中国的具体情况，只有引进适合中国国情的民主制度，借鉴其优点，排除其弊端，才能实行适合中国的民主制度，才可能避免这种"拿来主义"的误区，才能真正使中国的民主制度发展起来。

（二）市场经济文化的影响

市场经济是一个重要因素。市场经济的发展导致了利益的竞争和个人利益的追求，可能使某些人忽视了文化价值和社会责任。在这种情况下，一些个人和机构可能会追求经济利益而忽视文化建设的重要性，甚至可能产生不规范的行为。

另外，在市场经济条件下，商业化和商品化的趋势也可能对高校文化自信产生冲击。一些传统的文化活动和价值观可能会被商业化，变成了商品来迎合市场需求，这可能导致文化的虚化和流失。同时，一些不正当的商业行为也可能在高校文化建设中滋生。

要解决这些问题，我们需要在市场经济的同时，坚持正确的文化价值观，并通过加强文化教育和引导来培育高校学生的文化自信。高校可以加强对传统文化的传承和弘扬，提倡社会主义核心价值观，引导学生树立正确的文化观念和人生价值观。同时，应加强对商业化趋势的规范和监管，防止商业化行为对文化自信的负面影响。

市场经济是社会发展的一种重要形式，它带来了经济的繁荣和生产力的提高。但我们也要认识到，在市场经济条件下，文化自信的培育面临着一些挑战和问题。只有正确引导市场经济的发展，加强文化建设和教育，才能使高校文化自信得以健康发展。

1. 市场经济的趋利性对大学文化自信培育的侵蚀

市场是一个利益交换的场所，不同经济参与者有不同的利益诉求，在这种特殊的利益诉求下，他们会用自己的东西来交换他人的东西。市场经济的本质是自由交易，是各经济主体之间进行一系列交换行为。市场经济可以最大限度地激发生产活力，促进发展，对经济主体的创造力和积极性进行了充分的尊重。经济主体通过充分发挥创造力和积极性，可以在经济活动中获得一定的经济利益。利益是所有经济主体追求的重要目标。

然而，市场经济的趋利性特点也存在一些缺陷，其中最突出的问题就是逐利。在市场经济条件下，交易的本质是劳动和劳动之间的交换，虽然形式是物物交换，但交易双方都希望能够获得更多的收益。从某种意义上讲，这是一种追求利益的行为。我国实行社会主义市场经济体制的时间较短，其制度建设仍在不断完善中。在这个过程中，市场逐利的趋势对社会生活的各个层面都产生了影响。

目前，我国高校文化的构建受到了市场经济逐利的影响，对高校文化自信的培育也造成了一定的侵蚀。尽管市场经济可以激励高校发展和创新，但也带来了一些不规范和功利主义的现象，对高校文化的价值取向和建设产生了一定的冲击。在培育高校文化自信时，需要认识到市场经济趋利的影响，并加以引导和规范，确保高校文化能够坚守其核心价值，保持独立自主的精神，发展符合社会主义核心价值观的文化。

1）市场经济趋利性造成一定的人的异化，影响大学的文化自信培育

人类是社会性动物，我们的社会活动不可避免地受到社会的影响。市场经济的本质决定了人们在贸易和交换中往往以利益为导向。人们都追求自身的利益，这是众所周知的。然而，在这种价值观的影响下，人们对物质的依赖逐渐增加，有时甚至超过了适度，从而导致出现各种异化现象。市场经济中的追求利益的行为使人失去了本来的特质，甚至引发了拜金主义和个人主义等不利于个人发展的倾向。特别是对于像大学生这样的年轻

人来说，在与他人交往和社会实践中，他们可能更加关注利益交换所带来的收益，而忽视了自身行为的合理性和符合价值观的文化培养。在建设文化自信的过程中，我们需要认识到市场经济追求利益的影响，并引导大学生正确看待个人利益与整体社会发展之间的关系，以培养他们对文化的自信心。

2）市场经济的趋利性造成一定的贫富差距，引发文化认同下降

我们必须认识到，实现完全公正的利益分配是一项艰巨的任务，受到多种因素的制约。尽管市场经济可以提供平等的参与机会，但由于参与主体在资源、知识和机会方面存在差异，他们获得的利益也会有差别，从而导致贫富差距的出现并逐渐扩大。在改革开放初期，我们提倡了"让一部分人先富起来"的发展思路，市场经济中追求利益的倾向在某种程度上获得了放宽，进而导致了社会贫富分化的问题。与西方发达国家相比，我们的市场经济仍处于起步阶段，在调节贫富差距方面仍面临挑战，但我们正在积极采取措施改善这一状况。

3）市场经济的趋利性造成一定的不当竞争，不利于大学文化建设

竞争在推动发展和进步方面发挥着积极的作用。然而，在以个人利益最大化为基本目标的市场经济中，由于自私自利的本性，不可避免地会出现一些不合理的行为。当不正当竞争出现时，往往会忽视中国文化所强调的"道义上的诚信"。此外，仅为了个人利益而进行的不公平竞争只会加剧贫富差距，导致社会不公正。

市场经济中的自私自利导致的不正当竞争，如果没有得到有效抑制，势必对社会秩序和校园文化产生不良影响。这对于高校文化的构建是不利的。因此，我们需要强调诚信和公平竞争的重要性，并加强对不正当竞争行为的监管，以维护社会秩序和促进良好的校园文化氛围的形成。同时，我们也要加强对大学生的教育引导，培养他们正确的竞争观念，注重团队合作和合理竞争，以建设更加健康、积极向上的高校文化。

2. 市场经济的利己性对大学文化自信培育的阻碍

市场经济的追求利益性主要体现在对个体利益的持续增进上，这可以被视为市场经济的自私性。在市场经济中，自私主义有其合理性和非合理性两面。理性的自私主义是经济体在市场中交易并获取社会公认的收益。非理性的自私主义，则超越了社会可以接受的限度，以过度索取的方式出现，可能会给他人和集体带来负面影响。

在市场经济条件下，为了获取更大的交换价值，各经济体都通过自身的劳动来获取更大的利益，进而控制更大的资源或商品。也就是说，在市场经济中，虽然人们认可了追求利益的合理性，但这个过程中也潜藏着一种"恶"——自私主义。

在市场经济中，理性的"利"可以促进经济的发展，但非理性的"利"会引发一系列问题，并对文化建设产生阻碍和误导。诚然，在市场经济条件下，追逐合理利益是一种激励，可以释放生产力，促进经济发展。但是，我们也不能忽视可能出现的非理性的自我中心主义。

自私主义的本质是对个人利益的追求，把个人利益置于他人和集体利益之上。在市场经济中，每个参与者都有利己的一面，导致了经济主体之间的利益冲突，形成了一种紧张的平衡状态。然而，一些经济主体会不择手段违反公平竞争原则，导致市场秩序混乱，道德沦丧，甚至引发社会问题。

市场经济的自私主义不仅对社会造成影响，也对大学生的价值观有影响，导致在大学生中集体主义意识淡薄，个人主义意识强烈。受利己主义影响，大学生更关注个人利益，可能导致学生间的恶性竞争，社会责任感减弱或道德规范弱化。此外，由于市场经济的自私主义，大学生对文化的认同感和对文化的热情也受到限制，从而阻碍了文化自信的培育。

3. 市场经济的活动手段性对大学文化自信培育的削弱

在生产力水平不断提升，社会生产关系进步的背景下，市场经济作为一种能够激活生产活力、实现资源最优配置的经济形态，都是社会进步的必然结果，它的作用日益凸显。市场经济是工具理性和价值理性维系的结构。具体而言，它可通过调整供需关系实现收益分配，但对于公平问题的处理尚有待提高。它可通过有效交易提升各方的积极性，但对于弱势群体的保护则需深入研究。

市场经济的工具理性从发展角度看，已对经济和社会的进步起到积极推动作用。而如果从整体视角观察，它可以被理解为一种更高级、基础且深层次的工具理性。

在市场经济中，经济活动的劳动无法直接产生满足生存需求的效果，需要通过货币交换才能实现生存需求或提升生活质量。这样每个个体都成为了别人的工具，所有劳动相关活动都具有某种延展性和最大化利益的性质。所以，在市场经济中，人们的行为更多地以"手段"色彩为主。

然而，文化自信是为构建良好的文化氛围、传承与发展中国文化，为社会主义文化建设提供了有效路径。而其唯一的目标，实则是实践过程本身，而非任何他物。因此，市场经济的行为方式在一定程度上削弱了文化自信的培育。

从历史发展角度来看，市场经济只是社会发展的阶段性产物，作为一种经济发展的工具和手段，会被以按需分配为主导、更加追求价值理性的经济形态所取代。但目前的问题是，一些人由于发展程度的差异，混淆了"手段"和"目的"，过于追求利润。

我们应当认识到，经济发展指数不是衡量国家发展进程的唯一标准，文化发展状况、精神文明发展状况也应被赋予足够的重视。市场经济只是经济发展形态的一种阶段性手段，其过度追逐利润将对文化建设产生消极影响，可能导致对高校文化自信培养的忽视，这将有悖于人类的长远发展。我们期待的是一个工具理性和目的理性完全统一的经济形态，它将推动整个人类社会的全面自由发展。

4. 市场经济的他律性对大学文化自信培育的冲击

在市场经济环境下，各经济主体的主要目标确实是追求最大利益。然而，这种追求有时会导致个别主体越界开展经济活动。政府和法律的规定，在某种程度上会干预市场经济，使资源达到最优配置，同时保持社会经济秩序，表现出市场经济的"他律性"。

"他律性"是指市场经济中的参与者必须遵守规定和规则，以保护自身利益。在这其中，法律规定是最有权威和约束力的。然而，这并不意味着所有的行为都应受到他人或组织的约束。参与市场经济的主体，由于过度追求利益，可能会出现部分以利为本的行为。超出法律和社会习俗的行为，必然会受到法律的制约和惩罚。

相对于市场经济的"他律性"，文化自信更强调自己遵守规范，实质是一种自律的表现。文化自信不仅是培养对本国文化的热情和信心，也是要求我们文化化的实现，通过优良文化的熏陶，自觉地建立理想信念，形成良好的行为规范。

康德曾说："意愿的自我约束"是所有道德法则以及与责任相关的唯一原理。这种约束力在他看来并不仅仅是一种制约，它更多是一种自我管理和自我约束的动力。在总体上，市场经济中通过他人的规定实现自律，文化建设中，文化自信是基本导向，在价值体系构建中，通过自律实现自我约束。

市场经济的"他律性"对高校文化自信的培育确实产生了影响。文化自信中的自律行为，源于对价值和理论的深入认同，反映了非利他主义的自觉向善。长期以来，市场体系下的人们一直受他律的制约，对"自律"的意识和实践不够充分。

在人类社会不断发展过程中，我们从"熟人社会"转向"陌生人社会"，这样的转变削弱了文化自信中自律的功能。为构建更健全的社会，我们需要适应市场经济的"他律"和自律，实现社会管理的全面自律。

在建立社会主义市场经济的"他律性"时，我们既需要强化文化自信中的自律性，也需要通过优秀文化引导、教育和激励人民，进一步提升国家的精神文明水平。

5. 市场经济的文化商品化对大学文化自信培育的挑战

文化是社会进步的产物，它既具有一种自然的性质，又兼具某种商品的特征。特别在当前的市场经济环境，随着人民生活质量的极大提升，对精神文化生活的需求迅速增长，因此对文化类商品的需求量也日益增多。文化产品已然被视作一种商品，在市场中交流和流通，并由此催生了一个新的产业。虽然文化的商业化对其发展与进步有所推动，但其商业化特性也在一定程度上对高校文化自信的培育构成了挑战。

1）文化商品化可能会影响大学教师的文化观，从而挑战高校的文化自信培育。

在高校文化建设中，教师们扮演着关键角色，他们需要教授学生文化知识，塑造学生的文化价值观，并进行多元化的文化研究来引导文化的发展，这是高校文化自信建设的核心。然而，在市场经济背景下，文化的商品化导致部分教师在研究和传播文化时过于趋利，将文化研究工作看做自身事业的主轴，对满足文化消费者的需求寄予过高期待，而忽视了作为教师对文化传播和创新应尽的责任与义务。此外，有些教师因"市场化"的逻辑与目标导向，以"市场化"的方式引导文化建设，而并未真正理解文化的内涵，这可能会导致文化的异化，从而影响高校文化自信的培育。

2）文化商品化创造了快消文化，这对大学生的文化价值体系产生冲击，并挑战了高校的文化自信培育。

随着近年网络的发展和文化多样化，文化商品化现象愈发多元化，对大学生产生了一定的影响。大量的文化作品通过短视频平台如抖音等被迅速消费并得到广泛传播。当下，"直播"已经成为一种流行的文化现象，广播员通过"直播"方式获利，这也是文化商业化的一种表现。网络直播的普及，一方面满足了群众对文化快消品的需求，另一方面，也给高校文化建设带来了新的挑战。因为部分直播平台监管不力，有不健康文化现象的出现，对大学生的正确价值观念造成了影响。同时，直播这种获取利润的快速方式，也催生了一些大学生的存有错误观念，误以为只要有才艺，不需要深入学习就可以赚钱，这对他们的人生观和价值观形成了阻碍。而快速消费的文化产品，也使同学们对文化基础认知产生偏差，他们忽视了国家的传统文化，放低了对社会主义先进文化的重视，严重阻拦了文化自信的培育。另外，部分大学生的人生观和价值观已经被扭曲，这不仅对他们自身的成长不利，也将对整个社会的进步产生负面影响。

（三）西方文化的冲击

在全球一体化与信息化的背景下，各国间的互动日益加强，而文化，这特殊的思想体系，其传播范围也跨越国界，变得更加广泛。西方国家在社会变革上走在前列，他们的生产力、社会状况、经济发展及文化进步都备受瞩目。为了推动资本主义的发展，西方盛行弘扬其文化优越性，并通过各种方式向我们灌输其文化观念，试图通过文化影响我们的意识形态。亨廷顿曾指出，强大的经济和军事实力可以增强自信，激发一种对自己文化或"软实力"的优越感，这将大大加强文化及其意识形态对他人的吸引力。西方的文化通过其发达的经济条件，用各种方式对我们的文化进行渗透。

文化的形成有其特定的时代背景，因此它自然带有某种社会性。西方文化源于资本主义，其思想观念和价值观念与我们存在巨大的差异。西方文化的不断侵入无疑对我国的文化建设产生了一定的冲击，也会对大学生在成长过程中的文化认知和思维方式产生影响，从而妨碍高校文化自信的培育。

价值观是文化的核心，由此确定了文化的独特性。西方的文化侵略实质上是资本主义意识形态和价值观的渗透。经过 300 多年的发展，西方国家在经济、科技和文化上都取得了显著的进步，在世界舞台上处于领先地位。以美国为代表的西方国家利用其在经济上的优越性，大力宣传其先进的生产方式和生活方式，进行文化渗透。在资本主义社会中发展起来的文化，同样带有强烈的功利和自由的价值观，这并不利于社会主义的核心价值观的建立，也会对高校的文化自信教育产生不利影响。

1. 以个人为主的功利主义的侵蚀

"个人本位"的功利主义思想的确对西方文化的形成和发展产生了重要影响，在西方文化中也得到了广泛的传播和认同。它主张以个人最大的利益为目标，这种以自我为中心、追求最大效益的理念昭示了浓厚的功利主义色彩。西方价值观强调个人的权利和自由，美国人的价值观更是将"个人权利"视为至高无上的存在，这也反映在其对外政策中。

"个人本位"，意味着把个人置于整个价值系统的最高地位，过分强调个人自由和兴趣。虽然个人主义在尊重人的个体性方面颇有积极意义，但过分的个人中心主义可能导致对集体利益的忽视，这在很大程度上与我们的价值观存在冲突。

另一方面，功利主义是一种以利益为导向的价值观，追求最大化的经济利益，可能导致对经济利益的过度追求和行为失范。这种以自我为中心的功利主义理念可能刺激人类的积极性和创造性，但同时也导致了人们偏倚"利己主义"价值观，"极端利己主义"以及"实用主义"价值观，甚至可能导致道德滑坡。

信息技术的发展使得西方文化对我们的影响更为广泛，对我国大学生的价值观施加深远影响。近些年来，随着国际一体化和我国社会转型，文化呈现出多元化的发展趋势，西方国家的个人主义和功利主义趋势也日益显现。一部分人由于受到西方文化影响，把自身利益置于首位，质疑社会主义集体主义价值观，引起一些问题。特别在大学生这个特殊的群体中，较为突出的问题包括自我中心化，集体荣誉感淡薄，社会责任感淡薄等。深入了解和认识社会主义仍然不够，对社会主义信仰的缺失，都对大学生的文化自信的弘扬和培育产生了不利影响。

我们需要在保护我国文化的同时理解和坚决反对危害集体利益的个人主义和功利主义的影响，需要强化教育，尤其对年轻人进行合理的价值观教育，以确保我们的文化可以蓬勃发展，并适应社会主义核心价值观。

2. 资产阶级自由主义的危害

西方资本主义发展迅速，除了依靠第三次工业革命带来的生产力优势外，还离不开早期通过武力占领原材料产地累积的财富。然而，随着社会的持续发展和进步，世界的主题转向和平与发展，掠夺原料产地和军事占领已经不再可能。为了保持资本主义的可持续发展以满足国内经济和政治需求，西方国家开始关注社会价值观，并试图利用其经济优势宣传西方社会的先进价值观。因此，西方国家纷纷倡导"普世价值"和自由主义思想。自由主义起源于西方的资本主义制度，它在意识形态上反映了自由主义经济和政治，也是西方文化的主要表达方式。自十一届三中全会以来，中国进入了经济和社会深度变革的历史时期，在这个过程中，西方国家对中国进行了一系列"自由主义"的渗透，对我们国家的价值观和文化构建产生了一定的影响。具体表现在经济方面，自由主义反对公有制，反对政府的改革和管制，主张全面的私有化和完全的市场化。在政治方面，它提倡宪政民主，否认中国共产党的领导、人民民主、宪法和中国特色社会主义制度和原则。在社会层面上，主要体现为倡导"公民社会"，鼓吹"私利至上"，反对政府干预等。在价值观念上，西方所倡导的"普世价值"，如民主、自由、人权，被视为超越时间和空间、超越国家和阶级的普遍和永恒的价值观。

然而，自由主义强调个体，认为个体的自主和选择需要在个体与社会的关系之上实现。同时，自由主义的价值观也引导人们从现实角度看待问题，强调个人自身利益，将任何价值选择视为以眼前和现实利益为出发点。总体而言，西方国家通过文化渗透，在我国推行自由主义，旨在动摇中国共产党的领导地位，否定中国共产党在经济、政治和社会各个领域取得的成就，否认社会主义的先进地位。然而，自由主义的以个人为中心的价值观，容易让人只考虑自己的利益，缺乏群体意识和人情味，从而导致人际关系紧张和冷漠。对大学生而言，受到西方媒体强烈宣传的影响，他们很容易陷入"自由主义""民主""自由"和"开放"等价值观的误导，进而推崇西方文化而排斥中国文化，这对培养文化自信产生了影响。因此，我们需要在大学生教育中加强文化教育，让他们了解和认识中国的优秀传统文化，增强文化自信和认同感。

3. 手段多样的文化渗透与扩张

在过去，美国前任总统理查德·尼克松曾强调："下个世纪，发动战争的成本会更高，而经济实力与思想意识将是决定胜负的关键。"文化作为一种无形的渗透方式，对个人的意识形态和价值观产生了越来越显著的影响。一些西方国家正利用文化影响力企图对我国进行所谓的"和平演变"。但在新的历史时期，以习近平同志为核心的党中央高度重视文化，并注重培育广大人民群众的文化自信，这为我们抵御外来文化侵蚀提供了有力的途径。西方国家对我国文化的渗透范围不断扩大，渗透方式也日趋多样化。现实的情况是，大学生在鉴别力和抵抗力方面还不够强，容易受到西方文化的影响，从而对本国的文化产生动摇，进而影响到文化自信的培育。因此，我们需要提高大学生的文化鉴别力和抵御能力，使其更好地抵御外来文化的影响，坚守本土文化的核心价值。同时，推进文化创新和文化交流，加强本土文化的创作和传播，为广大人民群众树立正确的文化自信心，以应对日益增强的文化竞争和影响。从目前的形势来看，文化在西方社会中的传播方式，可以从如下几个方面入手。

1）通过语言文字渗透

文化的具体表现之一是语言，它不仅是一个民族的象征，也是文化的主要传播媒介。过去几十年来，由于对外开放和与国际接轨的需要，学习英语已成为全国人民共同的共识。在西方国家的带领下，他们抓住了这个机会，推动了全民学习英语，同时大力推广他们的思想、价值观以及文化。近年来，英语对汉语的影响越来越明显，一些不规范的汉语使用以及英汉混用的现象也随之出现。汉语的弱化在使用和传播中，从本质上是对我们自身文化的损失。

2）通过文化教育活动

文化的具体表现之一是语言，它不仅是一个民族的象征，也是文化的主要传播媒介。过去几十年来，由于对外开放和与国际接轨的需要，学习英语已成为全国人民共同的共识。在西方国家的带领下，他们抓住了这个机会，推动了全民学习英语，同时大力推广他们的思想、价值观以及文化。近年来，英语对汉语的影响越来越明显，一些不规范的汉语使用以及英汉混用的现象也随之出现。汉语的弱化在使用和传播中，从本质上是对我们自身文化的损失。

3）通过文化产品输出

伯努瓦是一位来自西方的学者，他指出了文化全球化的核心问题，即资本主义不再仅仅销售商品，而是销售标志、声音、图像、软件以及各种联络方式。这些文化产品不仅无处不在，还占据了所有的想象力和交流空间。在全球化的进程中，西方国家对文化的影响已经变得更加隐蔽，从物质的"货物"转变为更加深入人心的"产品"。

以西方文化为例，由于其在全球文化领域的领先地位，文化内容更具吸引力，尤其对新事物充满好奇心的大学生群体尤为有吸引力。近年来，以大学生为主要受众的美剧迅速走红，形成了"美剧热"的趋势，西方国家也通过这种方式进一步渗透文化。

然而，西方国家对国外文化的输出往往存在着一定的"渲染"和"包装"，这些修饰往往会误导大学生，导致他们盲目崇尚西方文化，并对本国的文化产生怀疑。因此，我们需要提高大学生的文化审美和识别能力，让他们能够深入了解和思考不同文化背后的内涵和价值。同时，我们也要加强本国文化产业的发展，塑造具有吸引力和影响力的本土文化产品，以保护和传承我们的文化自信。

（四）大学自身存在的影响因素

1. 对文化自信培育重视不够

大学有它自己的特点，它有别于其它的社会生产和服务机构，它是一个社会中思想、观念和知识的发祥地，所以，有效地保证大学在思想研究、观念传播和知识探索中的充分的自由，是大学发展的必然要求。然而，目前社会上却充斥着一股负面的舆论，对中国教育进行不合理的批判，无论是在网络上，还是在媒体上，甚至是在人们的谈话中，都出现了对中国教育的不合理批判，这使人们开始怀疑教育科学的价值。与此同时，新的社会发展特点，新的市场需求，对中国高校的影响，以及对高校办学质量的降低，以及对高校办学功能的忽视。这种消极的、消极的思想，不但使人们对高等教育失去了信心，而且使人们对中国高等教育失去了信心，也使文化自信受到了严重的威胁，使人们对中国教育产生了严重的负面影响。教育是一种"人"的培育，具有复杂、不确定和多元的特点，是一种很难准确把握的长期行为。中国的教育在其发展历程中，具有自己的传统与特色，是中国文化不可或缺的一部分，而高校作为一种特殊的机构，则必须以积极的引导，以提升其教学品质；提高大学生自信在中国特色社会主义文化中的地位。

2. 文化建设水平不高

中国特色社会主义的文化是中国特色社会主义思想体系的重要组成部分，它不仅具有强烈的理论张力，还有深刻的现实解释力。文化自信是"四个自信"的基石，因此，我们应该深入理解文化自信在中国特色社会主义中的内涵和生成逻辑，巩固文化的传播与思想研究的主阵地，将文化的传播与思想的研究摆在重要位置。

大学既是教育和科研机构，也是文化的社区，承担着对文化的传承和弘扬的重要任务。一个大学是否有独特的文化，是衡量其管理水平的重要标志。而大学文化的培育与形成主要是通过"浸润"的方式实现的，在学校中建立起凝聚力与认同感。然而，在国内的高校教学中存在一些不足之处。首先，对优秀的国家文化的教学不足。在高校的教材中，关于中国传统文化的学科较少，并且普及程度不高。其次，缺乏多样化的文化教学内容。现在的高校教学模式过于一元化，难以满足当今社会对人才培养的多元化需求，过多关注专业和技能方面。第三，地方教育内容的不足。高校的教学内容脱离了当地的经济和社会发展，无法为地方的发展提供有效的服务，同时也导致了大量的文化边缘化，无法回到家乡为其服务。高校教育必须与社会发展相适应，为社会提供高质量的人才。高校文化的建设与民族认同感和文化认同感密切相关。

在当前高校人才培养进入"提质"升级、"换轨"机遇和"改革创新"攻坚期的重要阶段，高校应该如何将"中华文化""地方知识""民族文化"等知识纳入课程体系，并整合各种资源，以打开"专业课"的局面？同时，高校还应紧密结合文化体育和社会实践等载体，切实贯彻"立德树人"的方针，为高校教学改革提供新的思路。这样既能增强学生的文化自信，也能提高对本国文化的传承和发扬，为社会和国家的发展培养出更合格、更有责任感的人才。

3. 课程结构不合理

在现代大学中，职业教育的确是一种重要的教育形式。然而，一些人普遍认为，职业教育过于功利主义和实用主义，可能对人的理性、智慧和对真理的追求不利。通识教育被视为高等教育的一部分，是全体大学生必须接受的非专业教育。通识教育的目标是培养能够主动参与社会生活、承担社会责任、全面发展的个体，以及培养一个国家的公民。通识教育在内容上，指的是广泛的、非专业的、非功利性的教育，包括基础知识、技巧和态度等方面的培养。

现代大学的宗旨是培养"全人"，学生应该具备开阔的视野和扎实的学识，以适应现代科技发展和学科交叉的需要。学生应该拥有广泛的社会、人文和自然等学科的基础理论，以及较高的人文素养和科学素质，同时还应具备良好的团队协作能力、持续学习的能力和解决问题的能力。

然而，我国高校的专业设置目前仍存在许多问题，例如：一是专业布局不合理，专业类课程所占比重过高，而公共类与实践类课程占比较小，这导致"文化素养"难以在普通课程中得到充分培养。二是学科形式比较刻板，课程在教材内容和教学方法上与文化的融合不够，其中最常见的问题是内容空洞。三是过于形式化和功利化。通识课程多为选修课，学生以"混学分"的方式学习，往往以修够学分和顺利毕业为目标，课程以教学为主，较难达到培养文化自信的效果。

为了解决这些问题，我们应当关注通识教育的重要性，重视公共类和实践类课程的设置与教学，加强课程内容的质量和深度，鼓励学生主动参与、思考和探索。同时，高校也应通过改革课程体系，增加公共类与实践类课程的占比，定期评估和更新课程内容，推动课程教学与文化的融合。此外，也需要加强教师培训和引导，提高教师的教学水平和专业素养，从而提升通识教育的质量和效果，为学生培养文化自信提供更有力的支持。

4. 大学生的文化素养基础偏低

高校学生的文化素质不仅仅是知识水平的反映，也是内在能力和素养的提升。具体来说，高校学生的文化素质应该包括三个基本方面：首先是拥有较高的人文素养；其次是对民族和整个社会负有责任；第三是要具备积极向上的个性和良好的精神状态。

在文化自信的调查中，当被问到"你对你的文化水平是否满意？"时，大部分学生都表示不满意，同时也坦承自己多年来只关注应试科目的学习，鲜有涉及文化方面的阅读。同样，当被问到"你是否认为21世纪将是中国的世纪？"时，学生们的答案大多是不知道，不知如何评判，表现出困惑。这说明大学生在文化方面的素养还不够扎实，缺乏对事物进行评判的文化基础。

高校是培养大学生文化素养的重要阶段和场所，然而当前我国大学生的文化素养总体偏低，原因主要有以下几点：首先，大学生的道德素质较低。大学生应该成为遵守社会道德标准的榜样，但由于受到复杂的社会环境影响，他们的道德品质较差，无视公共秩序和学校规章制度，甚至表现出叛逆和作弊行为，价值观也偏向功利主义，这些都与大学生应具备的品质背道而驰。其次，学生的主体性有所增强，但存在明显的个人主义倾向。学生对自身权益的保护意识逐渐增强，但也存在对他人合法权益的漠视和片面追求利益的现象。最后，人文素养水平不高。根据目前的教育制度，高中阶段就开始分科，并且长期以来受到应试教育的影响，教育的目标和方向都是以升学为导向。课程设置过程中注重实用性，层层考核和筛选，忽视了提升学生综合素质的目的。这造成了大学生人文知识的缺失，虽然学生具备扎实的专业知识基础，但实践能力较弱。另外，大学生对社会责任的意识薄弱。在大学生中，"实用主义"成为主流思潮，追求高收入的工作职位而忽视理想与远大目标，过于强调功利主义的价值取向，导致社会责任意识的弱化。

为了提高高校学生的文化素养，我们应该重视培养学生的道德素质，营造良好的社会环境和校园氛围，倡导公共秩序和规范行为。同时，学校应该调整课程设置，注重培养学生综合素质和人文知识，提高学生的文化修养和审美能力。此外，还需要加强学生的实践能力培养，让他们能够将所学知识应用于实际问题解决中。最重要的是要加强对学生的社会责任教育，引导他们树立正确的价值观和追求目标，从而更好地承担起社会责任，为社会做出积极的贡献。

第六章

大学生中国特色社会主义文化自信培育的主要目标、内容及视角

目的是指导行为和行动的导向，内容是事物发展和演化的核心，而科研角度则是决定事物发展和发展的关键。新时代我们大学生我们中国特色社会主义文化自信的培育应该确立怎样的价值取向，以此为中心，以此为动力，以此为导向，以此为牵引，以此为导向，来推进我们的'培根铸魂'的具体实践。从根源上讲，中国特色的社会主义文化是与优秀的中华文化、革命的文化和先进的社会主义文化分不开的，那么，我们国家的新时代大学生中国特色社会主义文化自信的培育又该如何发挥这三项内容的作用呢？怎样从历史的角度、理论的角度、实践的角度来把握新时代大学生坚定地培育中国特色社会主义文化自信的逻辑进路和内在规律？本章将着重讨论此问题。

一、大学生中国特色社会主义文化自信培育的主要目标

确立培育目标的决定性作用，对培育目标的导向和实践路径起到关键性的影响。同时，针对新时代对我国大学生群体进行中国特色社会主义文化自信的培育，需要明确正确的方向。本章主要从以下几个方面展开讨论。

（一）坚定大学生主体对中国特色社会主义文化价值的信念

第一，我们需要强化大学生对中国特色文化的主体认知，即不断为新时代大学生提供中国特色社会主义文化的科学理论体系，作为塑造他们思想品质的重要导向。我们要引导大学生正确理解中国特色社会主义文化，这是在中国共产党的领导下不断解放思想，实事求是地探索寻求，特别是在新时代的改革开放后，从而取得的时代性、民族性和科学性成果。中国特色社会主义文化强调人本主义，以民为本以及和谐发展理念，并在时代发展下不断创新和优化。我们要引导新时代大学生深刻认识中国特色社会主义文化理论体系的重要功效，让他们深入理解中国特色文化在各个层次上的引导力、凝聚力和包容力。我们尊重与期望新时代大学生积极认识并

接纳中国特色社会主义文化的引领作用，并把这种文化理论作为他们的思想和行动导向，自我充实并吸取中华优秀文化、革命文化和社会主义先进文化的精华，以此推动社会主义核心价值观的培养和宣扬，全面提升自身的文化素养。

第二，要坚定对中国特色社会主义文化的信仰，就需要毫不动摇地坚守我们的初心和使命。保持初心，即坚定自己的理想信念，只有坚守不渝，我们才能最终成功。在新时代大学教育中，我们要满足多元化文化发展的需求，开阔新时代大学生的文化视野，给予他们科学的导向，鼓励他们保持坚韧不拔、积极向上的精神状态，以文化的力量建设积极向上的精神空间。我们要继承和发扬中华优秀传统文化，为国家全面小康社会建设提供强大的文化自信。社会主义文化建设必须坚持中国特色社会主义原则，以中国共产党的领导为保障。

第三，坚信中国特色社会主义文化就需要牢记《易经》中提到的"穷则思变，变则通"这一理念，强调变革、优化和创新的重要性。为了在中国特色文化建设中实现突破和超越，我们要正视国内外多样复杂形势，勇敢面对挑战，放眼未来，积极创新，以灵活应变，与时俱进的态度，推动中国特色社会主义文化建设。我们期待成为这个变革的参与者、见证者和贡献者，以灵活的方式推动新时代文化自信的培育实践，并注意优化大学育人方式的调整和完善。

第四，在新时代大学生培养和中国特色社会主义文化自信的过程中，我们需要将变革和坚守初心相结合。一方面，我们要"始终坚守初心"，以实现中华民族伟大复兴为我们的目标。另一方面，我们要根据大学生的成长发展规律和时代需求灵活变革，与时俱进。我们要勇敢走进并迎接挑战，继承、创新和科学转化中华优秀传统文化、革命文化和社会主义先进文化，这将为我们的甚至是新时代大学生的发展注入新的动力。总的来说，教育工作者应引导大学生对新时代大众文化寻找共鸣，加速和推动他们对中国特色社会主义文化自信的培养，逐步增强他们对中国特色社会主义文化自信的价值认同。

（二）增强大学生主体对中国特色社会主义文化的信任

新时代大学生对中国特色社会主义文化的理解与认同，确实起到了非常重要的作用。中国特色社会主义文化不仅是坚定社会主义道路的基础，更是国家长期稳定发展的重要支撑。这一文化包含了中华优秀传统文化的深厚内核、革命文化的伟大精神以及社会主义先进文化的科学理论，它对于新时代大学生的价值观形成、道德素质建设及综合能力的提升等方面，产生了深远的影响。

首先，新时代大学生接受中国特色社会主义文化的核心价值观教育，可以从理论和实践两个层面加强他们对社会主义事业的认同，明确人生目标和社会责任。社会主义核心价值观包括"富强、民主、文明、和谐，自由、平等、公正、法治，爱国、敬业、诚信、友善"。这重塑了他们的世界观、人生观和价值观，使其更加符合社会主义的基本要求。

其次，中国特色社会主义文化的教育引导，能助力新时代大学生形成正确的历史观、民族观、国家观、文化观。他们会明确地认识到，中国共产党是中国特色社会主义伟大事业的最坚强领导核心，中华优秀传统文化是维护着中华民族的文化根脉和社会和谐。对中华民族的伟大复兴充满信心，对捍卫国家主权、保障人民幸福生活的责任和使命十分清晰。

最后，中国特色社会主义文化对新时代大学生的行动选择有着实质作用。它的核心理念，即为人民服务、以人民为中心的发展思想，以及伟大的社会主义事业精神，可以引导他们坚持人民立场，始终与人民和国家的事业保持紧密相连，为实现中华民族伟大复兴的中国梦贡献自己的一份力量。

同时，我们也要注意到，面对当今世界多种文化并存、交流互动的复杂形势，我们既要坚定文化自信，也要促进文化开放，为社会主义文化自信向现代化、世界化迈进提供理论支撑，增强决胜全面小康社会、实现第二个百年奋斗目标的理论自信和实践自信。

（三）提升大学生主体对中国特色社会主义文化发展的信心

在社会转型进程日益加速，社会流动性不断提高的当前形势下，增强新时代大学生对中国特色社会主义文化发展的信念显得至关重要。处于这个崭新的时代，我们需要动员一切可能的手段来团结群众，激励大学生对文化发展保持信心和积极态度。当前，中国特色社会主义文化建设需在遵循文化与经济融合的理念下，处理好各方利益关系，同时关注经济与文化的协调发展。因此，在提升新时代大学生对中国特色社会主义文化的坚定信仰的过程中，我们应关注他们的生活状态，通过文化教育来缓和社会矛盾，推动社会公正的目标。教育机构需要重视中华优秀传统文化、革命文化和社会主义先进文化的传播与创新，辅以教育引导和实践培育，将中国特色社会主义文化的精髓融入到学生的思考、情感和行动中。借助中国特色社会主义文化的力量，激发新时代大学生克服种种挑战，积极为新时代的进步贡献力量。我们还应强化中国特色文化在对外交流与互动的积极作用，开放中积极学习、交流和借鉴，充分利用外部有利条件推动中国特色社会主义文化的成长，为新时代大学生培养对中国特色社会主义文化的自信创造更好的环境。在提升新时代大学生的中国特色社会主义文化自信的过程中，我们应强化文化教育在思想政治教育中的地位，使其发展为一种新型的思想政治教育。同时，我们需要防备外部力量对中国特色社会主义文化产生的影响和问题，特别是抵御来自西方的文化侵袭，引导各类次文化，批评错误的价值观，协助新时代大学生建立正确的价值观，在更深层次上理解中国共产党、马克思主义和中国特色社会主义的优越性，以提升他们在文化层面的综合素养。最后，我们应助力新时代大学生培养对中国特色社会主义文化的信心和坚定信念，让他们成为推动和传承中国特色社会主义事业的坚实力量。

二、大学生中国特色社会主义文化自信培育的主要内容及视角

在新的时代背景下，我们新时代的大学生对中国特色社会主义文化自信的培育，应以中华卓越的传统文化、革命文化以及社会主义的先进文化为主线，注重历史、理论和实践的贯穿。这意味着我们应当深化对中华优秀文化传统的传承与发展的理解，通过学习中华文化的深厚内涵，提升对中国传统价值的理解力和信心。与此同时，我们也要高度重视革命文化中包含的红色精神，坚守革命信念，从历史的角度把握革命力量和智慧。此外，我们还应向社会主义的先进文化学习，深入理解先进的思想理论，研究社会主义文化的最新成果。在培育文化自信的过程中，我们需要重视历史的学习和思考，深入研究中国特色社会主义理论和实践，从历史的视角来感知中国特色社会主义文化的发展轨迹，从而增强文化自信的基础。我们需要将理论知识与实践活动相结合，通过实践的方式，加深对中国特色社会主义文化的理解和信念。以中华优秀传统文化、革命文化和社会主义先进文化为主轴，注重历史、理论和实践的相互贯通，我们将具有更坚实的基础和更强大的力量，进一步培养新时代大学生对中国特色社会主义文化的自信，为实现中华民族伟大复兴的中国梦做出积极贡献。

（一）大学生中国特色社会主义文化自信培育的主要内容

在新时代大学生的中国特色社会主义教育过程中，选择适合的文化资源对于建设他们的文化自信非常关键。中华优秀传统文化、革命文化和社会主义先进文化是构筑中国特色社会主义文化自信的基石，也是我们学校重点强化新时代大学生文化自信的主要素材。借助中华优秀传统文化的传承和弘扬，我们有助于提升学生对中国传统价值的识别与认同，以及对中华文化独特魅力的理解和体验。以革命文化为依托，我们有助于弘扬学生对革命先烈的崇尚观念以及对社会主义事业的热忱，点燃他们为实现中华

民族伟大复兴尽心奋斗的坚定信心。通过学习实践社会主义先进文化，我们有利于培育学生的前瞻意识和社会责任感，引领他们以积极的态度投身于社会主义现代化的建设中，为实现中华民族伟大复兴的中国梦尽自己的一份力。因此，在传承中华优秀传统文化的同时，我们也需关注培育学生对革命文化和社会主义先进文化的理解与认同，全盘推进中国特色社会主义文化的传承与创新。

1. 注重中华优秀传统文化教育

正如魏征在《谏太宗十思疏》中所说："求木之长者，必固其根本；欲流之远者，必浚其泉源。"对于新时代我国大学生的中国特色社会主义文化自信培育来说，积极寻求中华优秀传统文化的滋养，并寻找其赖以存在与发展的根本精髓至关重要。

其一，要重视中华优秀文化的教学，可以从以下几个方面进行优化：第一，加快中华优秀文化的科学化、科普化。通过专项资金支持、多媒体教学和现代科技应用，将中华优秀文化全方面、全过程、多层次地融入到大学生系列教科书和教辅材料中。可以创新地将中华优秀文化纳入教材，比如在相关专题教育中，以"见义勇为""孝老爱亲"等为主题，以科学性的教材为导向，注重中华优秀文化的科学性和实用性。同时，需要注意分阶段实现教材培育目标，根据不同学习阶段进行科学教育导向。第二，重视中华优秀文化的课程设置，确保在大学教学中有充足的教学时数。制定科学的课程计划，开设中华优秀文化的必修课程，并合理设定相应的课时。同时，要加强对中华优秀文化的教学工作协调发展，使各学科、各专业的教学内容与中华优秀文化相结合，强化"孝悌""信礼义廉耻"等优良文化内容的教育。第三，加强大学生对中华优秀文化的认知。教育工作者和学校管理者应积极学习和传承中华优秀文化，提高自身的道德素质，使中华优秀文化在学校教育和学习中发挥积极的教化作用。第四，优化中华优秀文化的教学方式。教师应不断加强对中华优秀文化的研究，并探索适宜的教育与教学方式，如建设全面的网上思想政治教育系统、开展民族团结工程以及应用翻转课堂等。图片、文字、声音等多媒体手段可以在教学中发挥灵活的应用，调动学生对中华优秀文化的学习兴趣。第五，重视中华优秀文化的生活教育。学校要注重培养学生的人生观和价值观，引导他们在日常生活中养成良好的行为习惯，并通过实践活动塑造中华优秀文化的榜样。在学习、交流和切磋中引导学生的文化素养提升，全面提高学生在中华优秀文化方面的能力、品位和认同。

其二，强调对中华优秀文化的贯彻和渗透；第一，重视用经书对人的道德教育。中华优秀的文化，内涵丰富，对新时代大学生起到了很好的教育作用，帮助他们克服焦虑和不安，净化心灵，提高品位。其中包含了许多价值观，如诚实守信、家国情怀、道德责任感、自我修养、孝亲尊师、爱国思想、正直勇敢等，这些都在不同的层面上发挥着重要的教育、感化和熏陶作用，成为了我国大学新时代的重要资源。新时代国家大学应积极挖掘传统经典中的精髓和内涵，加强对中华文化遗产的教育，例如《论语》《孟子》《大学》等经典著作和唐诗、宋词等文学作品。同时也要吸取其他文化优秀的教育资源，如元曲、明清小说等。努力指导新时代大学生通过研读经典，培养自强不息、修身养性、关注社会等文化精神，形成正确的价值观和志向。另外，大学还应推动大学生积极参与文化经典阅读活动，并创造以经典为核心的教育环境。第二，要进一步丰富大学校园的文化活动。利用文化的感染、熏陶和教化功能，举办中华优秀文化的文艺节目、知识竞赛和辩论等活动，通过专题讲座和文化节提升学生的质量和文化品位，使大学生在愉悦中陶冶情操、净化心灵，提高文化的思想水平。第三，通过丰富多彩的社团活动提高学生的素质。针对大学生的兴趣爱好和身心发展特点，加强传统文化领域的研究，通过绘画和其他艺术形式的社团活动，提高学生对文化的认识和参与度。同时，在大学中要配备专业的老师，加强对社团的管理，利用各种社团活动引导学生参与中华优秀文化的实践活动，发挥文化社团的教育作用。第四，要做好对大学生的文化教育。在开学和毕业典礼、重大节日庆祝、各级表彰等场合，将伦理准则和文化传统融入其中。通过举办有关文化的教育活动，增强学生的责任感，在学校中发挥积极的社会责任，培育中国特色社会主义的文化自信，实践学校的"文化铸魂"。第五，要突出文化的特点。在文化的教学活动中，及时、科学地奖励先进和惩罚落后，在中华优秀传统文化、文化革命和社会主义先进文化等领域树立优秀典型，在学校中发挥文化模范的价值引导作用，增强文化的感染力和渗透力，提高学生对中华优秀文化的整体素质。第六，在校外进行文化实习。社会实践是培育大学生文化自信的重要途径，可以通过建立文化教育基地、完善基础设施等方式，组织学生参与各类博物馆和文化景点的实践活动，以民族风俗、中华优良文化名胜、民族礼仪等为教育载体，提高学生对中华优秀文化的认识。我们认为，新时代对大学生的文化教育应通过文化实践活动来提高学生对文化的认识，加强学生对学校的文化认同感，引导学生积极融入中华优秀文化，充分利用中华优秀传统文化的教育功能，提高学生的价值观。同时，要以文化为载体，培养学生的责任感和价值观，推动大学生对文化自信的培育和坚定，促进学生整体素质的提升。在实践中，促进大学生的综合发展，提高文化素养，使社会实践活动和地域文化有机结合。各学校应根据所处地区的文化特点，发挥学生对史文化学习的热情和积极性。

其三，在推动高校文化优秀传统方面，我们应强化校园环境的建设。首先，加快大学校园文化的物质化进程。校园文化的物质性环境是学校文化建设的重要内容，它是体现学校硬性环境的设备和展示，对于中华优良文化在大学中的传播具有重要意义。学校应根据自身办学特点，精心规划校园景观，营造充满文化氛围的校园，以优美校园环境促进"文化铸魂式"活动的开展。通过创造美丽的校园风景等自然环境，影响新时代大学生的心灵，培养他们的品德修养，并提供良好的自然条件，力求打造出优秀的"自然景观"，以塑造文化的精神世界和提升文化品位。其次，要以文化为核心，优化大学的精神氛围。大学的精神文化是学校的文化传统，也涵盖了学校和学生对文化的观念、价值观和人生理念的认同，为培养中国特色社会主义文化自信的新时代大学生提供了指引。各大学应将优良的学校风气和校训作为培育文化自信的有益资源，制定科学个性化的学校风气和学校文化标识，将其作为积极的资源来影响、培育和教育新时代大学生的主体意识形态和文化自信。通过各种形式的传播宣传，扩大中华优秀文化的传播范围，利用互联网等工具为学生提供多样化的文化教育内容。最后，营造规范、理性和系统的文化氛围。各级高等院校应根据实际情况，科学规划和布局，并运用法律法规和制度来引导学校文化建设。学校领导要深入学习党和国家关于中华优秀文化的知识，建立科学指导中华优秀文化教育的组织机构，确保中华优秀文化教育的目标、内容、方法和手段准确掌握。同时，建立激励机制，通过奖惩制度激励教职员工和学生积极参与中华优秀文化的学习和交流。建立管理体系，科学管理师生行为，制定规范和手册并不断改进，以有效的管理体系引导新时代大学生对中华优秀文化的认知、认同、内化和践行。重视校园环境建设、优化精神氛围和建立管理体系，可以帮助学校推动中华优秀文化的传承与发展，培养新时代大学生的文化自信和综合素质。通过这些措施，我们可以打造出具有影响力的校园文化，在中华优秀文化的熏陶下，引领新时代大学生的成长和发展。

其四，推动社会与学校协同教育格局的形成，可以从以下几个方面进行优化：

第一，充分发挥大学教育的主渠道和主阵地的功能。大学是新时代大学生教育的主要阵地和主要渠道，在中华优秀文化体系的大学教育中，应积极做好以下工作：确立科学合理的目标，以有效的行为练习为导向。构建超前和前瞻的合理价值目标，以科学合理的目标提升中华优秀传统文化教育实践的可操作性，并以此为导向引导高校的中华优秀传统文化教育实践，确保其具体培育的实践具有文化的科学价值参照系。将"立德树人"作为教育的基本目的和价值取向，将"立德树人"与中国特色社会主义文化自信的培育结合起来，在培育中国特色社会主义文化自信的过程中重视

"立德树人"的培育。大学教育应在具体的教学实践中总结和探索，并在"文化人"的层次上落实"立德树人"的教育价值观。加强大学生思想政治工作，重视人文精神教育。第二，对大学校园内的中华优秀文化进行社会资源的整合。在新时代大学生的中华优良文化教育中，应充分发挥各种社会资源，形成良好的社会氛围，并积极整合政府机关、企业、文化机构、社会福利机构等多方力量，对中华优良文化进行全面发掘。积极争取政策支持，如文化馆、美术馆和博物馆的免费开放；通过书画院、名人故居等文化场所和资源，汇聚各种教育力量，充分发挥社团组织的教育和管理功能，为大学生的中华优良文化树立更高的文化价值取向。在社会各个方面重视精神文明建设，重视社会公共道德的培育，纠正社会陋习，有效治理各种违背中华优良文化的文化，培育新时代大众的社会责任感，为构建新时代中国特色社会主义文化自信提供良好的社会环境。第三，凝聚全校上下的力量。新时代对我国大学生中华优良文化的教育是一个系统工程，需要整合政府机关、企业、文化机构、商业机构、社会福利机构等多方力量，共同推进中华优良文化的强大力量。引导各方参与社会中华优良文化的建设，鼓励他们为高校中华优良文化的建设提供建议，实现多元协同，科学凝聚新时代对大学生中华优良文化的强大力量。第四，改善家庭的生存环境。家庭是大学生取得成功和成就的起点和港湾，在大学生文化中，家庭对培养学生的公民素质和个人品格起着重要作用。因此，在新时代大学生家风家教活动中，要将中华优良文化纳入家风家教活动中，优化家庭环境，发扬"孝"的文化和价值观。重视家庭对孩子的道德教育，培育孩子的独立能力，引导他们树立正确的世界观和价值观，使其在多样的文化信息中科学应对，全面提高孩子的社会责任教育。

其五，积极引导大学生在新时代注重自身建设。首先，要加强对中华优秀文化的认识。在中华优秀文化的基础上，大学生应传承和发扬中华优秀文化，从中学习和吸取精华，创造出多样的文化成果，并不断提高自己在中华优秀文化方面的素养。同时，积极推进中华优秀文化的创新与发展，了解中国文化的历史传统、现状、发展趋势和国际形势，提高大学生对中华优秀文化的理解、学习、认同和内化能力，促进中华优秀文化的创造性转化和创新性发展，为提高大学生对中华优秀文化的认可度做出贡献。其次，利用传统智慧提升个人素质。中华优秀文化博大精深，成为人们生活中不可或缺的精神。大学生应深入研读和学习中华优秀文化，汲取其中的智慧和养分，以发展自身精神境界。从中华优秀传统文化的理念出发，积极塑造文化精神，发掘文化的精髓，整合有用的材料，成为大学生主体文化素质全面提高的力量和智慧源泉。此外，应加强爱国主义教育。通过学习中华优秀文化的基本道德准则，培养高尚情操和诚实品格，培育爱国主义精神。借助中华优秀文化的智慧信条，促进新时代大学生的精神成长。同时，要注重个人的细节和每一天的进步。大学生应抓住学习中华优秀文化的每一个细节和环节，不断汲取其中的智慧养分，提高自己的文化价值观和精神境界。每天都要反省自己，以问题为导向进行反思、分析、解决，不断自我调整和提高，推动大学生主体和文化素质的提升。倡导个人团结合作。通过学习中华优秀传统文化，从中吸取智慧，形成一股汹涌的力量，使多种主体的制度合力聚集在一起，共同投身于中华优秀文化的校园教育。在培育中国特色社会主义文化自信的过程中，大学生应从中华优秀文化中吸取精华，为中华优秀文化注入新的时代价值内涵，充分发挥其时代教育魅力，为新时代和中华优秀文化提供强大动力。同时，注意把握变与不变之间的关系，继承、融合和再造中华优秀传统文化的元素，并适应新时代环境下的情况和特点，使大学生的意识形态和价值观更加科学、理性，行动更加多元化。

2. 强化革命文化教育

在我们的社会里，富含革命理念的文化，既为国家和人民带来益处，又符合时代发展趋势，深深地得到了人们的喜爱。在我国历史的难熬时刻，这种文化是鞭策人们团结奋进，同心协力，振兴国家的主要力量。对于当前的大学生来说，革命文化也是推动中国特色社会主义文化自信的关键组成部分。因此，高校教育者需要加大在文化和革命知识教育方面的教育力度。

第一，我们应大力弘扬红色文化，提升大学生对新时代观念形态的理解。革命文化是一种价值深厚的精神食粮，其包丽多样，包括历史博物馆、革命遗址和伟人故居等实体资源，也包含红色知识、信念和价值观等非物质资源。可以通过多样的方式调动和教育革命文化，如举办校园活动、观赏红色电影和红色歌曲，参观革命文化的展馆和遗址等。

第二，加强文化革命性教育，拓宽大学生的知识领域。思政教育是培育中国特色社会主义文化自信的主要途径。各高校应主动将红色历史教育融入思政教育的主要途径，培养大学生的红色知识储备，提高他们对红色文化的理解和认同，提升他们的文化精神修养。

第三，挖掘红色资源，增强大学生的信仰建构。红色资源包含了对人民的忠诚、实事求是的精神，奋斗的精神等，也含有中国传统文化的精髓。通过深入挖掘红色资源，展示其吸引力，深化大学生对文化革命的意义的理解，帮助他们树立正确的理想信念，积蓄强大的精神能量，支持社会主义的和谐发展。

第四，通过红色实践活动实现知行合一。红色实践活动在引导和提升大学生全面精神和意识形态方面发挥了重要作用，同时也推动他们的思想和观念体系的提升。我们可以引导大学生开展丰富多彩的红色社团活动，通过网络推广红色影片和相关资源，以多样的方式增进大学生对红色文化的理解，加深对文化的认同，并在社会实践中实现红色文化的知行合一。

总的来说，文化的革命性是新时代高等教育中必不可少的一部分。我们应积极挖掘红色资源，加强对大学生的文化和革命知识的教育，扩宽他们的认识范围，提升他们的信仰建设，并通过红色实践活动实现知行合一。这将有利于培养和巩固大学生的文化自信，并推动中国特色社会主义的进步。

3. 加大社会主义先进文化教育

中国特色社会主义文化以"魂"为核心，对中华人民的精神面貌和价值观念的塑造起着重要作用。在中国特色社会主义新时代大学生"培根铸魂"的实践中，需要在多个层面上强化对社会主义先进文化的培育。首先，积极推进各项方针和政策，建设文化建设社会主义先进国家。各级政府在文化建设中应制定相关方针、政策、法律和制度，积极引导社会主体参与社会主义文化的构建，发挥引导作用。高校应科学指导新时代大学生，根据其特点，符合党和国家关于社会主义先进文化建设的方针政策，推进文化自信培育的实施。其次，推进社会主义核心价值观的培育和传播。社会主义核心价值观是引领实践发展的重要思想指南，不仅仅是华而不实的花言巧语。高校应积极培育和传播社会主义核心价值观，提高大学生对文化的认识、判断和分析能力，引导他们抵御思想思潮的冲击和误导。通过各种活动和项目，全面培育和弘扬新时代大学生对社会主义核心价值观的理解和实践。再次，加强法治建设，为构建中国特色社会主义文化提供保障。法律"红线"的确定是社会主义文化建设的实质和保证，在社会发展中维护国家和人民利益的重要举措。高校应弘扬法治精神，推动法治文化建设，引导大学生遵守法律，形成良好的法治观念和社会风气。通过法制宣传教育，提高全社会的法治观念，为中国特色社会主义先进文化和新时代大学生的教育提供支持和保障。最后，整合与社会主义文化相关的教育资源，最大程度地发挥文化对人的影响。在培育中国特色社会主义文化自信的过程中，需要整合各种教育材料，形成系统化的教育力量，使文化的教育价值最大化，并赋予时代的教育意义。总之，中国特色社会主义文化的培育应该从政策引导、核心价值观培育、法治建设以及整合教育资源等多个层面推进。这将有助于培养和巩固大学生的文化自信，推动中国特色社会主义的发展。

（二）大学生中国特色社会主义文化自信培育的主要视角

在新时代大学"立德树人"的实践中，为了提升大学生的中国特色社会主义文化自信，我们应综合思考历史教育、理论学习和实践教育三个方面。首先，通过系统的历史教育，让大学生深入了解中国特色社会主义的发展历程、理论基础和实践成果，激发他们的爱国热情和责任感。其次，加强对马克思主义和中国特色社会主义理论的学习，提高对核心价值观念和发展规律的理论认知，培养他们的思辨能力和创新精神。最后，通过实践教育，让大学生亲身参与社会主义先进文化的实践活动，感受其力量和价值，并将其融入到个人的行为习惯和社交方式中。高校和教育机构也应提供相应的教育资源和支持，共同推进大学生的中国特色社会主义文化自信培育，为建设中国特色社会主义事业培养更多有信仰、有担当的新时代人才。

1. 从历史层面加强中国特色社会主义文化自信的培育

在新时代大学"立德树人"的实践中，我们的中国特色社会主义文化自信的培育必须立足于新时代的历史位置。我们需要以历史为镜，根据我国历史的发展演变规律，从历史的层面上汲取经验和智慧。首先，我们要强化对中国历史遗产的继承性。为了建设中国特色社会主义新时代的文化，我们应从历史的演变中寻找我们文化的源，并以历史的思维方式来看待文化中的各种问题。中国特色社会主义文化自信的培育需要引导新时代的大学生主体，认清巨大的发展进程，并从中华优秀文化中吸取营养，理性地借鉴中华民族特有的历史价值观。通过研究中国共产党、新中国的历史以及改革开放的历史等方面，将我国中华优秀传统文化、革命文化和社会主义先进文化的体系有机结合，丰富和拓展新时代大学生主体的精神世界，努力在历史层面上提升新时代大学生的国家自信和文化自豪感。其次，我们要注重以现实为基础。历史的生成过程是真实的发展过程，我们的大学生在新时代下要以马克思主义的指导下，积极引导他们去研究民族、科学、大众文化，并致力于研究中国特色文化在新时代的实践中所取得的新理论成果。在新时代大学生和文化自信的方面，积极引导和宣传新时代大学生等媒体，为增强大学生群体的精神力量提供有力支持。使新时代大学生认识到文化自信在培育中国特色社会主义方面的成果，认识到中华民族的伟大复兴，并增强他们对中国特色社会主义文化的自信与自豪感。在新时代中，唤醒文化的精神力量，为文化自信培育凝聚内在的原动力与源力。最后，我们要放眼未来。我们要不断传承和发扬文化中的优良思想，同时适应时代的要求，进行创造性的转化和创新性的发展，为中国特色社会主义文化自信的建设和发展做出积极贡献。在培育新时代的大学生和中国特色社会主义文化自信方面，我们既要善于继承和传统，也要学会对其进行科学、理性、创造性的研究和发展。在引导我们的新时代大学生和我们的中国特色社会主义文化自信方面，要采取包容、博采众长的态度，吸取其他文化的智慧和营养，不断提升我们文化在学校教育方面的软实力，使我们的文化在中国特色社会主义文化自信所倡导的"各美其美""美美与共"的理念将更好地指导我们新时代大学生与中国特色社会主义文化自信所倡导的共享和合作。最后，在对历史、现实和未来发展的各个层面进行有效统筹的同时，要做好前瞻性的预见，蓝图设计，未雨绸缪，以应对突发事件的准备。我们的新时代大学生和中国特色社会主义文化自信的培育教育应以史为鉴，立足现实，面向未来，全面掌握时空演变的规律性，积极推进大学教育的合规性和目标性，努力为中国特色社会主义的进步和发展做出贡献。

2. 从理论层面加强对中国特色社会主义文化自信的培育

在时代中，我们大学生在中国特色社会主义文化自信的培育上需要注重科学、正确的理论指导，使理论能够发挥作用。首先，我们需要建立综合的理论视野，全面统筹和系统规划，对事物的发展进行全局性思考。对于新时代大学生培育国家中国特色社会主义文化自信，我们需要从整体上来考虑，为实践提供正确的理论引导，避免理论上的偏差。我们的教育工

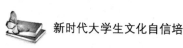

作者可以结合文化的发展、政治体制、经济发展等方面，对文化进行整体的认知和系统的研究，以理论为指导，用系统的思考方法指导文化自信的培育实践。其次，我们需要加强系统化的理论思考。通过系统地掌握培育中国特色社会主义文化自信的理论内涵和外延，将各种要素有机地结合起来，协调好每个子系统。马克思主义理论应该作为我们的指导，对培育的各个方面进行系统思考，将文化的现象、事件纳入思考的范畴，以系统的理论思维指导文化自信的培育。同时，我们要整合和挖掘各种优秀的资料，汲取各种智慧的养分，提高新时代大学生在培育中国特色社会主义文化自信中的认知和应用能力。再次，我们要科学地理解理论。培育中国特色社会主义大学生文化自信必须以马克思主义理论为指导，借助辩证法科学地看待文化自信的理论。新时代大学生应该理解文化的社会价值效应，并创新吸收中国特色社会主义文化自信的理论精髓，以科学的理论认识指导中国特色社会主义大学生文化自信的培育实践。最后，我们要全面掌握中国特色社会主义文化的理论特点。大学要注意到文化的历史特点，根据历史条件赋予中国特色社会主义新时代文化新的内涵。同时，根据实际需要和理论发展阶段的特点，回归文化自信培育的实践，为中国特色社会主义文化自信的"培根铸魂"注入新的时代内涵。我们的高校要明确自身的定位，为时代发展需求提供服务，把握理论发展的特点，为文化自信的培育工程注入新的时代内涵。总之，新时代大学生培育中国特色社会主义文化自信需要重视理论的指导，建立整体的理论视野，加强系统化的理论思考，科学地理解理论，并全面把握中国特色社会主义文化的理论特点。只有在理论的指导下，我们才能更好地实践，推动中国特色社会主义文化自信的不断发展。

3. 从绩效层面提升中国特色社会主义文化自信的培育

有效性是评估事物发展和演进的重要指标。在新时代大学培养中国特色社会主义文化自信的实践中，培育的质量和效果受到实效性的影响。因此，提升培育的实效性成为新时代大学培养中国特色社会主义大学生文化自信的关键。第一，积极执行制定的培育目标。明确目标、科学执行，将目标作为指导，激发实践动力，加快和推动事物发展。培育活动要紧扣目标，确保在复杂多变的环境中正确应对，不偏离新时代大学"立德树人"的基本目的和基本价值主旨。同时，制定科学、合理的培育目标，时刻激励高校进行多元化培育，例如通过合理分阶段的培育、调整具体方式和方法、优化培育过程，实现对中国特色社会主义大学生培育的科学指导，提升培育的质量和成效。第二，提高教学质量和成效。针对新时代大学生的特点，教育工作者要科学把握其活泼好动、容易接受新鲜事物和个性张扬的特征，在具体实践中重视中华优秀文化、文化革命文化和社会主义先进文化的知识，结合相应理论发展，充实教育内容，使其更加生动、形象。培育对象的作用提升需要提高学生的学习积极性和主动性，采取正确的教育方式和方法，使培育成为真正的教育，提高学生对中华优秀传统文化、革命文化和社会主义先进文化的热情和主动性。第三，加强对学生主体性的培育实效。培育新时代大学生的中国特色社会主义文化自信是主客体相互影响、不断发展的过程。以中国特色社会主义文化自信为指导思想，提高学生在教学中的作用。要注重培养学生的学习积极性和主动性，通过采取适合不同学生的培育方式，因材施教，让学生在学习、思考和运用上下功夫。同时，着力提升教育的亲和力，以具有较高亲和力的教育内容，在潜移默化中促进学生对中国特色社会主义文化自信的培养和坚定。第四，构建科学的考核制度。科学的晋升考核是提升培育的重要保障。巧妙地运用科学评估方式和方法，及时收集整理培育成果和信息，根据质量和效果进行综合评估，从全局角度对培育实效性进行有效评估，及时调整和优化培育过程中的不足，确保培育在科学评估的指导下服务于新时代大学生和文化自信培育。通过以上措施，可以提升培育的实效性，有效推动中国特色社会主义文化自信在新时代大学生中的培养，提高培育质量和成果的实效性。

第七章

新时代大学文化自信培育
改进的有效策略

在新时代背景下，我国离"两个一百年"奋斗目标更近了一步，但也面临着更大的挑战。实现中国梦和中华民族的伟大复兴需要强大的精神力量的支持。党和国家在党的十八大后高度关注文化建设和改革，将文化自信提升到新的高度，作为实现中华民族伟大复兴的精神推动力。习近平同志提出了文化自信的重要性，强调只有树立文化自信，才能激发国家运行的活力，推动文化繁荣发展，实现中华民族的伟大复兴。因此，在中国特色社会主义文化建设中，强调对文化自信的教育，培养全民的文化自信和民族的自豪感，具有重要意义。作为知识传播和年轻人成长的地方，大学既是学习知识、发展能力、实现梦想的场所，也是继承和创新文化的主要战场。在新的历史条件下，增强大学生的文化自信建设、增强对中国文化的认识和自信意识，成为高校面临的重要任务。高校应根据新时代的大环境，立足于文化与社会的良性互动，立足于自身的价值追求、办学理念和学科设置的现实，全方位提高文化自信的培育水平，为实现中国梦提供强有力的人才和智力支持。

一、以全面发展理念为引领，实施新时代大学文化自信培育

党的十八大以来，习近平在多个演讲中多次强调文化自信的重要性，将其提升到关系国家命运的历史性高度。他指出，文化是一种精神，是一个民族的灵魂。历史和现实告诉我们，如果一个国家抛弃或背离自己的文化，它不仅无法成长，反而会上演历史悲剧。文化自信是一种更加根本、广泛、深刻的自信，具有更加持久的力量。坚定文化自信关系到一个国家的兴衰，关系到文化的安危，关系到一个民族的独立精神。在新时代，文化建设以文化为中心，以文化自信为中心，以中国特色社会主义为中心，以人民为本。高校是我国文化建设的重要力量，对于培育文化自信来说更是义不容辞。人的全面发展是马克思关于人类的基本理念，也是对人类全

面发展的认识。因此，当前的各个高校应深刻意识到坚定文化自信的重要意义，并根据马克思的人的全面发展思想，分析高校对文化自信的培育所起到的积极影响，以先进的思想指导高校文化自信的培育，提高高校思想政治工作的实效性。

（一）坚持整体育人，为新时代大学文化自信培育提供动力

人类的发展是人类的最终目标，马克思以"人"为核心，深入阐述了人的发展，并形成了"人的综合发展观"。人的全面发展是指人的身心、人格和社会性得到普遍、充分、自由的发展。在新时代，高校应深化对马克思的"人的综合发展观"的理解，以"整体性育人"为指导，将人的发展与社会发展相结合，注重发掘学生的潜力和兴趣，以人为本，实现高校学生的全面发展。

高校学生不仅是学者，也是社会中的一员，他们对文化的认知和文化自信的程度直接影响着社会对文化的认知和文化自信的程度。在新时代，民族的发展更需要坚实的文化精神支撑。开展文化自信教育有助于指导大学生的德智体全面发展，使他们更好地成长为优秀人才。同时，树立文化自信对于实现中国梦提供了强大的精神动力。

高校应该牢固树立"整体性育人"的思想，将推动人的全面发展和推动社会进步有机地结合起来，形成强大的合力。在培育文化自信的同时，高校应推进高校文化建设，促进高校文化与社会文化的良性互动，创造教师和学生共同参与的良好环境。高校应明确培育文化自信的目标，将其与民族发展、社会进步紧密相连，为推动全社会形成文化自信贡献青春的力量。

同时，高校应注重人的主体性、个体性和参与性，发挥教师和学生的潜能，以学生为文化自信教育的主体，提高高校文化自信教育的有效性。在实施文化自信教育时，高校应以"整体性育人"思想为指导，以全面发展的视角看待各种文化，继承优良传统、摒弃劣质文化，以促进高校教育和中国文化的发展为基本价值观。

（二）坚持以文化人，为新时代大学文化自信培育提供手段

党的十八大以后，我们党和国家站在社会主义事业发展的全局高度，强调加强文化建设、培育文化自觉，树立文化自信的意识。文化自信是推动伟大斗争、伟大工程和伟大事业的精神力量，它对于实现伟大理想具有重要作用。在培育文化自信方面，高校承担着重要的责任和任务。

第一，高校应提高文化自信培育的意识。高校要确立文化人培育的思想，将文化自信培育纳入新时代课程中。中国拥有丰富的历史文化和革命精神的文化，以及社会主义先进文化，为文化自信的培植提供了坚实的历史基础。高校在文化建设和发展中扮演着举足轻重的角色。党和国家一直寄予高校教育厚望。高校应认识到自身在构建文化自信中的责任和任务，以教育职能为依托，持续强化文化自信的培育，在创建世界一流大学的过程中，充分传承和展示中国优秀文化，通过文化教育凝聚、激励人心，培养大学生对文化的强烈民族自豪感和自信心。

第二，高校应充分利用调查数据，加强对大学生的文化自信教育。据我们之前的调查数据，超过 90% 的人相信文化自信对文化的影响很大，并会起到促进作用。只有约 7% 的人并不了解或不相信这一点。这表明大学生对文化自信的认知程度还有待提高。因此，高校在培育文化自信方面应加强对大学生的教育，引导他们正确理解文化自信的重要性，并提高他们对文化的认知和认同程度。

第三，高校应以文化为生源，提高文化教育的质量。高校应改变当前"重学科轻文化"和"重理科轻文科"的教学倾向，从根本上提高文化教育的地位和水平。从价值观出发，高校应以培养人才为中心，通过强化专业建设，以文化教育培养学生，为高校文化自信的建设提供坚实的基础。高校应推动学科改革与创新，从"教"向"学"的转变，让课堂更加深入人心，让学生在学习专业知识的同时感受到学科的魅力。

第四，高校应运用美育的方法，在文化的美学追求中推进文化自信的培育。文化的美不仅仅指文化本身的美，更包括民族之美和时代之美。因此，高校应加强对文化的美学教育，提高大学生对文化的认识、欣赏和创造的能力。同时，高校应积极推动文学事业的发展，把中华文化作为文学创作的重点，讲述中国的故事，传播中国的文化声音，使中国的思想更加深入人心。

在文化自信的培育过程中，高校要牢记自身承担的职责与使命，凝聚全体教师和学生的力量，在文化强国的战略中发挥积极的作用。高校强化文化自信的教育，旨在培养具有理想信念和思想观念的高素质社会主义人才，通过文化自信的形式传承中华优秀文化、发展社会主义先进文化，为中华民族的伟大复兴提供有力的精神支撑。

（三）坚持以人为本，为新时代大学文化自信培育提供保障

近年来，我国高等教育事业不断发展完善，高校对大学生主体性的重视也逐步提高。"以人为本"的理念已成为大学基本的教育理念，即一切为了学生，为了学生一切。这意味着高校教育管理举措应该体现人的全面发展，发挥人的主动性和学习能力。然而，有些高校在培育文化自信过程中将其简单与高校文化建设等同起来，忽略了大学生在文化自信培育中的角色和需求。这种做法是不可取的。根据班杜拉的社会性学习理论，教育必须满足学生的需求并为他们所接纳，才能取得有效的效果。文化自信源于文化的自觉性，费孝通将文化自觉性定义为对文化的一种反思，主要体现在对文化的辩证、去伪存真等方面。文化自觉性与文化自信的自觉性实质上是个人对文化的一种态度。因此，在培育文化自信方面，我们必须充分尊重学生的个性，始终坚持"以人为本"的思想指导。提高对学生个人尊严的认知，并确立"以人为本"的思想，有助于学生对文化的认同，有助于提高文化自信培育的针对性和有效性，有助于提高学生的文化意识。在"以人为本"的思想指导下，引导高校文化自信的培育，要求重视学生的特

点和需求，肯定大学生的主动性，并支持他们对文化的发展。首先，在文化自信的培育过程中，贯彻"以人为本"的思想，使学生处于教育的中心。在高校文化自信的培育中，要尊重大学生，调动他们的积极性，全面了解他们对文化自信的需要、兴趣和愿望。要提高大学生对文化自信培育的积极性和自觉性，充分发挥学生的主体作用，确保培育效果。他们在参与中感受中国文化的魅力，塑造自豪感和荣誉感，从而树立起文化自信。要将"以人为本"的教学思想贯彻到具体的教学实践中，紧跟时代的主旋律。大学生是思维活跃、善于学习的群体，我们应充分利用他们的优势，抓住时代的主题，充实和丰富高校文化自信教育的形式。通过阅读、艺术、作品欣赏等活动，以生动有趣的方式传播我们国家文化的成就和发展，提高我们对文化的参与度和文化自信程度。要注重服务，建设优秀的教师队伍，推动高校文化自信的培育。在"以人为本"的教育思想中，高校不仅要教书育人，还要服务育人，弘扬育人的精神。因此，我们需要建设一支热爱学生、懂得文化和教育的高素质教师队伍。只有关心、了解和支持学生，才能有效地推动文化自信的培育。通过文化的熏陶和教育，以及教育方法和途径，传播文化的力量，凝聚人们共识，推动文化自信的形成。高校应积极推进以人为本的文化自信培育，尊重学生的个性，完善教学实践，建设优秀教师队伍，以此推动大学生的文化自信。这样才能更好地实现文化自信培育的目标，推动高校文化自信的形成。

（四）利用重要论述和巨大成就，促进新时代大学文化自信培育

新时代的出版标志着我国经济和社会步入了一个崭新时期。文化自信作为一种强大的精神力量，在当代社会中扮演着重要的角色。高校深化文化自信的培育不仅是国家发展的实际需要，也是高校发展的客观需求。然而，无论是从文化的形成和发展，还是从高校文化的实践来看，这都是一项系统的、长期的工作。

为了进一步推进高校新时代文化自信教育工作的落实，提高高校文化教育工作的实效性，全面提高大学生的文化意识和文化自信意识，高校应以习近平同志的相关论述和我国改革开放四十年的伟大成就为重要的参考点。习近平同志关于构建文化、培育文化自信的文章，从多个层面阐述了树立文化自信的重要意义，培育文化自信的方法和观点。这些论述提供了高校开展文化自信教育的重要依据和基本原则。

因此，高校应积极学习和运用习近平同志有关文化、文化自信和高等教育的重要论述，以提高高校文化自信的培育水平，加强对大学生文化自信的培养。首先，学校领导应带头学习，并真正理解习近平同志的相关观点。针对学校的实际情况，进行整体设计和安排，推动文化自信的培育工作。同时，各院系的领导和教师也应认真学习习近平同志的文章，深入理解其中的精髓，并将其融入到文化自信的培育中。为了提升效果，可以用学生易于理解的方式传达这些内容，以加强文化自信的培育效果。

此外，通过多方位的研究，让学生理解习近平同志文章中重要论述的意义。使学生了解我国对文化的认识和建设，推动他们对文化自信的认知。特别是当前高校学生以"95后"为主，他们生活在改革开放的时代，分享了改革开放的成果。然而，由于其生长环境的差异，他们对国家发展历程、创业的艰辛等方面缺乏基础知识和认知，对我国文化的价值认知也不足，这影响了文化自信的培育。因此，高校应以我国改革开放取得的伟大成就为动力，引导学生参观相关展览、图片展等活动，通过比较过去与现在，让学生感受时代的变迁和国家的伟大进步，激发他们的自信心，增强文化自信的自觉性。同时，高校也应展示自身在改革开放中的成就和贡献，提高学生的社会责任感和敬业精神，鼓励他们积极参与到文化自信的培育中。

二、以文化自觉培育为根本，推动新时代大学文化自信培育

文化意识是实现文化自信目标的基础，也是根本条件。费孝通先生提

出，文化的自觉性意味着每种文明中的人都自我反思，认识到自身，使人更加理性，摒弃无意义的冲动和盲目行动。在培育文化自信的过程中，培养文化的自觉意识至关重要。只有通过科学的态度和方法，自觉地反省自己的文化，我们才能实现不同文化之间的共同价值，实现各有千秋、美人之美、美美与共、世界大同的境界。文化的自觉意识是文化建设和发展的基本驱动力，而文化自信则是广大人民群众积极参与社会实践的精神支柱，是他们积极参与社会实践的有力保障。文化自信的核心是对自身文化的客观而正确的认识，以及对自身文化的准确而科学的定位。面对信息爆炸和文化蓬勃发展的新时代，大学生正面临多样化文化的冲击和困惑，这对文化自信的建设产生了影响。因此，高校在开展文化教育时既要传授国内优秀的文化知识，也要教会学生如何正确对待和认识文化，培养科学的文化认知能力。只有如此，大学生才能意识到自身文化的优秀之处，同时认识到国外文化的不完善，进而坚定自己的文化自信。为此，高校应开设多样化的课程和活动，引导学生深入了解和研究中国优秀的传统文化，包括历史、文学、艺术等方面的知识，并将其与现代社会发展相结合，培养学生的文化自信能力。同时，要引导学生实施跨文化交流与比较，了解不同文化的特点和价值观，开阔视野，拓展思维，培养拥有全球视野和文化自信的大学生。高校应通过引导学生进行文化反思，提高文化自觉意识，传授优秀传统文化知识，培养学生正确看待和认识文化的能力，进而增强大学生的文化意识和义化自信。这样的努力将有助于他们更好地认识和发展自己的文化，增强文化自信的信念和态度。

（一）坚持马克思主义，树立辩证的文化观

在国家面临危机的关键时刻，坚守马克思主义原则的中国共产党人，挺身而出，挽救了国家命运。在我国追求现代化的过程中，马克思主义一直是我们的灵魂标杆和战斗旗帜。若回望中国文化的发展历程，我们可以发现马克思主义始终作为文化建设和发展的精神支柱，不断推进革命文化

的形成和文化建设的发展。在未来的日子里，中国文化将继续以马克思主义为根基，发挥更大的作用。

马克思主义坚持唯物辩证法，批判继承和发展人类的成果，形成了科学实用的理论体系，为无产阶级革命提供了基本的思想指导，成为无产阶级的世界观。它通过坚持唯物主义，可以有效地克服唯心主义的局限，帮助我们更加准确地认识世界和事物的发展规律。同时，坚持辩证法可以在理论联系实际、实事求是中形成与时俱进的品质，推动马克思主义不断发展。

对于大学生的发展、文化建设以及文化自信的培育等方面，马克思主义作为无产阶级思想的集中体现，其作用是不可替代的。因此，在培育文化自信时，高校应以马克思主义为指导，辩证地看待文化，正确地认识和理解中华文化，批判性地继承和发展外国文化，以确保中国文化的应有地位。

在新时代，高校开展文化自信的培育须以马克思主义为思想指导，注重教育实效，与时俱进，确保理论与实际紧密联系。马克思主义是我们国家的理论旗帜，为我们的行动提供指导，确保社会发展始终沿着正确的道路前进。

在新的时代背景下，要求我们对马克思主义进行进一步的中国化、时代化和大众化的处理。在培育文化自信时，高校应运用与时代相适应的马克思主义理论，结合大学生的思维特性，持续以马克思主义为指导，不断推动发展创新，充实时代内涵。

首先，高校应强化马克思主义教育，培育一支坚守马克思主义理论的队伍，推动高校文化建设，为高校的全面发展作出贡献。其次，要深化对马克思主义基础理论的学习，推进马克思主义中国化和现代化进程，丰富马克思主义的内容，为大学生立下科学的文化观和正确的价值观，提供新的思考路线。

总的来说，高校在培育文化自信时，应该以马克思主义方法为指导，提高大学生对文化的辩证认识，引导他们看待文化的多元性和母体性，促使他们批判地接受和发展外国文化，尤其需要科学地看待西方文化，注意其先进性和积极性，同时也要警惕其个人主义、功利主义的价值取向和所谓的"普世价值"的荒诞。让大学生对文化有辩证认识，正确理解和解读我国的文化，能够抵御外来文化冲击，有助于建立文化自信。

（二）坚持传承发展，树立全面的文化观

高校作为受教育的主体，对中华文化的认识、信心以及积极参与将直接影响高校文化自信的培育。近年来，随着国家经济的快速发展，社会对人才的需求不断增长，这要求高校加强自身的建设和发展。然而，部分高校过于注重学科建设和校园基础建设，在文化建设方面只是敷衍了事，没有将培育文化自信作为重点工作，这必然会影响到培育文化自信的效果。为了进行文化自信的培育，高校应认清自身在民族文化建设中的责任，充分发挥自身的阵地作用，坚持中国文化的传承和发展。基于这一基础，高校应以整体的视角审视文化，形成对文化的正确理解，确保文化自信培育方案的科学性和推广性，并保证大学生能够在浓郁的文化氛围中建立起文化自信。

1. 正确认识文化的创造性

文化是社会实践的一种持续创新活动。高校要更好地继承和发展我国文化，实现文化自信的培育，就必须正确理解文化中所蕴含的创新精神。文化是人们根据自身本性和外部环境创造和保持的内容总和，同时也是人们与世界互动采取的思想和实践方法，以及产生的物质和精神成果的总和。文化中的行为模式与行为结果相互依存、相互制约，在互动中共同演化。在培育文化自信方面，高校要以掌握文化的创新为前提，正确理解和学习文化，并开展相应的教育活动。高校不仅要认识和正视文化的现实情况，同时也不能将其视为僵化、固化、不变的事物。更重要的是要从我们已经取得的文化研究成果中，抓住我们文化的精神和节奏，抓住文化的生命之

魂。只有这样，文化自信才能在高校中焕发生机，并更好地展现其教育效果。

2. 正确认识文化的系统性

文化是一个由多层次、多层面内容构成的有机整体，是由许多相互关联的因素所构成的体系。本书认为，文化的结构具有耗散性，文化体系是一个动态的体系。文化包括哲学、宗教、政治、经济、文艺、文学、艺术等多个方面，涵盖了教育、风俗习惯等多层次、多层面的有机整体。文化的内容可大致分为三个层面：思想、意识和价值观念，其中价值观和思维方法是最为关键的两个方面。第二个层次是文物，代表着文化的实体，包括哲人的著作、作家的文艺作品和科技的实体等。第三层是制度和习俗，是人们的思想意识所凝聚出的社会规范和框架。文化根据所面临的问题可以分为人与自然的关系、人与人的关系以及人与精神与物质的关系等。我们的国家文化是一门博大精深的学科，而文化体系更是一门内容极为丰富的学科。在培育文化自信时，高校必须对文化体系有清晰的理解，并根据不同的教学需求从中挖掘教学资源。在此基础上，高校应明确自身在文化体系中的位置，并主动参与民族文化的建设。

3. 正确认识文化的时代性和民族性

文化，因时代而异，因国家而异。文化自信是对文化的一种肯定，也是对文化的一种信任。在文化自信的培育过程中，对文化的时代与民族性的把握，将有助于高校对本国文化的正确理解，建立对本国文化的自豪感。这对把握文化的本质，提高教学效果都是有益的。各国文化都有其优点和缺点。坚守文化的民族特性，就是要在与文化的对比中，坚守文化的最根本和最根本的部分，既要看自己的优点，又要看别人的缺点。高校应准确把握文化的时代性，为大学生注入新的时代内涵，让文化更接近于生活，更有实际意义，更能适应文化的实际需求。同时，要对文化的民族性有一个准确的理解，要使同学们理解文化的民族性，从自强不息、艰苦奋斗、一往无前的民族精神中，体会到文化的魅力，从而培育出一颗骄傲、一颗自信之心。

（三）坚持良性互动，树立互鉴共进的文化观

培育文化自信不仅需要学习本国的文化，还需要学习其他国家的文化。通过对比和学习，我们可以更深刻地体会到我们国家文化的博大精深，同时吸取国外先进文化的成果，促进本国文化事业的迅速发展。近年来，西方各国通过各种途径试图通过文化向我国青少年的意识形态渗透，对他们的意识形态和价值观产生一定影响。然而，我们不能因此对文化持封闭的态度。文化自信不应是故步自封的观念，而应是开放与分享的观念。高校作为学术研究和人才培养的重要单位，既有机会接触西方文化，也有机会将中国文化传播给全世界。因此，高校有机会获取"中国声音"，同时也有机会将中国文化传播给全球。在当今经济一体化和文化多样化的全球环境下，高校应与中西文化保持良好的互动关系，建立共同的文化观念。具体而言，一方面，高校应积极宣传中国文化，将大学生引入文化宣传活动，让他们在参与活动中体会中国文化，构建文化自信；另一方面，高校应对西方先进文化进行批判性吸收，对国外文化进行本土化的转化，使其成为自己的优势。

1. 在批判中吸收西方文化

像美国这样的西方国家，在我们之前就已经步入了现代化，无论在社会、经济还是文化上，都走在我们前面。文化自信既是对自己国家、自己民族的文化抱有自信之心，也是对外来文化的一种宽容。高校在文化自信的培育过程中，面临着西方文化的冲击，不能一味地否认或模仿，而应在批判中学习和吸收西方文化。在文化自信的培育中，学校既要树立正确的文化观念，又要对外来的文化加以筛选，使学生能够从外来的文化中汲取有益的东西，抵制外来的个人主义、拜金主义、功利主义等消极的影响，使学生能够从外来的文化中汲取有益的东西。此外，在对西方文化的教学过程中，除了对文化的讲解外，还应对其形成的社会背景和发展机制等问

题进行阐述，从而使学生对西方文化有一个全面的认识，并在认识和对比的过程中，对其有一个全面、客观的认识，从而对其文化有一个全面和客观的认识。

2. 持续发挥孔子学院的文化传播功能

培育文化自信的过程需要学生了解本国文化和吸收西方文化的同时，也要推广和发展中国文化在全球范围内的影响力。近年来，随着中国经济的快速发展，中华文化凭借其独特的魅力引起了全球的广泛关注，孔子学院在全球范围内得到了广泛认可和赞誉。孔子学院是我们在全球推广汉语教育和中华文化的平台，通过长期的全方位介绍，向世界介绍中国的经济、政治和文化，为我国在全球树立了丰富且真实的形象。随着孔子学院的国际化和中华文化的国际化，其成功运作标志着中华文化在国际上的影响力不断扩大，对汉语的国际化和中华文化的国际传播具有积极的借鉴意义。近年来，我国也正在努力建设世界一流高校，推动更多高校走向国际舞台。在文化传播方面，可以通过在海外设立孔子学院、派遣教师和学生赴海外等方式加强文化的传播，让教师和学生在传播文化的过程中加强对文化的自豪感，树立起文化自信的理念。

3. 加大访问学者和留学生选派力度

改革开放后，国家高度重视对访问学者、留学生的选拔与派送，在科技引进、文化的输出等方面，都有显著成效。近几年，随着国家发展水平的提高，人才的培育意识的加强，公派留学生和访问学者的人数呈上升趋势，在这种情况下，高校应抓住国家的政策机会，多派学生、访问学者等，以提高人才培育效果。而高校在选拔时，除了要考察所派师生的知识和学习能力外，更要注意他们的文化素养，利用各种教育方式，培育他们具有传播文化的能力，并促使他们在国外的生活中，进行中华文化的潜移默化地传播，从而在不知不觉中，成为推动中国文化走向世界的骨干力量。

4. 要突出大学的开放性

近年来，来我国学习的外籍学生数量也在不断增加。高校在培育外籍学生时，应将中华文化与汉语基础教学、文化课程、学位课程、文化业余活动等有机结合起来，让外籍学生更深入地了解中华民族精神、悠久的历史以及中华文化的文学艺术和价值观。通过这样的教育方式，希望能让更多的外籍学生认识和认同中华文化，进而推动文化在海外的传播。在面向海外学生的培训中，高校应积极引导本国学生与海外学生就文化问题展开交流。可以通过组织各种论坛、讨论会、文化读物交流和文体活动等形式，促进中西两种文化的交流，增强大学生的文化自信。同时，大学也可以利用自身在文化领域的优势，举办国际性会议等活动，吸引更多国外专家学者到中国进行交流，从而深化他们对中华文化的认识。

三、以思想政治教育为抓手，深化新时代大学文化自信培育

大学思想政治工作关系到大学培育什么样的人、如何培育的人、为谁培育的人这个基本问题。我们要始终以立德树人为核心，在教育教学的整个过程中，做到全过程育人，全方位育人，不断开创我国高等教育发展的新局面。高校作为我国高等教育发展的最前沿，承担着为社会主义建设服务的重要任务。"以德为本"是高校建设的基本要求，是高校建设和发展的基本任务。思想政治教育是高校德育工作中的一项重要内容，也是高校大学生教材道德建设的主要途径，它直接影响到高校德育工作的质量。日前，我们国家提出要坚定文化自信，既是对中国特色社会主义对文化观念的深化与创新，也是中国特色社会主义建设事业发展的客观要求，也是高校思政工作的一个新维度。"思想政治教育是文化的一部分，它是文化的一部分，也是社会的一部分。"思想政治工作是高校教育工作中的一个重要环节，它既有文化的教育作用，又有文化的传播作用。为此，新时代类高校应以"以德育人"为根本宗旨，以"以人为本"为核心，以思想政治教育为核心，全面推进文化自信的培育，让大学生类高校更好地实

现文化自信的目标。

（一）以思想政治教育促进文化价值认知

深化对文化的洞察，全面理解文化的价值，是建立文化自信的根基。"认知"是心理学上的概念，通俗地讲，是个体获取和应用知识时对信息进行处理的过程，这包括感知、记忆、想象。在价值认知的层面上，对文化自信的认识更加深入且具更高的抽象性。

对于文化自信的价值认识，它含有两个层次：一是认识到我国文化的价值属性，这是一个丰富的、具体的、具有特殊价值的文化；二是理解文化自信自身的价值，认识到文化自信的科学性、先进性和具有重要价值。这两个层级的价值认识是建立文化自信精神的根据，并可作为培养文化自信精神的主要途径。

在某种程度上，文化自信为高校的思想政治教育带来了新的挑战。高校则应该发挥其在人才培养上的角色作用，引导学生对中华文化及其文化自信的价值做到认同，进一步提升他们的文化意识，以逐渐提高文化自信的程度。

1. 明确内容和要求，促进大学生文化自信的价值认知

在高校思想政治工作中，应充分认识大学生对文化自信的培育作用，明确大学生对文化自信培育的内涵及实质要求，增强大学生对文化自信的价值认识，提高高校文化自信培育的效果。中国的文化由中国的优秀传统文化、革命性文化和社会主义的先进文化构成，而大学生对文化自信的价值观则是建立在我国特有的文化的魅力之上。高校在进行思想政治教育时，应充实优秀文化的教育内容，通过课堂教学和实践教学，使大学生对优秀文化有更多的了解，对它有更深的认识，并体会到它的独特魅力。同时，我们在认识文化的内容的同时，也要认识到文化自信的内涵，也就是要使学生认识到文化自信对于促进个体的全面发展，繁荣我们的社

会主义文化，推动我们的社会主义事业的发展，鼓励学生把自己的理想和社会的理想结合起来，使文化自信中蕴含的价值观，在大学生中形成一种自觉的追求。

2. 坚持一切从实际出发，促进大学生文化自信的价值认知

一切从实践出发，既是马克思主义优良的理论品格，又是高校应坚持的办学思想。就高校文化自信的培育而言，大学生的现实状况，文化的需要，学习的特点等等都是现实的。要切实提高大学生对文化自信的认识，就必须坚持以实践为指导，以理论与实践相结合。高校思想政治教育要把文化和文化自信理论与社会发展的实际、学校发展的实际、学生的文化素质的实际和实际需要的实际联系起来，从总体上进行规划，提高高校文化自信的培育效果。同时，结合大学生文化的实际需求，进行思想政治教育的内容与方式的改革。思想政治工作要从实际出发，以理论为指导，以实际为导向，以实践为导向，将文化自信的培育与学生紧密结合，以提高大学生的核心价值观。

3. 注重主体反馈，促进大学生文化自信的价值认知

文化自信的培育和思想政治教育，都是一种师生之间相互影响、相互影响的动态过程。关注学生的意见，既符合高校"以人为本"的教育思想，又符合高校培育文化自信的基本要求，又能进一步提高高校对文化自信的认识。在文化自信的培育过程中，要把学生放在主体地位，把他们作为主要的构成要素，使他们得到充分的发展；同时，它也是对文化自信进行培育的一种重要的价值取向。高校是培育文化自信的主要途径，应重视大学生对高校思想政治工作的反馈，及时解答大学生对文化的疑问、困惑，并适时对教学内容、教学方式进行优化，以实现对文化自信的全面认识。

（二）以思想政治教育提升文化价值认同

文化自信的生成是一个由认识—认同—落实到行动的具体过程。认同

也是一种心理学，它是建立在理性认识之上，表现出积极的心态。从情感层面上，对文化自信的价值定位，是对文化自信的一次升华和深化。大学生通过全面细致的认知，形成了对文化自信的系统性认知，把文化自信中所蕴含的价值内涵和个人的价值诉求有机地融合在一起，使之内在化，并在实践中得以体现。从认识的角度，认识是认识的基础，认识是过程，实践是目的；即文化中的价值观是由认识走向行动的中介，是基于自觉认识而产生的情绪认同，是文化自信形成过程中不可缺少的一环。所以，在进行文化自信的培育时，必须充分发挥思想政治教育的情感熏陶作用，使大学生对文化产生强烈的价值观认同感。

1. 分类分层教育，培育文化价值认同

"差异是一种社会存在的客观事实，多元是一种社会发展的必然趋向"，文化自信的教化，可以是以个体为目标，也可以是以群体为目标。可以是同一门，也可以是两门。文化自信的教学目标受其成长背景、学习水平、学科特点等多方面的影响，呈现出鲜明的分层与差异。高校在进行文化自信的培育时，应重视学生的差异，因材施教，分层次地进行教育。在文化自信培育的总体目标下，针对不同对象，分层设置不同层次的教育对象，并以此为基础，分层次地进行教育活动，从而提高对文化的价值认同。

2. 灵活方式方法，培育文化价值认同

价值观的培育是一个过程，它与受教育者的个人因素密切相关。因此，高校应根据文化内容和学生特点采用多样化的教学方法，以获得更好的教学效果。当前，基于个人的主观能动性，文化的价值认同可以通过自觉、引导和强制三种途径实现。自觉认可是一种更高层次的认可形式，它基于认知能力对文化现象、行为和结果的认识，并在此基础上形成一种稳定和持久的情感认可。这种认可要求个体对自我认同的水平和主体素质较高。导向性认同是一种半自觉的认同形式，它通过教育工具等方式来指导个体。

当个人对文化的认识还不够积极时，可以通过潜移默化的方法来引导个体的认知，并促使其在情感上积极接受。强迫性认同是针对具有文化排斥和逆反心理的个体身份。通过多年的基础教育，大学生对文化的认识能力已初步具备，对文化的排斥和逆反心理已基本消除，但对文化的主动认同仍存在差异。因此，高校应针对不同的学生采用"导向型"的方法，通过思想政治教育提高大学生对文化的兴趣，从而增强他们对"文化"的认同感。对具有较强认知能力和认同意识的大学生，应创造自觉认同的环境，加强对他们价值认同的支持。

3. 强化情感体验，培育文化价值认同

身份既有充分的认识，又有价值的契合和一致。为此，高校应充分发挥高校思想政治教育的作用，既要突出文化的内涵，又要突出大学生的需求，让大学生逐步在情感上对文化的认同。文化的价值观认同是一种很强的感情认同，通过感情体验可以使人体会到我们国家文化的魅力，体会到我们国家文化的价值观。高校在进行思想政治教育时，应立足于大学生的群体和个人的实际，并与其专业特征相结合，努力营造良好的情感体验；运用课堂互动教学、实地参观教学、参与式教育等方法，提高学生在思想政治教育中的参与性。要关注学生的情绪体验，在教学中及时发现学生的问题与难题，指导他们运用文化来克服难题，体会文化在生活与学习中的价值，从而在心理上产生共鸣，确立稳固的价值观。

（三）以思想政治教育推动文化价值践行

高校思想政治工作的中心是"以德树人""以德为本"，提高大学生的思想政治素质，提高文化的素养，为其参加社会实践打下良好的品德基础。同理，文化自信虽以认识、认同文化的情感为主要内容，但培育大学生的文化意识，把文化的承载力转变为自己的精神力量，是培育文化自信的基本目标。高校思想政治教育和文化自信的培育，都是一种以实践性为基本价值取向的教育方式。同时，在具体的教学活动中，可以更好地体现出文化课的价值，使学生在教学活动中更深入地体会到文化课的魅力，并对教学活动起到一定的指导作用。为此，高校应在思想政治教育中进行深度的价值实践，应充分发掘文化的价值，为大学生的实践活动创造良好的环境，使其成为增强文化自信的途径。

1. 深入挖掘好文化价值

为了让大学生深刻理解和指导文化的价值，高校在进行思想政治教育工作时需注意以下方面：首先，高校应充分发挥文化的价值，通过深入、系统地掌握国家文化，确保对学生进行有效的传授。其次，要加强高校思想政治工作的实践性，深刻认识学生的需求和国家文化的价值，并将二者融合应用于实践，以更好地满足学生的学习、理解和掌握需求。最后，由于文化的价值观相对抽象，不易为学生所理解和接受，高校在进行思想政治教育课程时应采用多种方式，提高教学的生动性，激发学生的主动性，以帮助他们更好地认同和理解文化的价值。综上所述，通过充分发挥文化的价值、加强实践性教学和采用多样化的教学方式，高校能够更好地引导和促进大学生对文化的价值的理解和认同。

2. 充分引导好价值践行

高校思政工作的核心任务是"育人"，应充分发挥其在培养大学生的作用。从培养文化自信的角度出发，首先要确立大学生对文化的基本价值认识和认同，建立相对稳定的心态和价值取向。然后，通过实践运用这些价值观，才能进一步加深大学生对文化的认同。为充分发挥思想政治教育的育人作用，需要根据大学生的实际情况将其纳入具体工作中，通过实践来验证自己对文化自信的认识与认同，并得到相应的反馈。当大学生在价值实践和认识活动中遇到冲突时，需要区别对待，并及时进行指导，确保价值实践的正确方向。

此外，要积极营造良好的实践环境，为实践文化自信的价值创造有利条件。大学生在实践中践行他们所学到和领悟到的价值观时，往往会受到外部环境的干扰。当他们的实践活动与自己坚持的价值观发生矛盾时，容易对自己的认知和认同产生怀疑和困惑，这对其成长进程不利。因此，从文化环境、舆论环境和网络环境三个层面，应为大学生的价值实践创造良好的环境，使他们的价值实践得到滋润和支持。

总结来说，高校思想政治工作应充分发挥其"育人"作用，从培养文化自信的角度出发，确立大学生对文化的基本价值认识与认同，并通过实践运用、指导引导和良好环境的营造，促进大学生对文化的深入理解和价值认同。

四、以细化大学教学为手段，加强新时代大学文化自信培育

党的十八大之后，国家对于文化建设和文化改革的关注程度提高了，文化自信也被推到了新的高度，成为实现中华文化和中华民族伟大复兴的精神动力。高校作为人才培养的重要基地和知识文化的传承与创新的中心，承担着"强化文化自信，推动文化创新"的重责。面对新的历史使命和重大责任，高校必须对自身的文化建设投入重视，同时也要积极与社会文化互动，根据自身的价值追求、办学理念、学科配置等因素，持续改善以人文精神为导向的校园环境，并不断优化专业教学。从思想政治教育、专业课程设置等方面，为培育文化自信注入新的活力，为实现中华民族的伟大复兴和中国梦提供坚实的人才保障和智力支持。此外，高校还应积极参与社会文化活动，通过多元化的文化交流和学术活动，提升学生的文化素养和创新能力，培养他们的国际视野，加强他们的社会责任感，使他们能在全球化的背景下，更好地理解和接纳来自不同文化的观念和价值。总的来说，高等教育机构在文化自信的培育工作中有着重要的责任和作用，它们必须结合自身的特色和优势，以及社会的文化环境，创新教育方式和内容，努力开展各项工作，为培育文化自信提供坚实的保证和支持。

（一）以提升文化自信培育水平为导向深化思想理论创新

高校文化自信的培育，必须在马克思主义的指导下，在改革与创新中，继续推动马克思主义中国化，突出其时代特征；要把文化自信的思想理论建设作为高校意识形态建设的一个重要内容。同时，高校要以马克思主义和文化为主要内容，加强对文化的研究，不断革新和创新，促进高校文化自信的培育。

1. 不断提升马克思主义中国化的研究成果

在我们的马克思主义学科建设中，对马克思主义中国化的研究有了良好的背景和保证，对中国的发展具有一定的理论和实践意义，对文化的构建具有重要的理论和实践意义。文化自信的坚定，既来自于我们国家文化自身的特殊魅力，也来自于马克思主义的"科学之魂"的强大精神力量。为此，各高校应努力提高马克思主义在中国的研究层次，在学习和创新中发挥我们文化的作用，在大学生上更好地树立文化自信。具体而言，就是要加强马克思主义一级学科的建设，加强"马克思主义学院"的建设，从学科设置、体制改革、经费保障等方面，提高对马克思主义中国化的研究水平，产生更多有价值的理论成果，并在文化自信的培育中发挥更大的作用，加强对学生的教育。

2. 确保哲学社会科学的系统性研究

对哲学社会科学和自然科学来说，不断强化就像是车轮和翅膀，缺一不可，共同构成了一个完整的完善的体系。以文化自信的培育为切入点，通过哲学社会科学的研究，既可以推动理论的创新，又可以推动文化的创新，而且可以对大学生的价值观、思维方式、文化的素养等方面起到一定的作用。近几年来，在科技进步的同时，高校的学科建设也出现了重理科轻文科的趋势，这一趋势明显地不利于理论创新；这不仅有损于学科自身的发展，而且也有损于文化的民族精神，有损于人民的思想品德建设。加强对哲学社会科学的研究，可以实现对有关人员的指导，突破难点，实现理论创新，这才是保证文化的创新之本。为此，高校应重视学科建设，加强学科建设，并在持续的改革中使其焕发出新的活力；加强对文化自信的研究，是构建社会主义和谐社会的重要基础。

3. 重视学科理论创新

学科作为一所高校的细胞，是一所高校不断向前发展的源源不绝的动力。主题教育作为高校的一项基础性教育，在文化自信的培育中具有举足轻重的地位。然而，从学科理论建构的视角来看，我们可以看到，很多人文科学并不是从欧美各国引进到我们的；正是在这一理论的指导下进行了建设。就学科理论而言，它们都非常缺少具有中国、民族特点的理论创新，而在学科建设中，又以西方的理论为基础，必然会受到文化的冲击，从而对文化自信的培育产生了一定的阻碍作用。以我们的文化为基础进行理论创新，既可以促进我们的学科建设，又可以促进我们的文化的发展。为此，高校应注重理论创新，创造良好的基础条件与环境，优化学科结构；通过高校资源的聚集，促进学科理论的创新，促进文化的构建。

（二）以完善文化自信培育体系为导向细化大学课程与教学

随着教育观念的发展和教学方法的多样化，高校的课程设置和教学方式正在发生重大的变革。目前，大学生的学习需要和文化自信的培育机制需要进一步完善，这就要求高校的课程和教学更加精细。从调查中可以看出，目前高校对文化自信的教化意识在加强，高校中普遍开展了文化自信教育、教化活动。但是，从总体上来说，大部分高校都只是把文化自信的培育当作了一项重要的思想政治教育内容，而缺少了具体的课程内容和教学内容。这就导致了高校文化自信教学中存在着学时少，学习深度不够，教师和学生对其关注不够等问题，从而影响到高校德育工作的成效。为此，高校应从改善文化自信培育系统的视角，对高校的课程和教学进行进一步的细化。

1. 增设文化自信培育相关课程

文化的本质特征决定了它的教学与学习都具有某种特殊的要求，也决定了它的教学与学习都要付出一些时间与努力。为此，高校应对高校的课程和教学进行进一步的细化，并努力建立健全高校文化自信的培育机制。文化对大学生的影响是渗透的，而文化自信的培育与形成也是渗透的。高校应在教学中自觉地把文化自信的教学与思想政治教育课分离开来，制订相应的教学计划，增加文化自信的培育时间，丰富文化自信的培育内容，从而提高文化自信的培育成效。具有文化艺术学专业的学校，可充分发挥已有的课程资源，开设多种形式的文化欣赏、文化欣赏等课程，从提高文化素养入手，培育文化意识，增强文化自信意识。

2. 增加文化自信培育教学评价

一个完整的文化自信培育系统需要同时具备完整的课程和教学系统以及综合的教育系统。然而，目前高校在进行教学评估时，往往过于侧重专业课程，对思想政治教育性课程的评估比例较小，尤其是对文化自信培育的评估几乎空白。这不仅影响了对大学生学习反应的及时把握，也阻碍了高校文化自信培育工作的全面推进。

因此，在细化高校课程和教学的同时，应注重对文化自信培育性教学的评估。高校应根据文化自信培育的要求和学生的需求，建立完善的教学评估系统。在这个系统的指导下，教师能够更好地关注文化自信培育的关键点，提高教学质量。在教学评估过程中，也应注重学生的积极参与，让他们认识到文化自信培育的重要性，了解他们对于培育方式的需求和接受程度，从而促进文化自信培育的最佳发展。

综上所述，一个完整的文化自信培育系统需要综合考虑课程和教学以及综合教育系统，而高校应在教学评估中给予思想政治教育性课程更多的关注，尤其是文化自信培育方面。通过制定健全的教学评估系统和学生参与，高校能够更好地推进文化自信培育工作，提高教学质量及满足学生对文化自信培育的需求，从而实现文化自信培育的全面发展。

（三）以增强文化自信培育效果为导向优化专业课程体系设计

在对《大学生中文化自信的培育情况》的调研中，笔者发现大学生对中华优秀文化这一类型的课程的期待有所增加。为了更好地理解中国的文化，我们希望能把文化的教学纳入到我们的实习课程和公共基础课程中。大学生的课程体系是其获取知识和进行教育的最根本的载体，其设计的好坏将直接影响到教育的效果。高校在设置课程体系时，通常是以专业课为主，辅以公共课等其他学科。近几年，随着文化学科建设的不断深入，部分高校也相继开设了文化专业课程。但是，无论从大学生的实际需求还是从文化课教学的实际需要来看，当前高校文化课教学在数量和质量上都存在着较大的差距。为此，高校应在深化课程体制改革的基础上，进一步充实中国优秀传统文化、革命文化和社会主义先进文化等学科的课程，并对其进行优化，设置文化经典，构建健全的文化课程，使学生认识经典，认识传统文化，促进文化自信的培育。

1. 加大通识课程的文化比重

"通识教学"是解决因学科划分和专业划分而造成的学生知识结构单一化问题的一种有效途径。加强文化通识教育，是为了健全高校的课程体系，让大学生对文化有一个基本的、系统的认识，并在此基础上充实自己的知识结构。高校应从两方面着手：一是在普通课程设置中增加文化学科的比例，增加其公共必修课的学分，并提高文化学科的公共选修课水平，最大限度地引导学生对文化自信的培育。同时，高校也可以采取分期实施的方式进行通识教育。比如，一二年级的课程，可以从中国历史、古代汉语和现代文学等方面入手；以《论语》《孟子》《唐诗选讲》《宋词选讲》等为主要内容，通过对文化知识的培育，对文化的态度的培育，对文化的认识，对文化的认识，逐步提高了对文化的认识。在大学三四年级加强对文化自信的教育，通过对中国传统文化、革命文化的认识，不断接受中国先进文化的熏陶，为培育文化自信在大学生中的坚定信念打下坚实的基础。

2. 丰富实践课程的文化内涵

高校在课程设置上，除专业课程和通识课程外，还设置了实践性课程。大学生为了更好的了解中国的文化，想把文化教学与实践性教学有机结合起来，为高校文化自信的培育提供一个良好的平台。可以在学生的见习实习过程中，通过讲述红色历史、红色人物、红色精神等，来培育学生的吃苦耐劳精神。把先进的社会主义文化作为培育社会主义核心价值的重要内容。在此过程中，教师与学生之间的联系更加紧密，教师的理念更容易被学生所接受，从而取得更好的教学效果；能更加全面地了解中国的文化，促进文化自信的发展。

五、以文化自信培育工程建设为突破，促进新时代大学文化自信培育

我们国家拥有悠久的历史，是世界上最古老的四个国家之一，光彩夺目、富丽堂皇地展现着我们文化的传统。我们国家经历了推翻封建主义、帝国主义和官僚资本主义的革命，我们的国家是坚韧不拔的民族，我们的文化是一部具有革命性的作品。如今，我们正在进行改革开放和社会主义现代化建设的历史性过程，是一个正在向前迈进的国家，在文化的进步中充满活力。文化自信并非空穴来风，它以中华文化为研究对象，源自于对文化的认识和对文化的强烈认同与骄傲感。

大学生正处在生命成长期和知识成长期，他们对我们国家文化的认识主要来自日常生活，尚未进行过系统深入的学习和教育。与此同时，在全球化和信息化的背景下，大学生对文化的困惑问题也日益突出。中华文化以中国优秀的传统文化、革命的文化和社会主义先进的文化为核心，是高校开展文化自信工作的主要渠道和重要内容。高校作为我们国家文化研究的主要阵地，对中华文化的传承和发展承担着重要的责任和义务。

在新时代，学院应重视文化自信的培育，在传承和发扬中华文化的基础上，从传统的文化、革命的文化和社会主义先进的文化三个方面，通过文化的教化、凝聚和激励作用，使大学生通过对中华文化的学习和认识，培养爱国情怀、增强文化自信，对我们国家文化的未来怀有强烈的信心。同时，本书还提出了实施"文化人计划"的方案，积极起到提高大学生文化素养和培养大学生文化自信的作用。

在高校文化自信建设中，我们不能忽视"实践性品牌项目"的重要性。从马卡连柯的教育思想中，我们可以看出在学校教育中，集体教育起着重要的作用。因此，我们应注重讲座、参观、阅读经典等形式的结合，以创造一个有利于培养大学生文化自信的环境，并合理安排各种文化活动，使其成为文化自信培育的主要载体。同时，组织大学生团体进行文化自信的培育，在建立良好的团队精神和传统的基础上，打造文化自信培育的品牌，提高教育效果。

高校应积极实施文化自信培育的品牌工程，以中国优秀的文化、革命的文化和社会主义的文化为培育主体，制订科学的培育计划，开展形式多样、健康向上、风格高雅的文化自信培育活动，并系统地进行具有中国特色的社会主义文化的培育。在立德树人的理念指导下，通过品牌工程充实和照亮文化自信培育的薄弱环节，使大学生在此过程中不断提升文化素养，树立正确的民族观念和文化自信。

（一）加强以弘扬优秀传统文化为核心的文化自信培育工程建设

中国优秀的传统文化是中华民族特有的宝贵财富，是中华民族不断向前发展的强大精神力量，也是中华文化最深厚的底蕴，是文化自信思想产生和发展的最直接、最根本的源泉。中国优秀的文化不仅是中华民族悠久历史的积累，更是勤劳勇敢的人民在长期社会实践中所汇聚的智慧结晶。这种文化具有深远的意义和博大精深的内涵，蕴含着丰富的生命哲理，对于凝聚中华民族的力量、推动中华民族的进步来说，是中华整体文化不可或缺的基石。

弘扬优良的传统文化对于提高大学生的品德修养、文化素养以及塑造大学生的"文化精神支柱"都具有重要作用，它是一个民族传承与发展的基础。如果失去了优秀的传统文化，就相当于切断了我们的精神之源。因此，高校在培养文化自信的过程中，应本着"继承"和"发扬"的原则，找到新时代大学生对中华优秀文化的认识和兴趣的结合点，使得优秀的传统文化与文化自信的培育有机地结合起来。通过充分挖掘、利用和传承文化的优良传统，高校可以使文化自信的培育效果得到全方位的提高。

文化的优良传统具有丰富的内涵和显著的教育价值，高校应该在培养文化自信的同时，充分挖掘、利用和传承这些优良传统，并加以发展。这样可以帮助大学生更好地理解和认同中华优秀文化，从而激发他们对文化的兴趣和热爱。通过与当代教育相结合，高校可以找到文化传统的现代应用，使优秀的传统文化在当代大学生中焕发出新的活力，进一步推动文化自信的培育。

1. 构建精品活动，使优秀传统文化走进学生

大学生的专业化是教学的核心重点，受应试教育的影响，大学生在进入大学之前很少有机会接受到优秀传统文化的教育。为了推广中国优秀文化，提高文化自信的培育层次，高校需要深入学生内心，引发他们浓厚的文化兴趣。在这方面，陈瑜在《中国教育报》上发表的一篇文章指出，阅读是打开正确教育之门的一种重要方式，她建议高校可以开展"读书比赛""国学知识竞赛"等形式的活动，引导学生不断阅读、思考和领悟文化的内涵。由于大学生的思维活跃且表现形式多样，这样的活动更容易吸引学生的参与，引发他们的兴趣和共鸣。因此，在高校培育文化自信的过程中，校园活动应成为主要的载体，通过精心设计的活动来弘扬文化、提高文化自信的常态化建设。高校可以根据自身情况组织中国大学生文化节、传统文艺表演等活动，将学生引入传统中华文化的世界，通过文化作品和文化活动的体验，让学生领略文化的独特魅力。

2. 开展经典教研，使大学师生的内涵有所提升

班杜拉的"社会性学习"理论认为，教育的外在影响必须满足学生的需求并被他们接受，才能最大程度地实现教育的目标。中国文化作为一门博大精深、内涵丰富、具有民族特色且时代性强的学科，它在中国古代产生并发展，打上了浓厚的时代印记。然而，大学生受到文化素养和生活经历的影响，如果直接对传统文化进行学习，可能无法更好地理解其中的深奥意蕴，甚至产生排斥心理，从而对文化自信的培育造成不利影响。

因此，高校在传承文化的同时，应通过加强对优秀文化的研究来促进教学与学习。特别是在教学方面，高校应将文化的学习纳入课程体系中，以"研促教"和"研促学"的方式进行。高校应提供必要的支持，从顶层设计为文化传统研究提供保证。那些拥有相应师资的高校应建立文化研究学会和研究机构，并根据大学生的特点编写专著、发表论文、开设讲座，从整体上提升高校的文化建设水平。

同时，在进行经典教学研究的过程中，教师也要成为中国文化传播和实践的推动者，使中国文化得到更好的传播。通过这样的努力，可以促进大学生对中国文化的理解和认同，进而推动其文化自信心的健康发展。高校应在教学中注重培养大学生对中国文化的自信，让他们深刻体会到中国文化的博大精深，并能主动传承和弘扬中华优秀传统文化。

3. 实施校地联动，使优秀传统文化在推广中不断普及

高校所在的城市地域在很大程度上影响着高校文化的建设。城市的发展水平、社会环境以及文化氛围都会对高校产生制约和影响，同时高校的存在也会反过来影响所在地区的发展。总体而言，拥有大学的地方往往具有浓厚的文化氛围、快速发展的文化和强大的文化生命力。高校具备文化建设方面的优势，无论是在成果还是人才方面。因此，高校之间应该加强合作，共同开展文化建设活动是非常必要的。高校可以利用这个平台，更多、更好、更有影响力地宣传文化，并主动寻求与当地政府合作、开展校

地合作，以宣传文化为中心开展各种活动。与当地的文化部门、文化学会和博物馆等单位合作，共同进行学术研究，促进文化的传承和文化自信的培育。通过校地共建、联动共享的方式，形成一个有利于文化建设的局面。

这种合作可以促进高校在文化建设方面的影响力扩大，提高高校文化教育的质量。同时，也可以与当地社会形成更紧密的联系，使高校文化与城市发展相互促进、相互融合。通过共同努力，可以在文化传承和培育方面取得更好的成果，推动地区文化的发展与繁荣，为社会进步做出更大的贡献。

（二）加强以挖掘革命文化为核心的文化自信培育工程建设

中国的发展历程并非一帆风顺。在国家面临危机的关键时刻，中国共产党领导着中国人民进行了艰苦的斗争，最终实现了国家的独立和统一，实现了国家的发展和富强。中国共产党和中华民族在漫长的革命历程中经历了千辛万苦，最终取得了胜利，这是人类革命史上的一大壮举。革命精神以井冈山、长征和延安为核心，红色精神则以"西柏坡精神"为核心，描绘出了革命性文化的壮丽画卷，这种文化反映了中国共产党以人民为中心的优良品质，也反映了中华民族的顽强民族性格。

中华民族具备与敌人决一死战的精神，具备独立自主恢复昔日荣耀的意志，具备跻身世界民族之林的力量。革命性文化思想是在长期的革命历程中形成和发展起来的，它是一种强大的精神力量，支撑着中国革命的成功。尽管现今的中国已脱离了战乱，但仍面临着困难和挑战，特别是西方列强不断试图制造分裂。爱国主义仍然是一个永恒的话题，特别是对于大学生来说，只有通过这样的理念，才能激发出强烈的社会责任感，将自己的人生理想融入祖国的发展建设中，成为合格的社会主义建设者和接班人。

因此，高校应以红色文化作为根本切入点，坚持理想与现实相结合、导向与生活相结合、抽象与形象相结合的原则，培育文化自信。在这一基础上，需要提高大学生对红色文化的认识，增强对红色教育的认同，从而提高他们的爱国热情。高校应该将红色文化教育纳入教学计划，并通过丰富的红色文化活动，加强对于文化的传承和理解，促使学生更加热爱和关心祖国的发展。

1. 潜移默化渗透革命文化，形成良好氛围

班杜拉的"社会性学习"理论认为，在进行社会性学习时，必须重视对学生的影响，使其在学习中发挥最大的作用。采用"浸润"式的渗透和熏陶式的教学方法，可以更好地将文化带入学生的内心，并对他们的成长产生推动作用。苏霍姆林斯基曾经说过："任何一种教育现象，如果儿童对教育者的教育目的的感受愈小，那么这种教育就愈有效。"

因此，在高校培养文化自信的过程中，应使用"润物细无声"的策略，进行对文化的"革新性"教育，并实施相关的"三进"活动。首先，应把文化以革新的方式融入教科书中。在进行思想政治教育时，积极地融入红色文化，通过红色历史、红色故事及红色先烈等内容，让大学生更好地理解红色文化，并主动参与其中。其次，应将文化引入教室，以革新性的方式进行教学。在设计课程体系时，需要结合专业特性，推动将红色经典文化融入到课堂中，通过教师系统、完整的讲解，使大学生对红色经典文化有更深入的了解和认识，从而对他们的价值观和对文化的认识产生积极影响。最后，要将文化深度融入思想中。教育的基本目标是传授知识给学生，并通过知识影响他们的行为。在培养文化自信的过程中，高校需要不断传递文化的革新性思想，使这些思想真正影响到大学生，激发他们强烈的民族自豪感，并让他们拥有面对困难不畏惧、矢志不渝的革新性思维。

通过这样的方式，可以更有效地培养大学生的文化自信，引导他们积极融入到文化的传承和发展中。高校应通过教育的形式和内容，让学生深入了解和感受红色文化，使其在价值观和行为中表现出对红色文化的认同和热爱，成为具有爱国热情的合格社会主义建设者和接班人。

2. 树立榜样弘扬革命文化，形成带动效应

班杜拉的"社会性学习"理论认为，在教育过程中应注重学生的表率和榜样作用。我们的革命历史是无数先烈舍生取义、勇往直前的个人奋斗史。革命烈士是文化的缔造者，他们的英雄主义是文化的外在表现，具有极强的感召力和教育性。因此，在培育文化自信的过程中，高校应紧紧抓住英雄烈士的示范效应，重视对典型人物的分类展示和引荐，既要树立勇敢无畏的革命者，也要树立谦虚谨慎的模范人物。同时，要有全心全意为人民服务的革命者，也要有默默奉献的革命者。高校应通过多角度、全方位的引导，运用生动的典型形象传播红色文化，起到示范作用。让大学生在红色文化的氛围中，体会红色文化的独特魅力，提升文化自信，为社会主义的发展做出贡献，并成为社会主义建设的积极参与者。

3. 现代手段传播革命文化，形成辐射效应

革新性的文化不仅携带了丰富的历史底蕴，还显示了明显的时代价值。在培养文化自信的过程中，高校应依照大学生的学习方式和兴趣，运用现代信息技术，赋予"红色文化"动态活力，以使"红色文化"教育更加实效。首先，应构建网络平台，创建以"红色文化"为主题的网站或在学校的官方网站上添加文化自信培育板块，实现"红色文化"的教育宣传与大学生的学习生活的有机结合。借助网络平台，提供丰富的资料、视频、音频等展示和互动方式，让学生有机会深度探究并参与红色文化的传承。其次，应强调文化的时间性，在关注革新文化的现代传播的同时，重视遗传革新文化所含有的丰厚的时代内涵。革新文化的传播和教育不仅要独立存在，还应与时代特征融合，使之更具时代感和实际含义。应通过创新方式，合并革新文化与现今社会需要，寻找大学生深度相关的红色文化元素，使他们能够深刻理解并感受到革新文化的时代重要性。最后，应充分运用多媒体资源，根据大学生的特性，持续创新并使文化具体化，并以革新主题为素材创作动画作品和卡通形象。通过富有生动趣味的视觉表现，将文化可视化，让大学生更方便地理解和接触到红色文化，从而激发他们对红色

文化的关注和热爱。

通过以上措施，能使红色文化教育更紧贴大学生们的需求，激发他们对红色文化的浓厚兴趣，并能力赋予他们文化自信。高校应持续创新教学方法和工具，使红色文化在大学生群中具象化、动态化，形成一个积极进取、富有创造力的文化氛围，引导大学生在现代社会环境中大力弘扬红色精神，为社会主义事业的发展作出积极贡献。

（三）加强以发展社会主义先进文化为核心的文化自信培育工程建设

文化的魅力不仅仅在于所展现的精神特质，更在于所呈现的形态和生命力，以及对人们行为的引导。我们党和国家高度重视文化建设，在马克思主义指导下，借助于优良传统文化和革命性文化，逐步形成了中国特色社会主义的先进文化。要实现中国梦，不仅需要丰富的物质条件，还需要丰富的精神条件。因此，我们要坚定不移地推进社会主义精神文明建设，为广大人民群众提供强大的思想保障和精神力量，为他们提供丰盛的精神食粮。

在改革开放的四十多年里，我们始终坚持"两手抓，两手都要硬"的发展战略，大力推动文化的繁荣发展，取得了丰硕的成果，也面临一些不足之处。文化是我们继承前人、承袭优秀著作的结果，是推动社会主义现代化的有力精神力量，也是构建高校文化自信的重要内容和基础。因此，高校应以中国梦为动力，以大学生为引领，以社会主义核心价值观为指引，以中国特色社会主义新时代为背景，全面学习和实践，提高文化自信的质量。

高校应致力于培养学生的文化自信，注重传承和创新优秀文化遗产，鼓励学生主动参与文化活动，引导他们树立正确的价值观和思想意识。同时，高校应积极开展对传统文化的研究和传承，挖掘和弘扬红色文化的价值，以激发学生的民族自豪感和爱国情怀。通过全方位的教育，高校可以为学生提供更多的文化资源，促进他们的全面发展，同时为实现中华民族

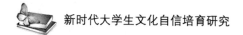

伟大复兴的中国梦贡献力量。

1. 用中国梦鼓舞大学生

班杜拉的"社会性学习"理论认为,一个人必须在认识到自己能够胜任某种工作的前提下,才能在工作中发挥出最佳的作用。马卡连柯的集体主义教育理论指出,在教育中,要为学生指明一条实际、健康、积极向上的光明道路,促使他们作为集体以及个体为之努力,逐步从单纯的满足发展为更高层次的责任感。这样,整个团队与每个个体都会充满活力,永远年轻。有了梦想,就有了方向和动力。

中国梦的实现是中国人民的共同愿望与追求。它既是国家的梦想,也是家庭的梦想,更是每个中国人的梦想。大学生作为当代最有活力的年轻人,不仅是梦想的追求者,也是梦想的实现者。党的十九大报告强调了青年的重要作用,"青年兴则国家兴,青年强则国家强"。只有有了理想、有了能力、有了责任感,我们的国家才会有未来,我们的民族才会有希望。

中国梦既具有历史的意义,又具有现实的意义和远见。它属于我们这一代人,也属于年轻一代。在培育文化自信的同时,应以中国梦激励大学生,通过展示我国改革开放 40 年来的巨大变化和发展成就,让大学生更好地感受到祖国的进步与发展。以使命与责任教育,让大学生认识到自己在实现中国梦的过程中所起到的重要作用。通过调动学生的主动性,促使他们自觉进行自我修养和提高。

先进的社会主义文化为大学生提供了精神指引和力量,他们应通过实际行动来传承和发展文化,以培养和增强文化自信。大学生应以自己的学习和成长为基础,为中国梦的实现而努力奋斗,为社会主义事业的发展贡献自己的力量。通过培养文化自信,大学生将更加坚定自己的信念,同时也为自身的成长提供了坚实的精神支撑。

2. 用社会主义核心价值观培育大学生

文化自信是文化的关键组成部分之一,其基础是文化中的价值观念。

文化自信来自对社会和历史的深度理解，表达了对本身文化的自豪，同时也是基于对文化未来发展的自信，并在价值观上实现了基本的认同。社会主义核心价值观对于在国家、社会和个人层次的社会主义价值观念提供了深刻的总结和要求，它代表了社会主义先进文化的核心精神，为我国的文化发展奠定了坚实的基础。

大学生处于成熟的人生观、价值观和世界观形成阶段，面临多元化的文化和多样化的价值观，他们可能会遇到价值观的异化和行为的规范失调。因此，高等教育机构应引导大学生接受社会主义核心价值观的影响，建立和完善他们的价值体系，以支持他们的理想和信念。高等教育机构应加强对社会主义核心价值观的宣传，让大学生能更深入地理解和接受社会主义核心价值观。同时，通过课堂教学、校园活动和社会实践，强化对大学生的教育指导，深入理解社会主义核心价值观的深刻含义和价值取向。

在大学生人群中，应积极推选并弘扬典型人物，并发挥各类典型人物的示范效应，创造出积极的大环境，推动在高校社区中实现社会主义核心价值观的应用和根深叶茂地生长。高等教育机构可以通过举办讲座、举行展览、组织表演等各种方式，向学生们展示具有代表性的人物和他们的成就，让他们以身边的模范为榜样，激励他们认同和实践社会主义核心价值观。大学也可以引导学生理解和认同社会主义核心价值观，帮助他们建立正确的价值观，坚持他们自身的理想和信念，并在人生旅程中引导他们建立正确的人生目标和行为规范。这样的努力不仅对建设社会主义文化强国有帮助，更能为实现中华民族伟大复兴的中国梦做出积极贡献。

3. 用习近平新时代中国特色社会主义思想武装大学生

大学生作为我国社会主义建设的关键人才，应当具有前沿的思维观念、稳固的信念和正确的价值观。辅导教授应把习近平新时代中国特色社会主义思想作为文化自信的重要支柱，以这样的先进思想来引导大学生，推动他们的全面发展。为实现这个目标，具体的措施可以分为以下三个方面：

首先，应深入全面地研究。将习近平新时代中国特色社会主义思想结合到学生的思维和内在认知中，推动他们主动读原著，深入理解其核心理念，并全面掌握这一社会主义思想的内容。

其次，应引导广泛的讨论。通过引导学生进行思想碰撞和深度讨论，深化他们对习近平新时代中国特色社会主义思想的理解，推进在实际应用中的体现。

最后，应倡导大规模的实践。通过组织各种形式的社区服务等社会实践活动，将上述思想贯彻到高校的教育工作中。这种理念具有鲜明的时代特征、民族特性和实践性，将其应用于引导大学生，可以提升他们的政治素养，增强他们的实践能力，并进一步强化他们对文化自信的坚定信念。

通过实施这些措施将有助于培养以 正确思维、稳固信念和积极实践能力的大学生，从而对建设社会主义文化强国和实现中华民族的伟大复兴，作出积极的贡献。

（四）丰富活动手段提升文化自信培育工程质量

经对大学生文化自信培养现状的调研，得出以下结论：实践活动（如参观、庆祝传统节日等）是培养高校学生文化自信的最有效途径；建立大学生中国文化节；建立文化社团；开展网络宣传；开展学术交流和学术讲座等，都是培养高校学生文化自信的良好途径。高校应根据校园活动的特点，精心组织和策划文化校园活动，并将培养文化自信的内容有效融入其中，从而增强活动的实效性和吸引力。

第一，要推行经典阅读。根据培养文化自信的需求，有针对性地向学生推荐经典书籍，举办读书心得交流等活动，通过阅读和讨论培养学生对文化的理解。

第二，应积极邀请相关专家进行专题讲座，分析中国文化的精华和优越性。高校还应积极组织文化专题讨论会，通过讨论和互动，增强学生对文化的认同感，坚定对文化自信的信心。

第三，要在意识形态领域积极进行文化宣传。高校应有针对性地与我国主流意识形态领域的活动相结合，如在党的十九大之后，可以围绕习近平总书记关于中国特色社会主义新时代的理念进行大学习和大讨论。从文化中发掘出我们的传统精神品质，并在此基础上进行阅读和分享等活动。

第四，要大力推动文化活动的发展。高校可以与中国传统节庆等相结合，组织一些大型主题文艺活动，鼓励学生积极参与。通过这些活动，传播文化的精神和理念，起到感染和熏陶的作用。例如，举办中国文化节和以革命题材为主的舞台剧等活动。

第五，举办比赛，并对比赛内容进行精心设计，利用网络平台等手段扩大比赛的影响力。这可以提高大学生对文化学习的积极性，巩固培养文化自信的效果。

第六，要多开展一些"社会实践"类的活动。例如，高校可以开展"文化调研"，让大学生走到文化的历史遗迹、革命老区和基层乡村，去感受文化的魅力，增强他们对文化的认知和理解。

六、以机制和氛围建设为保障，巩固新时代大学文化自信培育

根据班杜拉的"社会学习"学说，高校应重视文化自信的培育，以营造良好的教育环境和氛围。通过在高校开展文化自信教育，能够实现以培养文化人为目标，提高大学生的思想道德素质和文化的基本素质。

在浓厚的文化氛围中，大学生受到无形的熏陶，对文化有了认识，产生了认同感，进而形成对文化自信的意识。文化是人的实践活动，同时也对人的生活有很大的影响。马克思曾指出，环境和教育塑造了人，但人们也在改变着环境和教育。因此，校园文化的建设是高校文化自信工作的基本保证，营造浓厚的中华文化学习氛围，使大学生时刻感受到文化的强大。

以文化为主要载体，构建文化自信的育人氛围，可以通过以下方面进行推进：首先，加强校园文化的建设。通过物质文化、制度文化和精神文化三个方面的塑造，创造出浓郁的校园文化氛围，使高校文化具有更强的吸引力、凝聚力和感染力，进而推动高校文化自信的培育。其次，注重校园文化的传承与创新。既要传承中华传统文化的精髓，又要积极推动文化的创新与发展，使校园文化与时代相契合，与大学生的需求相适应，增强文化自信的内涵和广度。此外，要注重体制与体制的构建，为高校文化自信工作提供基本保障。这包括对校园文化教育体制的规范和优化，建立健全文化自信教育的机制和制度，以确保文化自信教育的有效实施。同时，也能够推动社会主义文化的发展，促进社会共同理想的形成，打造和谐校园。

（一）加强各项机制改革创新提供发展保障

高校在推动文化自信建设中，其体制与机制起着基础性的作用，并直接关系到其教育成效的实现。在当前高校普遍关注文化与文化教学的同时，高校文化与文化教学的体制保证问题也凸显出来。具有根本性、全局性、稳定性、长期性的体制和机制，是解决问题的关键，可以有效地保障文化自信的培育。为此，高校应进一步深化改革，健全文化自信培育的体制与机制，使之成为一股强大的推动力量。

1. 深化大学文化自信培育的激励机制

对高校教师进行有效的激励，可以促使他们加强自己的修养，投入到文化自信的培育中去。能调动同学们的积极性，提高教学效率。高校在培育文化自信的过程中，应善用激励手段，调动师生的主动性，以达到培育文化自信培育的目的。在进一步完善高校文化自信培育的激励机制时，必须坚持差别化、适度化、正负强化相结合的原则，以最大限度地发挥高校文化自信培育的作用。具体而言，高校文化自信教育的动因可分为四个部分：

第一，解和信任的动因；新时代大学生具有很强的自觉性，大学生在接受教育的同时，也希望得到人们的尊重，得到人们的信任和理解。根据大学生的这种特征，采取"谅解—信赖"的激励法，在培育文化自信的过程中，要给予学生足够的尊重，让学生有表达自己观点和想法的机会，让他们在教学过程中发挥自己的主体性，让他们产生一种自豪感，从而更加乐于接受文化自信的熏陶。

第二，参加经验的奖励。新时代大学生在学习上，不喜欢"灌输"，更喜欢"参与"和"体验"，高校应根据大学生自身的学习习惯，实行"参与"和"体验"相结合的奖励制度。也就是说，要让教室变得生动活泼，可以让学生走上讲台，成为一名教育者，也可以让学生走出教室，在具体实践中，在具体实践中，成为一名组织者。同时，对于在教学工作中有突出贡献的学生，给予适当的奖励，从而提高学生的学习积极性和主动性。

第三，要有适当的物质奖励；马克思曾经说过："人所为之奋斗，无不与其自身的利益相联系。"而物质激励则更为直接和具体，其激励效应更为显著。为此，高校应采取恰当的物质奖励措施，如建立文化自信培育奖学金、考察团等，对在文化自信培育工作中表现突出、理论成绩突出的师生给予适当的物质奖励，从而达到提高教学质量、提高教学质量的目的。

第四，以身作则。模范有很强的示范效应，能起到很好的激励作用。从历史的角度来看，文化这一意识形态领域中活跃着的杰出青年，是新时代大学生这一刊物所要学习的楷模。目前，那些思想坚定，对文化有较高修养的优秀大学生，更是大学生学习的楷模。为此，高校应积极开展典型的选树与宣传，以典型的典型带动一群人，激励一群人。

2. 深化大学文化自信培育的运行机制

文化是一个具有系统性和复杂性的教育过程，而高校文化自信的培养又是受多元因素影响的复杂过程。为保证高校文化自信建设的实际效果，我们需要在运行机制上深化不断，和在运作中降低内部摩擦。首先，我们必须建立一个科学的文化自信培养体系，这是高校文化自信培养工作能有效进行的关键。高校在任何环境下都必须坚定党的领导，应在党委的领导下，构建高校文化自信培养的组织结构，明确各部门在文化自信培养中的责任和工作分配，充分利用各级行政、团委、学生会等机构的作用，形成由党委领导，政府、工会、团体三位一体的组织结构。其次，为了高校文化自信的开放培养，应构建一套互动机制。教师和学生是文化自信培养的两大主体，他们之间良好的互动关系对提升教学效果具有无可替代的作用。高校在培养文化自信的过程中，应当加强教师与学生的双向交流，倡导学生间的平等互动，建立学生间的相互尊重，从而形成对文化的认同。构建互动平台，增加课堂上师生交流的环节，利用现代化手段，构建互动媒体。最后，设立文化自信培养的有效执行机制。文化自信培养的基本目标是让大学生认同和接受文化，将文化精神转化为思维方式和行动。高校应通过与大学生的深度接触，融合国家的优秀文化到大学生的学习和生活中，辅导大学生的思想观念，规范他们的行为，培养他们的文化自信，引导他们的自我认同。

3. 深化大学文化自信培育的保障机制

高校文化自信的稳定和持久发展，依托于制度、物质、人才等多方面的保障。因此，高校应当进一步增强文化自信的培养，并强化自身的各类保障机制构建。首先，需要确保体制的稳定。在文化自信的培养中，制度扮演着关键的角色。高校应在全面了解国家、党派、政府政策以及高等教育发展情况的基础上，建立和完善文化自信培养体系，实施党委领导下的校长责任制，明确职责分工以及奖罚机制。其次，是物质支持。实施高校文化自信的培养，必须有相对应的物质保障。高校应为文化自信的教学和培养提供必要的场地，增设校园博物馆和图书馆等设施。此外，应加强宣传媒体的建设，如开办校刊、校园广播和电视台。通过改善校园网、文化长廊和信息公告栏等，为正面文化的宣传搭建良好平台。对此，应给予必要的资金支持，并应将文化建设和教育的专项资金列入学校预算。最后，是人才方面的保障。一支优秀的教师团队是实施文化自信理念的基本保证。高校应加大对教师的培训和引进力度，让教师团队在理论和实践上都能有所提升。此外，对教育活动的规划、组织、执行等方面的培训也应被重视，以确保文化自信培养工作的顺利进行。

（二）加强校园物质文化建设营造浓厚氛围

物质性文化是人类创造的物质财富，它是文化中可以直接感知的物质形态，为整体文化创作提供基础。物质性文化是文化的外在形态，它承载着文化的精神内涵，并展示文化建构的最终目标。正如李辉等人所说："物质性文化指向的是可以感知并具有物质性的文化元素。"以秦始皇的兵马俑为例，它象征着君主权力；万里长城代表着农耕文明与国家的安全；欧美的大教堂代表着基督教文化；现代的摩天大楼则象征着工业文明及人类征服世界的豪情壮志。这些物质性文化都在传承一代人的价值观。因此，高校应进一步强化物质性文化的构筑和文化氛围的营造，让大学生在浓厚的文化环境中，通过直观、听觉、感官等方式培养他们的文化观念，并提升文化的质量和水平。

1. 提升自然景观的文化性

近年来，随着国家经济的持续发展，人们对教育的重视日益增加，高校也在逐步加大硬件设施的建设。在校园建设中，高校必须注重设计带有文化色彩的环境，以展现整体和谐的氛围。有两个主要方面需要注意：

首先，可以在学校中添加一些经典语录，如文化名言等。可以根据校园环境和建筑功能的特点，设计布置名言警句、古风绘画、名人画像等元素。例如，在食堂可以题写与节俭有关的名言，如"一粥一饭当思来之不易"；在教室可以题写与学习有关的名言，如"学而时习之，不亦乐乎"。通过宣传口号、图片等方式，对学生产生视觉冲击力，无形中对他们的思想和行为产生影响，形成一种文化共识。

其次，可以增设石碑、塑像等来提升学校文化的品位。高校可以根据自身专业特色，在校园建筑中设置名人塑像和古文石碑。举例来说，哈尔滨师范大学将陶行知的雕像放置在学校正门，旨在弘扬杰出教育工作者的良好素质和品德。

通过这些措施，高校能够加强文化的物质化，营造浓厚的文化氛围，提高学生的文化意识和整体素质。这样的校园环境将对培养学生的素养和价值观产生积极的影响。

2. 提升各类场馆的文化性

高校的图书馆、校史馆、学术报告厅等场所既具有自身的文化性质，又是重要的文化教育场所。因此，高校应该重视体育场馆的建设，增强体育场馆的文化性，以更好地发挥其教育作用。在加强场馆建设的同时，高校应重点关注图书馆、博物馆、校史馆等场所，以及档案馆和其他场所的建设。这些场所的建设应结合实际，突出文化的特色和教育性。

举例来说，高校可以在图书馆中设立文化专题展示区，展示各种文化作品和研究成果。在各种场馆的走廊上可以设置文化展板等。此外，高校还应深度挖掘各种场馆的历史内涵。在一些拥有悠久历史的高校中，通常会有一些古老的建筑和场馆，它们既具有悠久的历史，又承载着特定的文化内涵。高校应该有效保护这些建筑，并深入挖掘它们所蕴含的文化，使其成为培育学校文化自信的主要载体。

在突出各种场馆的文化特色的同时，高校应该强化对其的利用与管理，并有计划地开放博物馆、校史馆、艺术馆等，使它们成为培育学校文化自信的重要基地。这些场馆的开放将有助于学生和教职员工深入了解和体验学校的文化遗产，提升他们对文化的认同感和自信心。

通过以上措施，高校能够加强文化场馆的文化性和教育性，在培育学生文化自信和推动文化教育方面发挥重要作用。

3. 设计制作文化产品

近年来，许多高校已成为城市的标志性建筑，吸引了许多市民前来观光。围绕着文化主题的内容也日益丰富，以文化为题材的内容也不断丰富起来。高校文化读物是培育文化自信的具体体现，高校应积极开展文化读物的设计与生产，推动中国文化读物的发展。

首先，高校应编写关于中国文化等方面的书籍，充分利用丰富的文献资料。鼓励高校教师从事文化科研工作，编写高品质的文化读本，以丰富文化教学的内容。同时，高校可以将教师和学生创作的优秀文化作品集中起来，进行编印出版，充分调动学生参与文化自信建设的热情。

其次，高校可以设计和生产以中国文化为主题的纪念物品。目前，大学生常常以手绘明信片、洋娃娃、摆设等作品作为主要礼品互赠。因此，高校应积极进行校园纪念品的设计与研发，将文化的特色融入其中，使其既代表中国文化，也体现校园的精神，成为传播文化的重要方式之一。

通过以上措施，高校能够充分展示和传承中国文化，培育学生对文化的自信，并为学生提供更丰富的文化学习和交流的机会。同时，这也有助于加强学校与市民的互动，推动文化的传播与交流，提升高校在社会中的影响力。

（三）加强制度文化建设明确行为规范

制度文化是学校文化的内部运行机制，包括学校的传统、礼仪、规章制度等。它是维持学校正常秩序所必需的保证机制，也是学校文化建设的重要保障体系。在培育文化自信的实践中，高校应重视构建高校制度文化，并将中国文化的精神与高校制度相结合，不断完善和丰富高校制度体系。

在培养文化自觉、文化自信的过程中，有可能会出现文化困惑等问题。因此，强化文化的制度建设就是要对高校的管理者、教职员工和学生起到更好的制约作用，以确保高校文化自信的培育得以落实。制度能够规范行为，明确权责，保障公平和正义，并传递和弘扬文化的核心价值观。通过制度文化的建设，高校能够塑造积极向上、健康有序的学术环境，为学生提供稳定的学习与发展平台，培养他们具备文化自信的素养。

在制度建设方面，高校应注重以下几点：首先，加强高校制度的修订和规范化建设，确保制度的科学性和合理性。高校应根据中国文化的精神与学校的特点，精心设计和制定各项制度，以体现中国文化的核心价值观和道德准则。其次，加强对制度的宣传和培养。高校应积极向师生推广和解读制度，让他们了解制度的意义和重要性，增强遵守制度的自觉性、自信心和积极性。最后，加强制度的执行和监督，确保制度的有效实施和落地。高校应建立健全的监督机制，加强对制度执行情况的监督和评估，及时发现问题并采取措施加以解决。

通过加强制度文化建设，高校能够促进学校整体管理水平的提升，形成更加积极、健康和有序的学习与工作环境，为学生的成长和发展提供更有力的支持，实现高校文化自信的培育和传承。

1. 完善大学文化自信培育相关制度，增强大学制度文化

高校在确保我国文化精神被充分传承并为高校文化自信的培育提供具体制度安排时，应从教师、学生和校礼三个层次进行全面性的教育。首先，高校需要完善与教师道德相关的制度，明确教师的行为准则，使教师能成为优良文化的活教材，并树立良好的道德品质。其次，高校应实现对大学生行为规则的完善，将传统道德、革命精神以及社会主义核心价值观等内容纳入其中，一步步培养学生的行为意识并规范其行为。再次，要完善校礼制度，包括学生的升旗仪式、入团仪式、入学等礼仪规范。通过这样的方式传承中华优秀文化中"讲礼重仪"的传统，增强礼仪的教育性。通过强化教师、学生和校礼三方面的制度建设，高校能够引导师生遵循正确的价值观和行为规范，塑造文明的校园文化环境，提升高校整体教育质量和年轻一代的道德素养，为高校文化自信的培育和传承提供坚实的

基础。

2. 完善大学文化自信培育保障制度

在培育文化自信的过程中，高校应从整体上对其进行系统的规划，确保整个过程和各个环节都能得到有效的保证，提高教学活动的规范性和实效性。首先，需要建立一套高校文化自信培育的具体体系，以加强高校文化建设，落实文化自信的培育。这需要在高校层面上进行总体设计，并通过制度来规范工作，明确各部门的职责和对教师的要求，以确保教学实践有效开展。其次，还需要建立高校文化自信培育的奖励与惩罚体系。根据培育目标，建立相应的奖励和惩罚机制，激励和推动参与者发挥更大的作用，并对违反规定者进行适当的惩罚，以保持培育过程的秩序和效果。通过健全这些体系，高校能够更好地开展文化自信的培育工作，提高学校整体文化素养和社会影响力。

3. 强化大学文化自信培育各项制度的落实

制度只有在有效执行的情况下才能发挥作用，因此，高校在加强文化的制度建设时，需要确保各项制度得到有效的落实。

第一，高校应加强领导，促进工作的落实。高校党委应担起领导责任，明确各部门的工作职责，加强对其的指导和监督，确保文化自信培育体系的实施。

第二，高校应建立制度执行监督机制。定期或不定期地监督制度的执行情况，对于执行不力、妨碍高校文化自信培育的情况，应及时进行批评，并予以惩罚。这有助于推动制度的有效贯彻和落实。

第三，高校应加强奖惩措施的执行。将与文化自信培育和执行相关的规定纳入院系和部门的绩效评估中，对于成绩优异的院系、部门和个人进行表彰，以起到示范和带头的作用，促使全校上下全面贯彻执行文化自信培育体系的要求。

通过以上措施，高校能够确保制度的有效执行，从而推动高校文化自信的培育和传承。只有通过坚定的领导、监督机制和奖惩措施的有效运行，才能将制度的规定转化为实际行动，促进高校文化建设的深入发展。

（四）加强精神文化建设实现陶冶影响

在文化自信的培育上，强化文化的精神建构，营造文化的校园氛围，是推动高校德育工作整体推进的关键。学校的精神具有强大的渗透力，它在学校的每个层次和要素中渗透、潜伏并弥漫，从而形成浓厚的精神氛围，不知不觉地影响、熏陶和启发着老师和学生。

大学在文化的精神构建上，可以以大学精神、学校精神和校园活动作为基本切入点，全面贯彻文化自信的培育要求到教育中。通过传达和弘扬大学的核心价值观和办学理念，培养学生积极向上、勤奋向学的品格和追求卓越的精神。同时，通过丰富多彩的校园活动、文化节庆等，在校园中营造充满活力、多元包容的文化氛围，激发学生的兴趣和创造力。这样的精神建构能够深入熏陶学生，使他们受到良好的文化熏陶，培养他们正确的价值观和品德修养。

通过强化文化的精神建构，大学能够营造出浓厚的文化校园氛围，将文化自信的培育要求融入教育中，潜移默化地对学生产生熏陶和启发的效果。这将有助于培养学生全面发展、具有文化自信和社会责任感的新一代人才。

1. 促进大学精神建设

"大学精神"是教师、学生和学校共同理想的体现，它涵盖了教师和学生的精神信仰、文化传统及学校的学术风范和行为规范。为了实现文化自信的培育目标，在加强高校精神建设的同时，需要将高校精神与文化自信培育有机结合起来。要主动提炼校园文化。广泛征集师生的智慧，总结学校的光荣历史、办学思想、精神追求和治学风格。结合民族性和时代性，强调学生的参与，让学生在参与的过程中理解和认同大学精神。

要大力宣传高校精神。教师要成为学生的榜样，通过行为示范，将学校的物质文化和制度文化有机结合，使学校的文化能够更好地反映出学校的"精神"。要发挥学校教育理念的教育作用。大学精神可以通过校训、校徽、校旗等具体载体来体现。要深入挖掘文化传统的内涵，发掘其中所蕴含的时代精神和价值观念，使学生能够识记、理解和实践大学精神的要求。

通过以上措施，高校可以加强自身的文化建设，将高校精神与文化自信的培育有机结合起来。这样的努力将为学生提供更加丰富的学习环境和全面的成长机会，塑造具有文化自信的高素质人才。

2. 强化校风建设

学校的校风是学校精神面貌和行为方式的集中反映，它对文化自信的培育具有直接影响。为推动文化自信的培育，目前高校应加强校风建设，着力营造优良的校风。以下从干部作风、教师教风和学生学风三个方面提出建议。

第一，高校应加强领导班子的工作作风。领导干部特别是校领导是整个大学的设计者、掌舵者和管理者，他们的作风直接影响大学的发展和进步。因此，高校应强化领导班子的作风，营造团结、民主、务实的风气，提高工作效率，为学校树立榜样。第二，高校应加强师资队伍建设。教师是与学生最密切、最直接的群体，他们的教风不仅影响着他们的教学成效，也对其思想和行为产生重要影响。因此，高校应强化教师的思想道德和工作作风，营造爱岗敬业、忠于职守、为人师表的良好氛围。第三，高校应加强学风建设。学风是学校整体学习状态和态度的集中体现，在校风中起主导作用。高校应坚持以中华文化思想鼓舞和感染学生，培养勤奋好学、虚心求索、实践应用的风气；强调言行一致，尊师重道，团结同窗；倡导遵纪守法、健康、文明的学习风气。

　　通过完善与执行文化自信教育策略，可以有效指导大学生提高文化素养，塑造健康的人格，形成正确的世界观、人生观和价值观。进而坚定文化自信的信念，培育并实践社会主义核心价值观，为我国培养出一批能够担当国家振兴重任的新一代力量。

第八章

构建"一优三全"大学生
文化自信培育体系

大学生对文化自信的培育并非自然而然地产生，需要进行有意识的教育。要实现文化自信的培育，不仅仅依靠学校的力量是不够的，还需要家庭、学校和政府的共同努力，全社会齐心协力、同步推进，形成教育的合力。而要达到这一目标，就需要建立一套完整、科学的教学制度作为支持。

目前，要加强大学生对文化自信的培育，必须注重顶层设计，重视关键人物、重要环节和重点领域。实行大学生文化自信培育制度的"一优三全"原则，即优化培育环境，确保文化培育在整个过程中全面、全方位地展开，全面覆盖学生的成长。

这需要建立适应大学生特点和需要的培育体系，确保文化自信培育贯穿于教育的全过程。同时，要重视教师的角色，通过教师的示范和引导，帮助学生形成正确的文化观念和信仰。此外，还需要加强对重要环节如校园文化活动、社会实践等的组织和引导，让学生在实践中感受和体验文化自信。

最终，通过这样的努力，才能够全方位、全过程地培育学生的文化自信，使他们能够逐步形成对自己民族文化的认同和自豪感，并能够在实践中积极践行社会主义核心价值观，为国家的发展做出贡献。

一、聚焦整体格局，优化文化自信培育育人环境

要做好大学生和文化自信的培育工作，必须着眼于全局，凝聚教育合力，国家、社会和学校共同努力，为培育文化自信培育工作创造一个健康的、多元化的培育环境。

（一）国家层面：抓好顶层设计，把握文化自信培育根本方向

要搞好大学生与文化自信的培育，确实需要注重顶层设计。全国范围内，各级教育主管部门应认识到培育大学生文化自信对于他们个人成长、高等教育发展、文化软实力提升以及实现中华民族伟大复兴等方面的重要作用。为此，需要在全国范围内加强对大学生文化自信的培育工作，

构建完善的制度体系，并加强对其执行的监督和评估。同时，还需要加强网络舆论监督，确保培育工作的透明度和公正性。组织保障也很重要，要为培育大学生文化自信提供必要的资源和支持。在实施过程中，需要保证培育工作的有序进行和高效推进。要制定科学合理的计划和指导方针，确保培育工作在整体目标的指引下有序推进。同时，要加强培养方法和手段的创新，充分利用现代教育技术和资源，提升培育工作的质量和效果。通过全国范围内的集中力量和协同合作，才能够更好地搞好大学生与文化自信的培育工作，为培养具有文化自信的新一代人才做出积极贡献。

1. 加强体系建设，保证文化自信培育发展方向

为了构建大学生与文化自信的培育系统，需要设计和建立科学完善的教育系统，以清晰界定各个部门的教育功能，规范培训过程，丰富培训内容；同时建立激励机制和保障机制，实现全过程的育人目标。这个培育系统应该包括教育、宣传和科技三个方面，各个部门要加强责任意识，承担好自己的职责，提高服务观念，为文化、教育和大学生服务。在构建大学生与文化自信的培育系统时，首先需要在党的坚强领导下，以中华文化为依托，以中国为根基，建立完善的教育系统。各级各部门应以文化自信的培育为重点，加快高水平高校的建设，实现内涵发展。将文化自信培育提升到教育的战略高度，贯彻执行文化自信培育的普遍性、终身性和民主性。培育系统应将大学生和文化自信作为核心，贯穿于人的整个成长过程和一生。要建立起各个部门共同管理的工作格局，并建立长期坚持的长效机制，真正实现全员、全过程、全方位的育人。同时，要着眼于国际，制定文化"引进来、走出去"的发展策略，为学术交流提供平台，帮助大学生拓宽知识面，增强文化自信。通过这样的努力，才能构建起科学完善的大学生与文化自信的培育系统，为培养具有文化自信的新一代人才做出贡献。

2. 加强网舆监管，优化文化自信培育环境氛围

如今，网络已经成为人们生活中不可或缺的一部分，对人们的生活和学习产生了巨大的影响。网络具有生动的虚拟性、开放的交流性和多元的主体性等特点，成为大学生钟爱和追求的重要力量。然而，由于大学生的思想还未成熟，辨别能力较差，容易受到网络环境和网上言论的影响。因此，我们需要在全国范围内，以社会责任、家庭责任和大学生责任为出发点，制定和完善相关网络环境的法律法规，强化网络空间的法治管理，规范网络内容。同时，要正确引导网络舆论，掌握好时机、力度和效果，努力营造良好的网络环境。此外，还需要加强全社会的责任感，使每个人在网络上的言行得到有效的控制，形成积极向上、健康向善的网上文化。互联网已成为主要的文化传播媒介，我们应该充分利用互联网，传播中华优秀文化、革命文化和社会主义先进文化，让每个人在网络上发挥积极的作用，为大学生树立文化自信营造积极的网上教育氛围。这样，网络环境将为大学生提供更多的学习资源和积极向上的文化内容，有助于他们培养文化自信。

3. 加强组织保障，确保文化自信培育有序有效开展

为了培养文化自信，建立包括相关制度、队伍建设、评估考核等角度的科学保障体系，并为此提供制度、人才、技术和激励等保障是十分重要的。首先，我们需要制定相关的法规以规范大学生文化自信的培养，保证其有明确的规章可以遵循和理论依据。例如，《完善中华优秀传统文化教学指导意见》这样的教育部的指导文件，就为我们进行中华优秀传统文化教育提供了重要的指引。教育工作者应当理解大学生文化的思想趋势和发展规律，对培养正确的教育指导方向予以重视。其次，我们需要完善大学生文化自信的评估和激励系统。交由分数和学业成绩的单一评价，而将文化全面能力作为大学生入学、考试以及毕业考核的关键内容，并赋予它一定的比重。同时，我们应倡导培养具有高文化素质和良好道德风尚的大学生，

对道德模范进行宣传和奖励。第三，我们需要扩充和强化大学生文化自信培养队伍，由具有深厚文化认识的人教导文化知识，由深信文化价值的人激发学生的文化自信。这个教师团队应包括学校教师、家长以及社会知名人士和网络影响者，他们各自都能在大学生文化自信的培养中发挥独特的作用。最后，我们应提供多样化且具有实践性的技术保障以支持文化自信的培育。根据大学生的家庭背景、地域结构、认知水平等差异来采用不同的教学手段和形式，这其中需要考虑到地区特色、城乡特征、家庭特性等。这就打造了一种通俗、多样且贴近生活的文化自信培育方式。通过这些保障措施，我们能够更好地培育大学生的文化自信，帮助他们建立正确的文化观念和信念。

（二）学校层面：健全人才培育体系，推动高校文化内涵育人

要想构建一个高层次的人才培育体系，就必须要加强党的领导，加强党建工作，强化思想政治工作。文化自信的培育，是文化、教育、发展的一项重要工作。在学校层次上，要重视文化的内涵开发，完善人才培育体系，重视文化自信的培育，把文化自信的培育融入到课程、教材和管理中去，实现对全校学生的全过程、全过程和全过程的育人。

1. 将文化自信培育融入学科体系、课程体系和教材体系

文化自信的思想在自然科学、工学和文学等领域都有广泛的体现。其中，包括历史学在内的 13 个专业，尤其突出的有文学、历史、艺术学和教育学等专业。可以建设文化自信的培育对象体系。在中国特色社会主义文化的指导下，将中华优秀文化、革命文化和社会主义文化有机结合到每门课程中，用不同专业的特色诠释文化自信，通过将中国的故事讲述得更好来增强文化自信。也可以考虑建立一个多学科交叉的文化系或一个人的文化系，以深入研究人类文化，通过比较人类文化系的方式增强中华文化的自信。对文化自信的培育进行深入研究。课程体系和教材体系为文化自信的培育提供了有力的载体。首先需要明确文化自信培育的目标，即让大学

生们在中国特色社会主义文化自信上坚定信仰和发展信仰，为提升文化软实力、建设文化强国做出贡献。为达到这一目标，应将中华优秀传统文化、革命文化和社会主义先进文化作为主要的教育内容，在大学生思想意识形成规律的基础上设置文化专业课程，如古代文化、近现代史、东北抗联精神、哲学社会科学等专题课程，逐渐加深大学生对文化的认识、认同和自信。要健全文化自信的培育教材体系。教材系统是教育教学的重要组成部分。确定教材内容时应保证知识性、真实感和科学性，不能有虚伪之处，必须面对历史和现实。要确保学生获得的是洁净、纯净、丰盛的文化食物。应聘请具有较高学术水平、较强思想觉悟和责任感的文化专家和思想家，从尊重历史事实和联系现实的角度编写高质量、有温度、有人情味的教材，丰富教材体系。

通过建立科学的保障体系，从制度、人才、技术和激励等方面为文化自信的培育提供保障，我们可以有效地促进大学生文化自信的培养。这将有助于弘扬中华优秀文化，提高大学生的文化水平和自信心，为实现中华民族的伟大复兴做出贡献。

2. 突出发挥思想政治理论课的价值领跑功能

在大学生的教学中，思政课是主要的教学阵地和渠道。为加强大学生文化自信的宣传工作，我们应该抓住这一主要渠道，使文化在高校思政课中得到充分传播和发挥其价值导向功能。

在任何一门学科中，教学是主要内容，知识教学更注重"工具理性"。因此，思想政治理论课应该发挥"工具理性"的作用，并将其提升为文化传播的手段。思政课是贯彻"立德树人"理念的重要课程，它不仅仅应该是知识的传授，更应该以宣传文化为重点，充分讲述中国特色文化的"大课"。

在文化的传播中，要突出价值观的引导，将德育与知识和智慧有机结合，强调德育的重要性。同时，阐明中国特色社会主义所取得的巨大成就所体现的道路、理论和制度，以及文化在其中扮演的强有力角色，尤其是中国特色社会主义文化所提供的强大精神支持和价值支持。

同时，还应利用思政课阐释文化专业课的专业特点和精神，强调思政课的全面性和引领作用。思政课在大学生综合课程中发挥引领作用，引导学生全面发展并增强文化自信。

通过在思政课中宣传和传播文化，强调价值观的引导，充分发挥立德树人的功能，我们可以更好地培养大学生的文化自信，树立正确的价值观，培养德智体美劳全面发展的社会主义建设者和接班人。

3. 全面提升教师文化自信培育综合素养

大学教师是培育大学生文化自信的关键，包括思想政治理论课、人文社科类和专业类教师。在大学生与文化自信的教育中，辅导员和其他教师都扮演着重要的角色。然而，在市场经济不断深化的背景下，越来越多的人开始追求利润，对普通教师职业不感兴趣。同时，高校近年来进行了大规模的扩招，导致教师入职门槛形式上被提高，出现了唯学历、唯论文、唯成果的现象。然而，实际情况是，教师的思想素质参差不齐，尤其是年轻教师在思想行为上缺乏自律。此外，当前网络上的信息媒体数量庞大，个别教师在网络上言辞不慎，信口开河。

目前，高校教师存在信仰不坚定、文化基础不扎实、理想信念模糊、职业道德淡薄等问题。又迫切需要从整体上提高高校教师的素质。为此，应从知识基础、人文素养、教学水平以及实践能力、大学使命和对文化的承担力等层面，全面提高教师的整体素质。坚决制止教师在课堂上言行不一、课下言行不一的现象。教师应始终坚持教师道德底线，做到言行一致。给那些有信念的人讲信念，给那些懂得文化的人讲文化，给那些具有自信的人传递自信。

通过加强教师队伍建设，提高教师的专业素养和思想品质，我们可以更好地引领大学生培养文化自信，让他们树立正确的信念和价值观，并为实现中华民族的伟大复兴做出贡献。同时，也需要在教学评价和激励机制上进行改革，鼓励教师全面发展和提升，为他们提供更好的发展环境和条件。

（三）社会层面：着力构建文化自信培育的多元支撑

文化构成了社会的整体，同时这个整体也对文化产生影响。社会是由承载着文化传承的人构成的最大人类群体。文化以独特的方式传承于社会成员，通过语言、文字、艺术和影像等形式保留其独特性。大学生与文化自信的培育需要将文化回归社会，回到大学生所熟悉的社会环境中，并为培育文化自信提供多方面支持。

1. 深入实施文化惠民工程

文化学习既是人类最基本的需求，也是在特殊情况下人类更高层次的要求。然而，目前文化发展仍存在不平衡和不均衡的状态，尤其是边远地区和弱势群体亟需文化教育，以提升自身素养并影响后代。为了实现文化发展成果的全民共享和全面共享，我们需要大力推行文化惠民工程：第一，加强文化的基础性工作，坚持公益性、基本性和均等性原则，以便利为导向推进文化的利民工程。实现城乡一体化文化发展，为广大群众提供文化公共服务，使文化发展造福于广大群众。第二，健全社会保障制度，完善城市居民保险制度，统筹城乡社会救助，关心残障人士的康复和发展，尽力解决民生问题。确保广大民众具备足够的精力和能力去关注和推广文化，为文化提供更好的发展环境。第三，加强全民继续教育，鼓励教育水平较低的人群积极参与继续教育。继续教育可以由政府资助或工作单位提供支持，费用可尽可能低廉，以减轻民众负担。这一切旨在提升全国人民对文化的认知水平。第四，重点完善社会心理服务系统。当前社会许多人面临精神压力和亚健康状态，因此需要更加重视人们的心理关怀和引导，努力提高公民的道德素养，培育积极、健康、理性和平和的社会心态。通过在文化惠民工程中实施以上措施，我们可以促进文化与社会的共同发展，提升全民对文化的参与度和共享度，为构建富有活力和谐的社会做出贡献。

2. 创新文化自信宣传教育大众传媒平台

大众媒体在大学生与文化的交流中起到了双刃剑的作用。它给大学生带来了冲击和思想上的碰撞，同时也带来了新鲜感和感官的体验。从问卷调查来看，大学生对中华优秀传统文化、革命文化和社会主义先进文化的认识与大众媒体的认知密切相关。

为了强化大学生的文化自信，我们应充分利用大众媒体，创新运用媒体的手段。通过"浸入"的方式，使大学生读者能够正面认识文化、产生正面情绪体验。我们可以在中华优秀传统文化和社会主义先进文化等方面，将电视文化综艺节目、影视作品和创意广告进行创新整合。通过大众媒体对文化进行宣传，全面地传播和服务文化。

传统纸质媒体如报纸、杂志、图书等具有独特的触感和存在感，一直受到大众喜爱。我们要发挥它们在文化继承和意识形态教育方面的功能。同时，建立社区和乡镇图书馆等公益性文化学习场所，为广大群众建立学习文化的平台，特别要关注基层文化，确保图书的品质和更新。

此外，我们可以创建专题网站和 App，通过图片、视频和声音等形式，形象展示中华文化，全方位、多渠道地提高大学生对文化的认识，增强文化的自豪感。

3. 批判中重建文化产业

文化产业的教育功能是我国文化建设的重要组成部分。近年来，我国文化产业得到快速发展，取得了显著成就，但也存在一些问题。我们应该以批评和建设的思想来看待文化产业，以更好地发挥其教育功能。在培育大学生和文化自信方面，需要探索多种有效的支持方式，同时也要关注文化产业对文化教育的影响。

文化事业指的是以公益为目的，面向社会大众开展以文化为主要内容的工作。由于其公益性质的存在，文化出版单位的创造性和主动性受到一定制约，导致文化内容不够新颖、生命力不够旺盛、服务性较差等问题。

这些问题对文化读者的获得感和满意度产生了影响。

而文化产业则是市场经济的产物，追求经济效益是其宗旨。为了满足文化读者的需求，文化媒体公司大量生产内容五花八门的文化产品。然而，这些产品往往缺乏深度思考和内涵，久而久之，人们对文化的品位和内涵的追求也逐渐减少。大学生作为文化产业和文化事业的主要受众，缺乏对文化的批判性思维，容易受到这种现象的冲击。

因此，为了营造良好的大学生和文化自信的教育氛围，需要推动文化产业和文化事业的规范化发展，以批评为基础进行建设。采取供给侧结构调整的措施，注重人民群众的精神需求，创新文化活动方式，提高文化的思想和艺术品质。首先，要加强对文化的财政投资，鼓励文化利益相关者进行市场开发；其次，需要对文化产业进行规范管理，审查文化产品，提高其品质，对文化流通渠道进行严格管理。同时，促进文化产业与文化事业的协调发展，使文化更好地发挥教育功能和社会价值。

二、聚焦关键人员，实施全员参与的文化自信培育

教育涉及千千万万个家庭，影响到每个人。每个人既是教育者，也是被教育者，在教育与被教育之间，时刻都在发挥作用。在大学生与文化自信的教育过程中，个人是实现教育目标的重要因素。更广义上来说，每个人都是大学生与文化自信的教育对象，他们自觉或不自觉地传播着文化的信念、理念和行动。在某种程度上，家长是大学生文化自信的最初创造者，教师是最有影响力的教育者，而周围的每个人都是文化自信的塑造者，他们受到不同程度的教育和影响。

为了强化大学生与文化自信的培育，应以核心群体为中心，构建教育工作者的角色共同体。教师、家长和榜样都应发挥重要的教育作用，实现文化自信的全过程培育。他们能够传递文化的积极价值观，为大学生树立正确的文化自信，引导他们发展自身的文化素养。

同时，教育工作者也要不断提升自身教育水平和专业素养，为大学生

提供高质量的教育服务。家长应与学校和教师密切配合，共同关注大学生的文化自信培育，为其提供良好的家庭环境和教育资源。而身边的每个人也都可以成为文化自信的塑造者，通过自身的言传身教，影响和启发大学生对文化自信的认知与发展。

综上所述，大学生与文化自信的培育需要教育工作者的共同努力。家长、教师和周围的每个人都可以发挥重要的教育作用，共同促进文化自信的全方位培育。只有通过多方合作与传递，才能实现大学生文化自信的全面发展。

（一）突出教师在文化自信培育中的主导作用

在大学生和文化自信的教育中，教师作为知识和文明的全职传播者，其职业特殊性、复杂性和创新性必须得到充分发挥以增强学生的文化自信。这些可以通过解答教育中的三个基本问题来实现："为谁教学""为何教学"以及"如何教学"。

"为谁教学"是一个根本问题，即教育的对象是谁。教育应根据学生的需求和个性因材施教，提供个性化的教育。教师有责任了解学生的背景、兴趣以及需求，以更准确地满足他们的学习所需。

"为何教学"则是核心问题，指的是教育的目标何在。教师需要明确的理解文化自信的培育目标，以帮助学生成长为自信、具有自主学习能力以及批判性思考的人，并鼓励他们积极参与文化建设。

而"如何教学"则是关键问题，关涉到教育应采取的方法和手段。教师需要运用多种教学方法和创新的教育手段来培养学生的文化素养和批判性思考能力。根据学生的差异性，教师需要灵活运用讲授、讨论、案例分析、互动课堂等教学策略以激发学生的学习兴趣和参与程度。

这三个方面是相互关联的，相互促进的。教师需要不断提升自己的教学能力和专业素养，以更好地指导和影响学生。同时，学生也需要积极参与，主动学习，形成良好的教师—学生互动和合作关系。

1. 明确文化自信培育为谁教

大学生和文化自信的培育确实是一个重要但复杂的问题。在解答这个问题时，我们不能忘记"为谁而教"的核心理念。在教育和引导大学生步出文化自信和实践文化自信的过程中，我们必须明确这是为了服务于人民，为了弘扬中国共产党的领导，以及为了支持并广泛发展中国特色社会主义制度。

教育应当始终为人民服务，要树立以人为本的教育观念。文化作为人类活动的结果，对人民起着引领和塑造的作用。因此，我们需要尊重历史，认清历史是由人民创造的这一马克思主义历史唯物主义的观点。我们应当坚定以服务人民为教育的初衷，从大学生的思想、情感和认识出发，考虑他们的实际情况，遵循文化自信培育规律，进行充满信心、热情和生活气息的教育。

大学生是未来的社会主力军，因此在他们中间开展文化自信教育至关重要。这样做的目的是使大学生对中国特色社会主义道路产生坚定的信心。我们要使大学生对中国特色社会主义的理论、制度充满信心，并积极从实践中寻找马列主义的真理。同时，大学生也应该了解中国特色社会主义制度是取自五千年中华文化的精髓，经过中国共产党一百多年的实践探索逐渐形成，深深植根于中国大地的。

让大学生们以文化自信的形式坚定中国特色社会主义，是为了培养合格的社会主义事业建设者和接班人。只有使大学生们建立起对自己文化的自信，才能推动中华民族文化的全面发展，提升中国文化的影响力和吸引力，进而推动中华民族的伟大复兴。大学生们是实现中华民族伟大复兴的主力军，因此，必须在他们中间积极开展文化自信的培育，使他们坚定文化信仰，珍视文化价值，树立起正确的道德观，推动民族精神和时代精神的传承和发扬。这样的教育才能真正使他们在遇到挑战时能勇往直前，为中华民族的伟大复兴做出积极贡献。

2. 明确文化自信培育教什么

在大学生文化自信的培育过程中,"教什么"的问题,决定了培育的方向和深度。作为教育者,我们罗列如下一些指导方针:

一是我们要深入解读中华优秀文化、革命文化和社会主义先进文化等内容。我们希望通过这样的教育过程,大学生们能理解和接受这些文化,进而形成对社会主义理想的自信和对中国特色社会主义道路、理论、制度的自豪感。

二是在教育过程中,我们需要重点强调理想信念的重要性。我们希望大学生们能够理解,理想信念对于他们自己全面发展,乃至对社会进步都有重要的指导作用。这样,他们才能更好地构建自我,并更好地适应社会。

三是在教育过程中,我们还需要引导大学生们了解中国特色社会主义的发展历程和成就,以及社会主义先进文化的重要含义。这样,他们才能更好地理解我们的文化,进而对中国共产党的领导、中国特色社会主义制度产生自信。

四是在教育过程中,我们还需要引导大学生们理解并接受中国共产党的领导,以及中国特色社会主义制度的优越性。我们希望他们能够以此为基础,承担起实现中华民族伟大复兴的历史责任。

教育是一个复杂的过程,需要我们仔细考虑和调整教学策略,以适应大学生的思维方式和理解能力。我们希望通过这样的教育,让大学生们能够建立起对中国特色社会主义的自信,成为社会主义事业的有力推动者。

3. 明确文化自信培育怎么教

如何"指导",是在培养大学生文化自信方面的关键问题。在教育的演变中,学生逐渐表现出强烈的"逆向学习",将教师视为榜样,对他们充满信任和依赖。因此,教师在塑造大学生文化自信的过程中起着主要的引导者角色。首先,教师需要坚定文化自信,深入探究文化自信的起源、发展和真谛，明确"理解、学习、信任"的基础问题。与此同时，教师应结合他们的专业和工作特性，以及学生的需求进行"提供侧"的改革，增加交流，共同努力，使文化自信在教育、传播、指导和培养过程中发挥积极的推动作用。思政教育工作者、专业课老师和辅导员构成了培育文化自信的三大力量。尽管他们现在属于不同的管理体系，由于缺少有效的沟通和协作，对文化自信的理解并不清晰、准确和全面。为了进一步增强大学生的文化自信，我们需要建立一支专业的育人团队，加强专业教师和辅导员在育人层面的专业能力，增加交流和合作，以实现紧密的合作，达到协同教育的目标。同时，应加强专业技术培训，聘请文化学、政治学和教育学专家提升教师的政治素养、文化知识和教学水平，以实现科学的育人方式。我们需要建立一个拥有良好政治素养、良好思想风格、深入理解文化底蕴的文化自信专业教师团队，通过言传身教、对中国特色社会主义的信奉、对文化自信的坚守和普及以及对实践的引导，传递知识、引导价值观，并将行动转化为共振。同时，我们应充分利用现有教育和教学资源，增强对大学生文化自信的教育，进行专题教学，充分挖掘中华优秀文化、革命文化和先进的社会主义文化精华，并有效融合，形成具有历史性、现实意义、理论实践一体性、科学性和针对性的主题。例如，以中华优秀文化为主题的"忠孝"，汉语专业教师可以进行专业诠释，"思政"课的老师可以解释其与社会主义核心价值观的关系，而辅导员可以在实践中为学生引导。通过这种方式，大学生对"忠孝"有了更深入的理解，包括其起源、发展和实践。另外，建立文化专题研究社团和大学生俱乐部，作为学生进行文化学习和个人提升的平台，可以加强学生对文化的兴趣和研究，以培养他们的文化自信。总的来说，对大学生的文化自信教育应加强，这需要教师紧密合作，增强专业化能力，强化教师队伍建设，并充分利用教育和教学资源，进行有针对性的教学和多样化的活动，帮助学生在学习过程中坚定文化自信，在实践中实践文化自信。

（二）突出家长在文化自信培育中的渗透作用

随着现代教育的不断发展，学校教育在学生的学习中起着越来越重要的作用，无论是专业训练还是日常教学。然而，在具备社交才能的教育中，家庭仍承担着许多必要的因素。家庭是人生的第一所学校，父母是孩子的第一任教师，他们要充分发挥自己的独特优势，对孩子的道德情操、文明素养和良好行为习惯进行培养，帮助孩子打好人生的第一步。特别是在文化方面，家庭日常的言行和思想对孩子的影响更为重要。通过对大学生的问卷调查，我们发现家庭家风、父母的文化程度和职业类型等因素对子女有较大的影响；大学生的经济收入与文化氛围直接相关。总体而言，受教育程度较高的大学生对中华优秀传统文化、革命文化和社会主义先进文化有较高的认知和认同，同时也表现出更高的实践意愿。另外，大学生在家庭中接受浓厚的文化氛围时，对文化自信的培育满意度较高。从这一点可以看出，大学生的文化自信培养离不开家庭环境的影响。

1. 发挥家教家风的常态育人和长效育人作用

家庭教育和家风是代代相传、积累下来的精神属性。自古以来，我国就非常重视家庭教育和家风，这在《孔子家语》《颜氏家训》和《朱子家训》等典籍中都有深入的阐述。家庭教育和家风直接影响一个人的成长，涉及社会文明的进程，也关联到个人的文明素养的传承。这些价值观深深烙印在中国人民的心中，是我们永不能忘记的，也是中华民族持续、传承下来的关键精神支柱，是家庭文化的宝贵精神财富。家庭教育和家训在人文礼节、道德规范、修身教化等方面的重要性，对教育的深远影响不容忽视。因此，要深化对大学生文化自信的培养，我们必须要充分理解家庭教育的教导功能，并应用其代代相传的影响力，使之成为一种常态化、长效化的教育机制。与此同时，我们需要编写适合大学生文化自信培养的教育资源，以满足他们的教育需求。

2. 发挥家长言传身教的隐性引导作用

与学校教育相比，家庭教育是一种隐性教育，它是子女在潜移默化中接受的影响和教导，是一种逐渐形成的认知过程，也是价值观意识的自然形成过程。在大学生与文化自信的教育中，充分发挥父母的言传身教的潜移默化引导作用是非常重要的。首先，父母应注重对文化理念的引导。在日常生活中，父母要注意对孩子进行中华优秀文化的教育，培养和塑造传统美德，讲述革命历史，塑造英雄形象，为大学生的感性心灵播下真善美和实际的文化种子。其次，父母应重视文化自信的培养。父母需站在自己的立场上，通过自己的生活经历和变迁，讲述中国特色社会主义制度的优越性和道路的力量，加强大学生对文化、道路和制度的认同感，为文化的自信树立榜样。此外，父母还应重视对孩子的示范作用。父母自身的文化素养、道德品质和行为举止是孩子们思想行为的基础。父母应不断用正确的行为和思想引领大学生自觉践行社会主义核心价值观，时刻成为孩子们认识和践行这些价值观的榜样。通过家庭教育的实践，有助于培养大学生们的文化自信。

（三）突出典型人物在文化自信培育中的激励作用

先进楷模是文化中特有的存在形式，它为人们指明了前进的道路，提供纯净的思维启示，给予人们典范的力量。值得庆幸的是，先进的楷模并不遥远，他们就在我们身边。他们可以是民族的脊梁、国家的楷模，或者是时代的先锋。他们来自各个阶层，有些是普通人，年龄也各不相同，有的是年轻人，有的是中年人，有的是长者。无论是年少的孩子还是在自己的岗位上，他们都用自己的行为诠释着爱国、奉献、孝顺、友爱和担当等中华民族的传统美德。在文化自信的培育过程中，"先进楷模"是最生动、最切实可行、最有效的教材之一。在当前阶段，加强对大学生的文化自信培育，尤其需要充分发挥"榜样"的引领和鼓舞作用。通过借鉴和挖掘先进楷模的事迹和精神，可以激发大学生们的文化自信，激励他们在实践中践行社会主义核心价值观，为社会发展和进步做出积极贡献。

1. 发挥先进典型模范人物的榜样激励作用

先进的典型人物是革命进程中、改革开放不同阶段涌现的一批杰出代表。他们具有高度的精神价值、文化价值和教育价值。例如，黄旭华是核潜艇之父，为国家默默奉献了 30 多年；张富清是一个怀揣赤子之心的老人，隐藏了 60 多年；王继才守岛保卫国家 32 年，坚守无怨无悔。同样，李保国在扶贫和科技创新方面做出了突出贡献；黄大年以大美大爱为己任成为"最美教师"；张丽莉牺牲在火海中但铭记于人的 31 个凉山救火英雄；而他的小说《大学生》则呈现出最美的奋斗者形象。他们通过自己的故事展示了中华的美德和时代的精神，传承和发扬了中华的优良传统、革命文化和社会主义文化。强化大学生对文化自信的教育，需要以国民榜样为基础，利用现代信息化教育传播工具广泛传播道德火种，形成蒲公英效应，使大学生成为弘扬中华美德、中华精神是坚定中华文化自信的有力推动者。

2. 突出朋辈大学生的示范引领作用

各学校应根据大学生的思想现实和精神需求，开展年度大学生人物评选活动，包括评选道德楷模、自强不息之星等不同群体的先进典型和感人故事。这些评选结果应广泛宣传，以激励和引导同龄人，加强大学生与他们之间的联系。通过这种方式，大学生可以真切感受到这些榜样就在自己身边，也能更直接地体会到中国精神和中国文化所能带来的巨大能量。实际上，对于同龄人来说，与他们有类似背景和经历的榜样对他们的影响更为深远、直接。因此，通过评选与宣传工作，可以更好地激发大学生的积极性与进取心，推动他们更好地发展自己并为社会做出贡献。

（四）驱动大学生自我文化教育动力

大学生在培养文化自信方面，不仅需要外部力量的支持，更需要依靠自身的文化教育。在西方心理学中，"自我"是一个广义的概念，尽管存在不同的观点，但从"知识""情感"和"意志"三个方面来看，基本上都以"自我认知""自我体验"和"自我调控"为核心。人的自主性是一种比任何外界因素都更强大的驱动力。在大学生文化自信的培养过程中，关键在于激发内生的文化教育动力，以促使他们自觉地认知文化、体会文化和提高文化修养，从而实现对文化自信的自觉培养。大学生应该主动参与各种有助于文化自信培养的活动，积极学习和了解国家历史、优秀传统文化，通过阅读经典著作、参与文化展览、参观博物馆等方式来加深对文化的认知和体验。此外，大学生还应该有意识地提升自己，在学术上追求卓越，培养批判思维和创新能力，以更好地理解和传承中华文化。通过积极参与自我意识的文化教育，大学生能够逐渐树立自己对文化自信的信念，并在成长过程中不断巩固和提升这种文化自信。

1. 读原著、学原文、悟原理，在认知中夯实文化自信

大学生的学习是他们的首要任务。要坚定文化自信，必须从文化的研究入手。在现代科技的发展下，大学生们的学习方式发生了变化，他们经常使用电子书和有声书，对公众号和网络小说兴趣也增加了很多。然而，信息碎片化、文化快餐化和泛娱乐化在一定程度上让大学生渐渐失去了思考、理解和分辨的能力。为了打牢大学生的自修基础，必须认真地阅读文化的经典作品，如中华文化的传统经典、马克思列宁主义经典和专业经典。通过研读经典，大学生能全面地理解中华文化的内涵、实质和发展，加强对文化的认识。在研读经典的过程中，大学生要进行理论的思考，提升对文化的思辨能力，加强对文化的认同感，坚定对文化自信的信心。同时，通过研读经典，大学生还能培养历史思维、辩证思维和创造性思维，从中获得真理力量，为文化自信提供内在的动力。

2. 走出课堂、走向校园、走进社会，在体验中感悟文化自信

文化自信不仅扎根于古典文献，也存在于中华大地的每片叶子、每个亭阁之中。大学生们应该走出书本，融入校园和社会，体味学校文化的魅

力，享受丰富多样的文化活动。在这个过程中，他们要将对文化的了解付诸实践，通过亲身经历实现对文化的真实理解和实际行动。参观历史遗址、名胜古迹和名人故居时，大学生们能够激发对文化的思考，探索事物的历史和人文价值，并结合经典读物和课堂学习，深化对文化的理解。举例来说，在各城市的规划馆中，大学生们可以看到城市的巨大变化，未来的美好发展，交通便利、生活质量提升以及环境绿化，等等。这些都得益于中国共产党的坚强领导，中国特色社会主义制度的推动。这样的认识能够进一步增强大学生的文化自信。

3. 深入文化"请进来""走出去"，在交流中坚定文化自信

文化自信应基于中华优良文化的基础，并面向世界，相互借鉴与交流，以巩固文化自信。大学生是思想开放、充满活力的群体，应主动参与并创造条件，积极建设大学生与文化交流的平台。通过以文化为纽带，搭建各种活动桥梁，加强国内大学生与文化的交流，促进海峡两岸大学生与文化的交流，推动国内外大学生与文化的交流。例如，可以加强与"一带一路"沿线各国与地区的交流。利用文化交流的契机，促进文化的传播与贸易。同时，借助中华文化的知名度、美誉度和曝光率，进一步加强文化的自觉性和中华文化的自信。大学生应积极参与文化相关的学术交流，如语言方面的学术交流，以提高对文化的理解和认识，并进一步增强文化自信。此外，大学生还应积极参与文化交流活动，体验中华文化的博大精深和多样性，进一步增强我国的文化自信。

三、聚焦关键环节，实施全程的文化自信培育

文化自信的培育要考虑到大学生的成长规律，根据他们不同年龄段的特点和需求，采用适合他们的教育方法，逐步进行文化自信的教育，使他们成为有为的青年。大学生应该培养中国特色社会主义精神的文化自信，包括对道路、理论和制度的自信，以及对中国梦的实现的信念。然而，文化自信的教育是从小开始的，教育应该贯穿一个人的一生。因此，在中小

学阶段，也需要重视文化自信的培育。文化自信的培养是一个终身的过程，需要不断地学习和实践。在教育中，应该注重培养学生对中华文化的认知和理解，通过学习经典著作、参观文化遗址、参与文化活动等方式，培养学生对中华文化的自豪感和认同感。同时，要注重培养学生的批判思维和创新能力，使他们能够运用文化的智慧解决现实问题。通过持续不断的教育和实践，大学生可以逐渐树立起自己的文化自信，为个人成长和社会发展做出积极贡献。

（一）从学龄到高中，文化自信培育贯穿全学段

培养文化自信需要从儿童时期开始。家长可以带领孩子朗读、背诵《三字经》《弟子规》《千字文》等中华优秀文化作品，也可以运用现代化的教育工具选择高质量的动画片来进行教育启蒙。在初级阶段，注重对文化的培养，让孩子认识汉字，学习汉字的演变和内涵，体会汉字的形式美和内涵美。通过阅读古诗，让孩子感受诗歌语言的优雅和灵性。在此阶段，也可以让孩子读一些简单的爱国主义故事，种下爱国主义的种子。在初中阶段，要加深对文化的认识，通过广泛深入研究中国历史和诗歌等，加强对文化的认同感和归属感。在高中阶段，可以引导学生深入学习文化经典名著和中外史学著作，让他们真正地体会到中国悠久的历史和辉煌的文化，认识到个人的价值实现和国家未来的命运是紧密相连的。通过这样的教育引导，可以逐步培养出有文化自信的青少年，并为个人和国家的发展做出贡献。

（二）从大一到大四，文化自信培育贯穿全年级

高校是培养文化自信意识的重要阶段，应注重培养学生自主学习的能力，鼓励他们积极探索文化，提升辨析和创新意识，加强对文化的传承与创新，培养使命感和责任感。然而，目前一些高校在文化自信方面的育人作用还不够充分，重视程度逐渐降低，甚至存在疏于培养的情况。这导致学生在高中毕业后抱怨连连，认为他们在高中阶段只是消耗文化而没有真

正获得。为了改变这种情况，我们应在高校四年的教学过程中，全方位地渗透中华优秀文化、革命文化、社会主义文化等内容。不应出现一年级对二年级要求严格、三年级对四年级要求较低的情况。相反，我们应鼓励同学们进行独立研究，不断探索，积极参与文化方面的学术交流。通过研究和交流，提高对文化的认识，增强对文化自信的理解。通过这样的教育引导，能更好地培养有文化自信的大学生，并为个人和社会的进步做出贡献。

1. 大学一年级：在通识课中灌输文化自信培育

通识课程，是让大学生对大学有一个初步的认识，认识大学的概念，同时，也是为大学生进行全方位、系统性的人文科学教育，以继承本校的人文科学传统和精神的一种重要方式。目前，我国大学新生普遍存在着以通识教育为主体，部分学校干脆成立了以思想政治理论课、语文课程和文学艺术课程为主体的"通识班"；普通的人文科学课程包括：历史及文化类课程、体育类课程、道德思考课程、社会分析课程。虽然各高校在通识教育方面也有各自的特色，但是，培育学生的人文精神，培育学生对文化的继承与继承，却是通识教育永远的主旋律。自从文化自信被提出来后，大学更应该在一般课程中，开设文化自信的三个"源"：中华优良传统文化、革命文化、社会主义先进文化的专题课程，例如，文学经典与传承专题课程、文化革命专题课程、哲学精神专题课程、社会思潮专题课程等，使学生能够全面、系统地接受文化的教学。特别是高等职业技术学院，更应该重视一般学科的设置，以生动形象的文化课来弥补个体学生"天生分数低"的缺陷。

2. 大学二、三年级：在专业课中深化文化自信培育

大学二、三年级学生的培育应以专业知识与技能训练为主线，但不能只关注"专业"，而应适当地将文化自信与专业课程有机结合，使专业课程具有生命力，在教学过程中实现育人的目标。特别是对于高等职业学校而言，要充分利用高等职业教育的优势，将中华传统文化与专业课程相融合。

可以从专业课程的历史角度入手，加强学生对专业课程的文化意识和自信意识，达到培养文化自信的目的。例如，在艺术、医学、体育等领域的学校可以将传统元素融入到专业课程教学中，通过讲解文化的历史演变，提高学生对专业课程的荣誉感和使命感。

在实地调查中，一位中医学院教师反映，在中医专业课程中，学生表现出对传统文化的浓厚兴趣，对中华数千年医术文化及其精神非常崇敬，拥有强烈的自信感和自豪感。同时，专业课教师也应该重视自身对文化的理解，通过将自己的自信和丰富的知识灌输给学生，使他们深受触动，与文化产生共鸣。

通过将文化自信与专业课程相结合，可以培养学生的文化自信，提升他们对文化的理解和认同，让专业课程具有更深层次的意义，同时也增强学生的个人发展和社会责任感。这样的教育引导将有助于培养有文化自信的大学生，为个人成功和社会进步做出贡献。

3. 大学四年级：在实习实践中坚守"三大文化"

四年级以实训为主的教学模式确实是培养文化自信的关键阶段，可以相互影响、相互冲击，并不断提高文化自信水平。当大学生踏入实习之路时，面对复杂的社会环境和人际关系，往往会感到手足无措，并面临很多挑战，这些可能会影响他们对文化的认知和观念。在这个关键时刻，如何保持自己的真实性和本质性变得非常重要。

举例来说，大学生刚开始实习时，会从最基础的工作开始学习，可能需要做一些枯燥的工作。有些大学生可能会感到厌倦和不满，认为自己的天赋被埋没了。在这种情况下，实习老师和辅导员需要给予大学生积极的指导，既要用文化中的"大道理"，又要用自身的亲身经验来激励学生，让他们明白只有脚踏实地才能获得希望。中国特色社会主义取得的伟大成就也正是通过我们的默默坚持和不懈努力从无到有、从追赶到领先而取得的。因此，文化自信决不能仅仅存在于"头脑"中的"意识"，而要在实际操作中、在细节上、在习惯和行为上得到体现。

通过实习阶段的培养，可帮助大学生在面对挑战时保持自信，并不断提升对文化的理解和认同。同时，他们也会通过实践经验更好地理解和应用所学的文化知识。这样的教育模式将有助于培养有文化自信的大学生，使他们成为全面发展的个体，并为社会的进步做出积极的贡献。

（三）文化比较中，实现文化自信终身教育

要真正树立文化自信，就需要建立稳固的文化心态，并通过与其他文化进行对比，使其更加坚定。当我们走出校园融入社会时，会接触到更多的社会教育内容、教育对象、教育方式和价值观，它们会对大学生所树立的文化自信产生影响，我们会对中华文化自信的重要性产生怀疑。因此，我们需要具备历史观和对比观，将中华文化与其他国家文化进行比较，回顾我国文化发展的各个阶段，凸显中国特色社会主义文化所具有的优点，如以民为本的文化、文化的主体性和自主性、持久性、开放包容性等。

在当前大众化文化蓬勃发展的背景下，与其他文化相比，中国特色社会主义文化既不简单复制，也不是模仿。文化自信不仅在学生时期树立起来，还需要经过长期的社会实践检验和提炼，成为一种终身的教育，并代代相传下去。

四、聚焦关键领域，实施全方位的文化自信培育

大学生作为积极参与社会的群体，在学校、社会和网络等各个领域都有广泛的活动。要在大学生中进行文化自信的教育，需要在"课堂教育"中重视以下几个重要环节，以确立文化的意识和文化自信的意识。

首先，要牢固树立"第一课堂"意识，将文化自信教育纳入课堂教学中。通过各个学科的课程，加强对文化的学习和理解，培养学生对自己文化传统的自豪感和自信心。

其次，要积极开展"社会的第二课堂"教育，为学生提供更多实践和

体验的机会。通过参加社会活动、社区服务等方式,让学生与文化自信的实践精神紧密联系,不断充实和发展自己的文化自信。

最后,要重视"互联网的第三课堂",加强对网络环境中文化信息的辨识能力,培养学生拥有文化自信的阅读信心。通过挑选优质文化内容,引导学生进行有益的网络阅读,促使他们更好地理解和传承自己的文化。

总的来说,大学生与文化自信的培育应该综合运用"第一课堂""第二课堂"和"第三课堂"的教育方式。在各门课程和各个环节中,全面培养学生的文化自信,使他们深入理解和传承自己的文化传统。通过这样的综合教育,可以培养出有文化自信的大学生,为个人和社会的发展做出积极的贡献。

(一)站稳第一课堂,树立文化自信

"第一课堂"是传统意义上的课堂教学,在这种教学环境中,教师通过全面、有目的的教学活动向大学生进行文化自信教育。课堂是学校向大学生传递文化自信教育的主要途径,教师在教育实践中应从以下三个方面着手:

第一,将文化自信教育与大学生的专业课相结合,确保提供高质量的文化自信教育内容。通过将文化自信的教育融入到专业课程中,帮助学生深入理解和理解自己所学专业的文化背景和内涵。

第二,培育良好的学生-教师互动关系,营造积极的学习氛围。鼓励学生与教师之间的良性互动,建立开放的学术讨论和交流平台,促进双方思想的碰撞和共同成长。

第三,加强同学之间的交流互动,促进集体教育的效果。通过课堂内外的同学间交流互动,激发学生之间的思想碰撞,充分利用团体教育的力量,为文化自信的培育提供更多机会和平台。

在"第一课堂"中,强调增强文化的自觉性,构建文化自信。每一节课都应贯彻文化自信的培育,充分利用课堂资源,加强对文化自信的培养,

使学生在学习科学知识的同时，自觉强化文化自信的培育。通过这样的努力，提高学生的文化意识和文化自信意识。

1. 以学生需求为本，保证文化自信培育内容的品质供给

首先，我们需要对学生进行精心的准备。无论是思想政治理论课、专业课程还是人文学科，在开课之前，我们可以通过问卷调查、讨论等方式，全面掌握大学生对文化自信的认识程度，深入理解他们对文化的思想和态度，并根据大学生的具体需求制定教学策略，以期实现更好的教学效果。

其次，我们也需要对课程进行精细的准备。我们应根据大学生的实际需求，从多角度挖掘文化学科的价值和教育意义，明确教学目标，并设计合适的教学环节和方法，确保实现因材施教的教学目标。

最后，我们还需要提供优质的教育资源。我们应将中华优秀文化、革命文化、社会主义等知识内容不断更新丰富，并结合专业特色，在教学中创新性地将中华文化核心价值观如"仁""礼""信""忠""孝""义""德""法"等融入到针对大学生的新课程中。例如，在美术专业教学中，我们可以将中华文化元素有机地融入到学生的美术作品中，使学生能深切感受到与时代同行的中华文化韵味。

通过对学生的仔细准备、对课程的精细准备以及提供优质的教育资源，我们能更好地进行文化自信的教育，帮助大学生增强对中华文化的认同和自信，并培养他们在各自专业领域的创新能力和发展潜力。

2. 建立积极的教育关系，良好氛围中渗透文化自信培育

教师与学生之间的关系应该是相互尊重、相互理解、互相支持的关系。特别是在文化自信的培育中，由于这种教学方式是看不见摸不着的，对于不同学生的具体情况和学习进程也是各有不同，教学效果可能需要较长时间才能显现，因此，建立良好的教学关系变得非常重要。教育者在构建良好的教育关系中起着关键作用，因为他们处于组织教学活动的位置。

在文化自信的大学生课堂教学中，如果教师本身具备坚定的理想信念、高尚的道德情操和广博的文化知识，还具备敬业精神，树立了榜样形象，并能以尊重、耐心和体谅的态度深刻理解学生的思想，正确运用教育方式，那么，教师和学生之间就会建立起一种和谐的教育关系，文化自信的培育也会自然而然地进行下去。

例如，在课堂上，当学生对时政事件、社会热点问题的理解出现偏差时，无论是思想政治理论教师、专业课教师还是辅导员，都应该使用正确的理论进行合理的解释，并进行正面的引导，帮助学生真正理解事件发生的真相或事件背后的本质，从而增强大学生对社会真善美的信念。

在这种良好的教育关系中，教师能够引导学生形成积极的文化自信态度，激发他们对文化的兴趣和热爱，培养他们独立思考、自信表达的能力，从而推动文化自信的培育与发展。

3. 善用幽默语言，互动交流中强化文化自信培育

文化自信的培育确实是一种难以实现、意识上的教育，教师需要活学活用各种教学方法和手段。大学生的思维活跃、视野开阔、思维新颖，同时具有不同的文化底蕴、家庭背景和个人性格。在教学中，教师需要抓住学生产生的教育性问题，及时给予合理回答，避免一叶障目，不见泰山。

举例来说，当向大学生传递中华优秀文化时，肯定会有人对其教育性和当代价值产生怀疑。这时，教师可以适度运用幽默的语言进行说明。幽默语言并不是粗俗的语言，而是教师智慧思想和广博知识的机智、形象表达。通过幽默的语言互动，可以让学生在放松的同时，加强对文化的情感认同，激发他们的学习兴趣并加强记忆。但需要注意的是，尽量避免过于浅显或夸大。

此外，教师还可以根据自己的专业特点，创新教学思路和方法。例如，可以在课前五分钟进行经典阅读或红色歌曲表演，组织讨论会，促进师生

之间和学生之间的互动，增加学习的乐趣和收获。通过文化自信的交流和互动，提升学生的文化意识和自信心。

通过灵活运用教学方法和创新教学手段，教师能够更好地引导学生参与文化自信的培育。这样的教学方式不仅能增强学生对自己文化的认同，还能加强他们对多元文化的理解和尊重，提升他们的综合素养和学术能。

（二）丰富的第二课堂，增进文化自信

第二课堂是对第一课堂的扩展和补充，为大学生的全面发展提供了一个灵活、开放和丰富的平台。它在很大程度上弥补了第一课堂的单一性和局限性。对于培养大学生的文化自信，我们需要创造性地利用第二课堂，使其具有针对性、丰富性和实用性。

在第二课堂中，可以建立文化学科研究小组，组织学术沙龙，以学术研究的方式深化对文化自信的理解。同时，可以组织校园活动和社会服务以文化为主题，推动文化自信在校园和社会中的传播。这样可以巩固文化自信在学校和社会中的地位，加强学生对文化的认同和自信。

通过第二课堂的活动，学生在实践中能够更好地理解和运用文化知识，开阔视野，增强综合素养。同时，也促进了学生在学校和社会中的交流与合作，培养他们的团队合作能力和社会责任感。

因此，我们应该充分利用第二课堂的机会，通过组织丰富多样的活动，促进学生的全面发展，加强文化自信的培养，并为他们未来的个人和职业发展奠定良好基础。

1. 学术研究中深化文化自信

学术研究是利用现有的理论知识和经验，提出科学问题的设想；分析、讨论、得出结论，并尽量与事物的客观规律相一致，揭示尚未解决的科学问题。当前，许多大学都在鼓励大学生朝着科研方向发展。这一方面使学

生能够将零散的知识科学、规范、系统地结合起来，增强学科之间的交叉和综合应用能力。另一方面培养学生严谨负责的工作态度和探索研究的精神。

各大学可以充分利用学生的课余时间，建立文化自信学术研究协会，并由导师负责指导和督导。学生可以根据自己的专业特长和兴趣，选择特定的文化进行研究，如中华优秀文化、革命文化、社会主义先进文化等。研究内容可以涉及文化的形成、发展、历史意义、时代价值等，也可以专门研究某些人物或其思想，以客观、科学、全面的方式分析这些人物和思想的演变历程。

通过这样的研究活动，能够激发大学生的斗志，向他们灌输先进的思想和崇高的品格，使他们从中汲取知识和启示。这种深入的学术研究活动不仅能够提高学生的专业素养和学术能力，还能够培养他们的批判思维和独立思考能力，加强他们对文化的理解和对社会的参与。

因此，大学应该积极鼓励学生参与学术研究活动，为学生提供机会和平台，培养他们的科研能力和学术兴趣，进一步推动文化自信的发展和大学生的全面成长。

2. 校园文化活动中弘扬文化自信

校园文化活动是大学生文化教育思想的集中反映，也是校园人文精神的生动体现，对提升学生的思想素质、品德素养和综合素质有着积极意义。高校的文化活动具有丰富多样的内容、现代化的形式和手段，深受大学生广泛好评。在培育文化自信方面，应当充分发挥文化活动的作用，将文化自信的内涵融入教学活动中，通过教学活动来增强学生的文化意识和文化自信，将文化自信与广大学生的各项活动结合起来，使之成为教育过程的一部分。

避免校园文化活动成为仅限于大一学生参与的现象，应当确保活动贯穿于大学生整个学习过程中，每个年级的学生都应积极参与其中。为了让各年级的学生积极参与，关键在于提高文化内涵，超越表面形式，使活动不再仅仅出于活动本身，而是为了学生个体和进步而开展的。通过校园活动作为载体，进行文化自信的培育，是高校思想政治工作的必备要求，符合高校学生思想观念形成发展的规律。

借助现代信息技术和虚拟现实体验区域，将红色文化等带入教室，让大学生亲身参与长征路、雪山沼泽等重要历史事件的体验，从而提高他们的对文化自信的理解和坚持。同时，他们会在感染和不知不觉中接受到教育，学会自己辨别、比较和判断文化。努力提高自身对文化的素养，并将自强不息的文化目标与文化自信紧密结合，以实现文化的不断发展和提升。

3. 社会实践中扎实文化自信

大学生在社会实践中，通过对社会的理解、为社会服务、对国情的认知和对自身的认识，可以培养学生的个性，增强他们的使命感和责任感。文化自信的实践需要将文化作为思想政治教育的载体，通过对文化自信的吸引和渗透，加强对它的熏陶。

各高校应充分利用寒暑假和假期等时间，利用大学生的社会实践活动，学习"校企结合"和"产城结合"的方式，建立长期稳定的社会实践场所，如博物馆展览馆、文化产业园区、乡镇、乡村和科研机构等地。通过参观历史文物，感受中华文化的悠久和博大精深；通过接触革命遗迹，感受共产党人的坚定理想；通过走进现代农村，感受改革开放给农民带来的幸福和成就感；通过与科研机构和产业园区的互动，感受中国人的进取精神和执着追求。这些体验无法通过课本单纯地展现和体会，而它们是中华文化的宝贵财富，也是实现中华民族伟大复兴的强大动力。

只有走进社会，走进人们的内心，我们才能真正体会到中华文化拥有的强大号召力和凝聚力。通过实践活动，学生可以更好地认识自己、了解社会、增强文化自信，并将这种自信投入到未来的发展中。同时，这种实践活动也是激发学生的创新能力和实践能力的重要途径。因此，高校应当大力支持和鼓励学生参与社会实践，提供必要的支持和资源，帮助他们在实践中成长和发展。

（三）抓牢"网络"载体，坚定文化自信

这里所提到的网络载体确实是指广义的信息网络媒介，包括报纸、杂志、书籍、广播、电视以及互联网等。它们都是大学生和文化自信思想道德教育的重要传播媒介。

媒体作为一股重要的教育力量，在大学生和文化自信的培育中发挥着重要作用。它们具有传播速度快、内容丰富、覆盖面广等优势。通过各种媒体，我们可以及时传递文化自信的观念和价值观念，加强大学生对文化自信的理解和认同。特别是互联网作为主导地位的媒体，具有更强大的传播能力和影响力。它能够快速传递信息，提供丰富多样的内容，覆盖广泛的人群。在培育大学生的文化自信方面，我们应充分利用互联网的主导地位，发挥其主导作用。在利用媒体进行大学生和文化自信的教育时，也需要注意，媒体的教育具有隐性、隐性、利与害并存的特点。因此，我们需要在使用媒体进行教育时，做到理性地选择和评估媒体内容，提高学生的媒体素养，引导他们正确理解和评价信息，培养批判性思维和判断能力。网络媒体是大学生和文化自信思想道德教育的有力载体，我们应当充分利用各种媒体的优势，传递正面的、有益的、具有文化自信的信息，以提升大学生对文化的认同和自信。同时，我们也要认识并管理媒体的隐性风险，确保媒体在教育中的正确引导和健康发展。

1. 珍视报纸、书籍等传统媒介，营造"原汁原味"育人环境

在当今媒体高速发展的时代，传统媒体如报刊、书籍等受到了一些冲击，但仍有一大批坚定的支持者。与现代媒体相比，传统媒体具有独特且无法复制的优势：首先，阅读舒适度上，纸质书籍的触感和纸张质感，以及印刷和装帧所带来的美感，都能营造出舒适、真实的阅读体验。其次，纸质媒体具备可重复利用和便于记录的特点，人们可以一遍又一遍地翻阅，并方便记录自己的想法和经验。这种积累与创新也是通过阅读过程中不断发生的。文化自信是一个民族的宝贵财富，而纸质图书的阅读对于文化的传承、个人自信、文化传播和国家发展都具有重要作用。因此，在当代媒体环境下，大学生在强化文化自信的培养时应更加重视纸质图书的阅读，这是大学生对于文化的基本认识。引导大学生走进图书馆，接触报纸、书籍等纸质读物，品味原著、读悟思想。通过纯粹的阅读方式，体味中华文化的魅力和其中蕴含的深刻意义。对于大学生来说，读纸质图书不仅是获取知识的方式，也是弘扬传统文化和加强文化自信的重要途径。

2. 充分利用高校广播、电视，营造浓郁向上的育人环境

它具有广泛的传播范围、不受限的收听条件、广泛的受众群体、出色的声音效果和强大的感染力等特点。作为一种集语言、声音和图像于一体的现代媒体，电视具有形象、真实和亲切感。广播和电视不仅具有思想宣传的功能，还担当着普及文化、丰富生活、提供休闲娱乐等一系列社会职能的重要角色。对于大学生和文化自信的培育，我们也不能忽视这种交流方式的影响。大学广播电台是学校文化建设中的重要组成部分，承担着对学校文化进行宣传和引导的重要任务。目前，许多大学的校园广播已经形成了自己的文化特色，成为了文化的品牌。然而，也有一些学校将校园广播仅仅当作背景音乐或点歌台，没有充分发挥文化在学校中的强大实力。

各高校应充分发挥电台在文化宣传和价值引导方面的功能，播出高水准的文化节目，创造高品质的栏目品牌，选配具备扎实的文化功底、高度思想觉悟和坚定政治立场的大学生，使其成为学校宣传文化的主要推动力，确保在学校思想政治工作中占据重要的地位。尽管现在大学食堂普遍配备了电视机，但大部分情况下都是没有打开的，或者只是播放电视剧。午餐和晚餐时间通常是新闻报道的高峰时段，我们应该抓住这个时机，通过被动的"灌输"，对大学生进行新闻教育。每天可以滚动播放一些文化系列的特别节目，以营造一个日常培育文化氛围的环境。这样可以让学生在不经意间接触到文化元素，增强他们对文化的认同感和兴趣。广播和电视作为传统媒体，在大学生和文化自信的培育中仍然具有重要的作用。大学应积极发挥校园广播电台的功能，同时加强在食堂和其他公共场所的文化传播，以提升大学生对文化的理解和认同。

3. 依法治理网络载体，营造风清气正的育人环境

网络载体是当代最先进的传播方式，具备丰富的信息内容，互动平等的传播方式和广泛的适应性。它在新闻传播中的时效性备受广大群众，尤其是青年群体的喜爱，已经成为当前文化意识形态中一个越来越显著的重要位置，也是思想政治教育的重要载体，不能忽视其影响力。互联网作为网络载体也存在许多缺陷。例如，互联网上信息过于庞杂，往往重视数量而忽视质量，容易导致人们对互联网的认知偏差和思维失控。互联网上的信息缺乏权威性，真假难辨，质量良莠不齐。互联网的虚拟与开放特性决定了网络治理的困难，网络空间的安全也难以保证。对于大学生和文化自信的培育而言，这些特点既是机会，也是挑战。大学生是网络的主要和活跃的用户，他们具有较强的认同感和自觉性，但也很容易被网络上的不良信息所误导。因此，我们应进一步加强网络文化建设，掌握网络话语的主动权，积极占领网络思想政治教育的高地，并对

网络资源进行有效整合。通过建设以"思想""文化""趣味"和"服务"为主题的教育类网站，弘扬真善美正能量，将中华优秀文化、革命文化和社会主义文化作为新时期的新文化。同时，我们还应完善相关法律制度，强化对互联网的监管，及时筛选有害信息，营造良好的网络教育氛围。

结束语

文化是由人创造的，而文化又对人产生影响。党的十八大后，习近平同志对文化的建设给予了极大的关注，并将文化自信作为一个新的时代主题，在几次重大会议上都强调，文化自信是一种更加根本性、更加宽广、更加深刻的自信，是一种更加根本性、更加深刻、更加持久的力量，坚定文化自信关系到一个国家的兴衰，关系到文化的安危，关系到民族的精神自立，关系到一个国家的命运。大学生是当今社会最活跃、最有活力的一支队伍，它担负着实现国家富强、民族复兴、人民幸福的历史使命，大学生文化自信的出版与提高我国文化的软实力，构建文化强国的目标有着密切的联系。同时，文化自信本身也难以自我生成，需要借助系统的、一整套的外部教育力量来完成。

因此，研究大学生中文化自信的培育问题具有重要的战略意义。在培养大学生的文化自信时，首先需要全面客观地了解大学生的文化自信现状，以便采取相应的对策。进行了全面而系统的调查，并进行了科学的引导。本研究以问题导向为驱动力，推动大学生成长中文化自信培育体系的建设和策略的优化，对大学生群体中文化自信的现实表现和培养现状进行了较为全面客观的把握，形成了研究的显著特色。通过对学生的问卷调查和教师的访谈，发现大多数学生对文化自信有较高的认识水平，对国外文化有较高的接受程度，对学校的教学活动比较满意，对社会文化风气也较认同。

以大学生为例，从个人角度来看，对文化自信的认识还较为浅薄，仅限于感性认知。在学校层面上，存在着形式上对文化自信教育内容的缺失。家庭角度来看，家长往往忽视对孩子的文化自信教育，更倾向于追求孩子的学业成就。社会层面上，教育资源的丰富程度尚未得到有效整合。此外，大学生的生源地区、学历层次和政治面貌等因素也会对大学生的文化自信产生一定影响。

通过对问题的深层剖析，可以得出：个人价值的多元冲击、教育机制的错位、学校教学资源的整合不足；大学生与文化自信在培育过程中出现的问题，究其根源，在于社会、教育、市场等方面的因素。在此基础上，结合我国"供给侧结构性改革"的实际情况，分析了当前存在的问题，并提出了相应的对策。

第一，需要优化大学生中文化自信的培育策略，明确理想价值与现实价值、个人价值与社会价值、显性价值与隐性价值在文化自信培育中的关系。同时，增强大学生以人为本、以文化人、知行合一、文化社区的理念，确保文化自信培育具有明确的指向性和科学性。此外，要统一文化的主导性与大学生的主体性，文化的理论性与教育的渗透性，以及群体的系统性与个人的针对性，注重强调中华优秀文化的教育、革命文化的教育、社会主义先进文化的教育，以及社会主义核心价值观的培育与实践。

第二，需要协同发挥国家、社会、学校和家庭在文化自信培育中的作用，通过宏观的宣传和引导形成协同教育的合力。学校和家庭应从微观层面对大学生进行全面细致的教育。在教育过程中，要将大学教育作为主要内容，将家庭教育作为基本内容，并将国家教育、社会教育作为学校教育和家庭教育的延伸，充分利用国家、社会、高校和家庭之间的互补性。在建设上要聚焦于整体模式、重点人员、重点领域。同时，要发挥教师、家长和先进模范的示范导向作用，确保大学生参与全员教育，特别要注重激发内部因素的动力。在文化自信课程中，实施全学段、全年级、全周期的全程教育，将第一、二、三课相互结合，实现文化自信的全方位培育。回顾过去的历程，文化中的传统与非传统的争夺、思想意识的争夺从未停止。展望未来，文化的领导力和创造力对于实现中华民族伟大复兴是必不可少的要求。

大学生是文化传播的中流砥柱，它肩负着坚定文化自信的历史使命和责任。但文化自信的树立并非一蹴而就，需要国家、社会、学校、家长与学生齐心协力。大学生与文化自信的培育，还有很长的路要走。

参考文献

[1] 方瑞，闵永新. 伟大抗疫精神涵育新时代大学生文化自信的三个维度 [J]. 思想政治教育研究，2023，39（1）：148-152.

[2] 石绍成，梁伟军. 以中国传统生态智慧提升大学生文化自信的逻辑向度 [J]. 学校党建与思想教育，2023（10）：15-18.

[3] 唐倩，佟晓露. 文化自信融入大学生思想政治教育路径探讨 [J]. 中学政治教学参考，2023（1）：后插1-后插2.

[4] 边瑞瑞. 文化自信视角下高校英语教学中茶文化的导入 [J]. 福建茶叶，2023，45（3）：99-101.

[5] 庞莉，章荣君. 文化自信背景下后现代消费文化对高校校园文化的冲击与对策 [J]. 黑龙江高教研究，2023，41（6）：110-114.

[6] 宋杨. 文化自信视域下高校商务英语教育教学创新与实践——评《商务英语研究》[J]. 应用化工，2023，52（5）：后插7.

[7] 邓卓明，张娟. 大学生社会主义核心价值观培养研究 [J]. 学校党建与思想教育，2023（5）：87-90.

[8] 邵艳梅. 新时代大学生革命文化教育：价值意蕴、现实审视、推进理路 [J]. 河北大学学报（哲学社会科学版），2023，48（2）：131-139.

[9] 崔聪. 当代大学生网络爱国话语的存在样态、多重价值与引导策略 [J]. 思想政治教育研究，2023，39（2）：164-168.

[10] 高树芳. 地域文化资源对大学生价值观培养的意义 [J]. 中学地理教学参考，2023（21）：89.

[11] 周俊利. 增强民族高校大学生文化自信的多维探索 [J]. 民族学刊，2022，13（7）：109-118.

[12] 李婷. 团体辅导对提高茶文化专业大学生自信心效果的研究 [J]. 福建茶叶，2022，44（7）：108-110.

[13] 张亚席. 文化强国视域下增强大学生文化自信的价值意蕴与实现路径 [J]. 学校党建与思想教育，2022（6）：70-72.

[14] 代小艳，施佳桐，车俊婷，等. 基于茶文化的大学生"浅阅读"现状

调查及文化自信提升对策研究［J］. 福建茶叶，2022（3）：164-166.

［15］许晓卉. 文化自信视域下中华优秀传统文化教育探索［J］. 中学政治教学参考，2022（43）：58-60.

［16］刘白杨. 高校思政课培育文化自信的几个基本问题［J］. 黑龙江高教研究，2022（10）：131-136.

［17］李景超. 基于文化自信背景下浅析大学英语茶文化翻译教学及翻译策略［J］. 福建茶叶，2022（4）：199-201.

［18］唐文. 对文化自信背景下高校思政教育和茶文化有机结合方法的研究［J］. 福建茶叶，2022（5）：242-244.

［19］王海龙，郑翔. 中华优秀传统廉政文化与大学生的廉洁教育［J］. 福州大学学报（哲学社会科学版），2022，36（4）：136-140.

［20］浦永. 大学生党史学习教育实效性提升的着力点［J］. 西南林业大学学报，2022，6（4）：17-22.